权威·前沿·原创

皮书系列为
"十二五""十三五""十四五"时期国家重点出版物出版专项规划项目

B

BLUE BOOK

智库成果出版与传播平台

文化科技蓝皮书
BLUE BOOK OF CULTURE AND TECHNOLOGY

文化科技创新发展报告（2022）

ANNUAL REPORT OF CULTURE AND TECHNOLOGY INNOVATIVE DEVELOPMENT (2022)

主　编／李凤亮
副主编／周建新　胡鹏林　徐天基

社会科学文献出版社
SOCIAL SCIENCES ACADEMIC PRESS (CHINA)

图书在版编目（CIP）数据

文化科技创新发展报告 . 2022 / 李凤亮主编 . -- 北京：社会科学文献出版社，2022.10
（文化科技蓝皮书）
ISBN 978-7-5228-0716-4

Ⅰ.①文… Ⅱ.①李… Ⅲ.①文化事业-技术革新-研究报告-中国-2022 Ⅳ.①G12

中国版本图书馆 CIP 数据核字（2022）第 170561 号

文化科技蓝皮书
文化科技创新发展报告（2022）

| 主　　编 / 李凤亮 |
| 副 主 编 / 周建新　胡鹏林　徐天基 |

出 版 人 / 王利民
组稿编辑 / 蔡继辉
责任编辑 / 王玉霞
文稿编辑 / 陈丽丽
责任印制 / 王京美

出　　版 / 社会科学文献出版社·城市和绿色发展分社（010）59367143
　　　　　 地址：北京市北三环中路甲 29 号院华龙大厦　邮编：100029
　　　　　 网址：www.ssap.com.cn

发　　行 / 社会科学文献出版社（010）59367028
印　　装 / 天津千鹤文化传播有限公司

规　　格 / 开　本：787mm×1092mm　1/16
　　　　　 印　张：21.75　字　数：325 千字

版　　次 / 2022 年 10 月第 1 版　2022 年 10 月第 1 次印刷
书　　号 / ISBN 978-7-5228-0716-4
定　　价 / 128.00 元

读者服务电话：4008918866

版权所有 翻印必究

文化科技蓝皮书编委会

主　　编　李凤亮
副 主 编　周建新　胡鹏林　徐天基
学术助理　陈慧娴

主要编撰者简介

李凤亮 讲席教授、博士生导师，现任南方科技大学党委书记，兼任深圳大学文化产业研究院院长、国家文化创新研究中心主任。美国南加州大学访问学者，享受国务院政府特殊津贴，国家社会科学基金重大项目首席专家，"国家高层次人才特殊支持计划"入选专家，全国文化名家暨"四个一批"人才，"百千万人才工程"国家级人选和"有突出贡献的中青年专家"，教育部高等学校艺术学理论类专业教学指导委员会委员，教育部"新世纪优秀人才支持计划"入选者，教育部霍英东教育基金会"高校青年教师基金"和"高校青年教师奖"获得者，广东省宣传思想文化领军人才，"鹏城杰出人才奖"获得者，深圳市国家级高层次专业领军人才。兼任中国世界华文文学学会副会长、海峡两岸文化创意产业高校研究联盟副理事长、文化产业（中国）协作体专家委员会委员等。专业领域为文艺理论、文化创意产业和城市文化研究，独立主持国家级项目6项、省部级课题9项，出版著作（含合著）24部，发表论文百余篇。

周建新 教授、博士生导师，现任深圳大学文化产业研究院执行院长、国家文化创新研究中心副主任、客家研究所所长。中山大学博士，国家社会科学基金项目通讯评审和结题鉴定专家、国家社会科学基金重大项目首席专家、享受国务院政府特殊津贴、"新世纪百千万人才工程"省级人选、深圳市国家级高层次领军人才、深圳市领航人才（A类）、深圳大学荔园领军学者等。兼任中国中外文艺理论学会文化创意产业研究会秘书长、中国人类学民族学会客家专业委员会副主任、中国博物馆学会服装专业委员会副主任、中国社会学会理事、《世界客家文库》学术委员会委员。主要从事区域文化产业、客家文化研究。现主持国家社会科学基金重大招标项目1项，完成国家社会科学基金项目2项、教育部人文社会科学研究项目1项、省社会科学规划项目等10余项，出版专著7部，发表论文150余篇。研究成果获得省社会科学优秀成果奖一等奖2项、二等奖和三等奖各1项。

胡鹏林 武汉大学博士，北京大学博士后，先后在湖北师范大学、武汉大学等校任教，现为深圳大学文化产业研究院研究员、副院长，出版《中国艺术美学》等学术专著3部，发表论文80余篇。主持国家社会科学基金、教育部人文社会科学基金和中国博士后基金等项目，参与文化和旅游部、国家开发银行、深圳市及各区委托的文化产业项目，主要从事艺术理论与艺术产业、文化产业规划、文化产业新业态等研究。

徐天基 讲师，硕士生导师，香港中文大学文化与宗教研究系博士，台湾"中研院"民族学研究所博士后，香港浸会大学传统文化研究中心博士后，法国远东学院访问学者，法国高等研究院访问学者，深圳市海外高层次人才，深圳市领航人才。现任深圳大学文化产业研究院学术研究部副主任。目前从事文化消费研究，担任1项国家社会科学基金青年项目主持人及2项国家社会科学基金项目子课题负责人，参与文旅部及国际合作项目多项。在国内外学术期刊发表十余篇学术论文和研究报告。

摘　要

《文化科技创新发展报告（2022）》是关于文化与科技融合背景下的产业发展现状、应用、理论探索及创新实践的研究报告，其主要内容吸收了国内外相关领域专家的前沿性理论及最新研究成果，同时集合了深圳大学文化产业研究院在文化科技融合创新领域的最新成果。

文化与科技的深度融合、数字与人文的融合已经是全世界经济发展的重要引擎，这种融合趋势与应运而生的新经济对当下的经济和文化格局提出了新的诉求与挑战。配合国家文化及经济发展的战略，粤港澳大湾区的经济、科技与人文建设以及数字人文的建设与发展日益扮演着重要的角色，它们在区域发展中成为推动经济增长、优化产业配置、调整产业结构的重要力量。《文化科技创新发展报告（2022）》正是在此背景下开展的文化与科技融合理论、文化产业观察、数字人文和数字创意产业等方面的研究。

本报告基于文化与科技融合的现状和未来路径进行分析与展望，集中探讨文化科技融合的理论基础、产业趋势、技术创新与人文融合等问题。通过对理论前沿、趋势展望、产业实践、技术创新、遗产保护等几个部分的分析，结合具体的调研报告，跨领域、多角度地提出了文化科技融合的现状、创新路径和前景展望。

本报告分六个部分。第一部分是总报告，综摄年度文化与科技融合的总体趋势和发展动态，概括性地指出文化科技融合的最新态势。第二部分是趋势展望篇，对数字媒介、虚拟文化空间及数字劳动的发展做全面的分析，勾勒其发展脉络及未来走向。第三部分是技术创新篇，全面分析并梳理区块

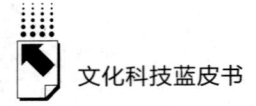

链、元宇宙、NFT及游戏开发与设计等技术创新实践的现状及未来走向。第四部分为产业实践篇，着眼于产业对技术创新和人文融合的应用，爬梳科技人文融合所带来的产业变革与最新态势。第五部分为遗产保护篇。物质及非物质文化遗产如何借由科技手段和平台走向当代社会，是个常新的议题。该篇的研究报告紧扣传统文化、遗产的主题，关注的是传统与当代科技的融合模式和成果产出。第六部分为国际篇，立足中国、放眼国际，关注国外智慧文旅及电子游戏开发所代表的前沿趋势，为国内外相关行业的发展提供了必要的参照和比对数据；另外，针对2021~2022年的年度大事件做系统梳理。

关键词： 文化科技融合　文化创意产业　数字经济　数字人文

目 录

Ⅰ 总报告

B.1 文化科技深度融合下的超级数字场景
　　　…………………………………… 李凤亮　周梦琛　胡鹏林 / 001

Ⅱ 趋势展望篇

B.2 数字媒介时代文化消费新图景展望………………… 陈泳桦 / 029

B.3 数字经济时代虚拟文化空间的现状与未来…… 陈　思　齐　骥 / 042

B.4 数字劳动研究进展、热点与趋势分析报告
　　　——基于 Web of Science 与 CNKI 的文献计量分析
　　　………………………………………… 王　忠　陈艳伟 / 053

Ⅲ 技术创新篇

B.5 区块链、元宇宙及文化科技融合的趋势展望…………… 罗　丹 / 081

001

B.6　元宇宙产业发展及分析报告……………………………高　昱 / 092

B.7　NFT 加密艺术的概念成因、平台商业模式及影响分析报告

　　　………………………………………………………朱格成 / 109

B.8　从移植游戏到跨平台游戏：游戏研发新趋势分析报告

　　　………………………………………………………裴一宁 / 121

Ⅳ　产业实践篇

B.9　当代中国青年基于网络空间的"吃播"文化分析报告

　　　…………………………………………李丹舟　陈丽霏 / 136

B.10　数字消费场景、消费观与代际沟通：对直播带货受众家庭的

　　　分析报告……………………………………潘道远　苏可晴 / 158

B.11　"三农短视频"乡村文化新业态发展分析报告………涂　浩 / 171

B.12　VR 电影发展现状分析报告…………………………周小玲 / 190

B.13　我国科幻电影角色设定的分析报告…………………黄鸣奋 / 204

Ⅴ　遗产保护篇

B.14　传统文化与现代科技的融合创新模式分析报告

　　　…………………………………………肖屈瑶　金　韶 / 222

B.15　新媒介语境下戏曲类非物质文化遗产传播模式报告……郑雨琦 / 233

B.16　数字驱动下的古城文化现代化与产业生态建设分析报告

　　　…………………………………………李　微　宋　菲 / 246

Ⅵ　国际篇

B.17　国外智慧文旅产业生态分析报告……………………栾明锦 / 262

目 录

B.18 欧美电子游戏开发相关技术分析报告（2021~2022）
　　　　…………………………………………………… 叶文浩 / 283
B.19 大事记 …………………………………………… 陈慧娴 / 299

Abstract ………………………………………………………… / 313
Contents ………………………………………………………… / 315

皮书数据库阅读使用指南

总报告
General Report

B.1 文化科技深度融合下的超级数字场景

李凤亮　周梦琛　胡鹏林*

摘　要： 2021年，国家"十四五"规划提出加快数字化发展，为健全现代文化产业体系和市场体系而扩大优质文化产品供给、推动文化旅游融合发展、深化文化体制改革。在5G网络普及与人工智能、大数据、扩展现实等众多科技实现创新突破的基础上，2021年文化科技产业呈现多样化、IP化、智能化、虚拟化、场景化等特征。网络视听、数字出版、游戏电竞和高端文化装备等文化科技优势业态不断深化数字化探索、垂直化深耕，各领域实现生产经营差异化。而云文化业态、沉浸式业态、元宇宙、NFT艺术、虚拟数字人、智能穿戴设备等文化科技新型业态则充分探索数字资产新业态，推动文化产业"上云用数赋智"，为实现虚拟与现实世界融合发展迈出关键一步。

---

* 李凤亮，博士，南方科技大学党委书记、讲席教授，深圳大学文化产业研究院院长；周梦琛，深圳大学文化产业研究院博士生；胡鹏林，博士，深圳大学文化产业研究院副院长、副教授、特聘研究员。

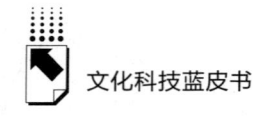

关键词： 文化科技融合　虚拟现实　NFT 艺术

近年来，国家相继出台相关政策鼓励文化产业建设，推动文化科技融合创新。如 2021 年，《"十四五"文化和旅游发展规划》提出，要注重构建新发展理念、新发展格局，突出高质量发展主题，坚持创新驱动，坚持融合发展。2022 年，中共中央办公厅、国务院办公厅印发的《"十四五"文化发展规划》进一步指出，要进一步壮大文化产业，注重更高品质、更为丰富的优质文化供给；加快文化产业数字化布局，统筹聚集文化数字资源；将先进科技作为文化产业发展的战略支点，发展健全文化科技融合创新体系，引导文化企业运用大数据、云计算等新技术提升产业链，重塑文化发展模式。由此可见，文化与数字技术融合已成为必然趋势，构建高质量、多元创新的文化科技业态成为建设社会主义文化强国的重要路径。

数字技术赋能文化产业，从而促进优势文化业态的高质量发展。网络视听、数字出版、游戏电竞等文化业态的内容生产、传播、消费等多个环节借助大数据、超高清、5G、人工智能等新技术激发创新活力，原创优质内容源源不断地涌现；同时积极寻求跨界合作，满足个性化、多样化的内容需求，注重构建 IP 全生态，并以此打造出一批具有影响力、代表性的文化作品。而基于区块链、大数据、5G、人工智能等数字新技术孕育的文化科技新型业态与优势业态在底层技术、内容形式、发行方式、体验互动等方面具有本质区别。其中，NFT 艺术、云文化业态、虚拟数字人及部分沉浸式业态均以打造新型数字资产为核心，通过数字化信息采集、智能计算、网络传输等数字基础设施完善文化产业数字经济生产要素，打造新型数字虚拟场景，并通过智能穿戴设备实现虚拟世界与现实世界的快速转换与交互融合。

2021 年是元宇宙元年，国家对元宇宙行业发展也给予大力支持，如 2022 年初出台了《"十四五"数字经济发展规划》《金融科技发展规划（2022—2025 年）》等多项产业政策，鼓励元宇宙行业的发展与创新，为其提供了明确、广阔的市场氛围与良好的生产经营环境。市场也紧跟新形势，以 Meta（原 Facebook）、Roblox、腾讯、网易、英伟达等为代表的龙头企业纷纷对元宇宙相关内容及硬件业务展开布局。

一 数字技术发展新趋势

为推动数字经济发展、强化新型数字基础设施建设，以 5G、大数据、人工智能、云计算、区块链等为代表的网络及新技术基础设施逐渐趋于完善，以虚拟现实、增强现实为主的扩展现实设备为未来数字技术的核心应用场景提供了新入口。同时各技术深度融合，促进传统产业转型升级，向数字化、网络化、智能化方向发展。数字技术在各产业的生产、传播、消费等多个环节全面赋能，激发产业释放新消费活力，各新兴产业规模实现快速增长。

（一）5G

5G 已实现高带宽、低时延、广覆盖的特征。网络接入速率较 4G 网络有明显提升。2022 年，中国信通院发布的《全国移动网络质量监测报告》显示，全国 5G 网络平均下行接入速率和上行接入速率分别为 334.98Mbps 和 70.21Mbps。据工业和信息化部统计，截至 2022 年 7 月底，中国累计建成开通 5G 基站 196.8 万个，占全球 5G 基站总数的 60%以上；5G 移动电话用户达到 4.75 亿户，已建成全球规模最大的 5G 网络。

（二）云计算

云计算是基于互联网技术向用户提供快速安全的云端服务及数据存储，主要分为基础设施即服务（IaaS）、平台即服务（PaaS）和软件即服务（SaaS）三类。过去十年我国逐渐在 IaaS 层面发展完善，作为未来十年的底层技术支撑，云计算将在 SaaS 层面迎来爆发点[①]，为优化企业数字化管理、

[①] 费天元：《聚焦元宇宙、云计算、"专精特新"》，《上海证券报》2021 年 12 月 1 日，第 4 版。

数字化生产等提供良好条件。据智研咨询统计，2021年中国云计算市场规模高达3229亿元，同比增长54.42%。

（三）大数据

数据是数字经济时代的主要生产要素，大数据产业是以提供数据生成、采集、存储、加工、分析服务为主的新兴产业，对加快经济社会高质量发展具有重要意义。大数据具有规模广、容量大、精度高等特点。《"十四五"大数据产业发展规划》提出，"十三五"时期，大数据产业发展迅猛，产业规模年均复合增长率超过30%，2020年超过1万亿元，预计到2025年，我国大数据产业测算规模将突破3万亿元。

（四）人工智能

人工智能技术主要通过计算机视觉、语言、语音、概念学习等方面的训练，推动制造、交通、医疗、农业等领域智能化发展。目前已创造出大量智慧应用场景，如无人驾驶、智能机器人、智慧工厂等早已被大众熟知，而高精度仿真预测、数字孪生工厂、虚拟原生等新生态层出不穷，未来多模态人工智能将成为创新热点。数据显示，2021年中国人工智能产业规模达4041亿元，产业投融资金额为201.2亿美元，同比增长40.4%。[①]

（五）扩展现实

扩展现实（XR）主要包括虚拟现实（VR）、增强现实（AR）和混合显示（MR）三类。其中，VR是指通过头显设备模拟视觉、听觉、触觉等各感官沉浸体验，打造三维立体的虚拟空间；AR则指通过数字交互设备在现实世界中叠加产生部分虚拟现实；MR是指将现实世界与虚拟世界融合，实现虚拟空间与现实世界的即时交互，当前有关MR的概念界定

---

① 谢卫群、沈文敏、黄晓慧：《人工智能加速赋能实体经济》，《人民日报》2022年9月6日，第12版。

较为模糊。扩展现实将推动三维图形生成、实时动态捕捉、快速渲染处理等技术创新。以 VR、AR 为主的扩展现实产业作为元宇宙场景的主要入口，在谷歌、Meta、索尼、腾讯视频、百度、爱奇艺等众多互联网公司及平台已成为重点发展业务。IDC 数据显示，2021 年全球虚拟现实头显设备出货量达到 1059 万台，同比增长 58.1%，成功突破每年 1000 万台的行业拐点。

（六）区块链

区块链融合了非对称加密、区块与链式结构、P2P 通信、智能合约、数字签名等多种技术，有助于数据确权和版权保护。区块链具有分布存储数据、不可篡改、可追溯等特征，从而构建了互联网中的信任机制，提高了数字化时代的数据安全及交易效率，为推动数字资产发展提供了有效解决方案。当前，区块链已广泛应用在金融科技、政务服务、物流溯源、医疗等领域。赛迪区块链研究院发布的《2021 年中国区块链年度发展白皮书》数据显示，2021 年我国区块链产业规模为 65 亿元。

二 文化科技优势业态

数字技术与文化产业深度融合，促进网络视听、数字出版、游戏电竞与高端文化装备等文化科技优势业态向垂直化、多样化、IP 化发展。其中，网络视听业态竞争激烈，为增强平台用户黏性不断融合游戏、文旅、体育等泛娱乐内容，注重传统文化的传承创新。数字出版业态以移动出版、互联网广告、在线教育为主要营收来源，受疫情影响，数字出版业态加速发展，逐渐以网络文学为核心打造 IP 全链路，同时相关政策为版权运营提供保障。移动游戏、自主研发成为游戏内容的主要发力方向，电竞业态话题关注度显著提升，各地市期望打造地域化、差异化的电竞特色产业。高端文化装备向超高清、大屏智能方向发展，强调场景化、沉浸式的消费体验。

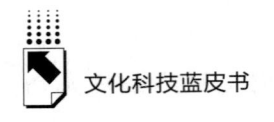

（一）网络视听

网络视听主要包含综合视频（主要指电视剧、综艺、电影及纪录片等视频形式）、短视频、网络直播、网络音频等细分领域。据中国网络视听节目服务协会发布的《2021中国网络视听发展研究报告》，截至2020年12月，网络视听总用户规模达9.44亿，其中，综合视频、短视频、网络直播、网络音频用户规模分别为7.04亿、8.73亿、6.17亿和2.82亿。就国内市场而言，88.3%的综合视频市场份额由爱奇艺、腾讯视频、优酷视频、芒果TV、Bilibili五大平台占有；以抖音、快手为首的短视频领域已成为触发用户使用网络的关键因素，用户日均使用时长高达120分钟；在网络直播的用户群体中，电商用户规模为3.88亿，占整体网民数量的39.2%；在网络音频市场中，有声书和网络广播剧等内容实现快速发展。

据《2021年全国广播电视行业统计公报》统计，2021年全国持证及备案机构网络视听收入达3594.65亿元，同比增长22.10%。其中，用户付费、节目版权等服务收入和网络直播、短视频等其他收入分别为974.05亿元和2620.60亿元，分别同比增长17.24%和24.02%。2021年，具备上线备案号的重点网络电影688部、网络剧232部、网络动画片199部、网络纪录片19部。中宣部、中央网信办等部委出台多个相关政策法规，规范网络视听生产经营，如《关于进一步加强文艺节目及其人员管理的通知》明确禁止播出偶像养成类等节目；同时逐渐完善制度体系，如《著作权法》为网络直播、短视频等网络视听作品提供版权保护。

1. 内容多样化

2021年，网络视听各细分领域垂直化深入发展，内容呈现形式多样化，以此增强用户黏性。各网络视频平台开发自制剧、定制剧、分账剧、"直播+短视频"模式等多种形式产品，其中微短剧成为2021年各平台的突破性创新成果。针对娱乐消费碎片化的需求特点，去除冗长情节，3~5分钟一集的剧情几乎全程高能，观众直呼过瘾。据国家广播电视总局发展研究中心统计，2021年全网共上线重点网络微短剧58部，普通网络微短剧约1000

部，涵盖悬疑、古装、武侠等题材，其中"霸总""高甜"等主题最受欢迎。尽管微短剧成为网络视频平台新的流量入口及更快的变现渠道，但也存在内容质量参差不齐、题材同质化的现象。网络音频市场发展势头良好，其中有声行业市场活跃用户规模达 8 亿人次，而网络广播剧也通过自然语言处理与音频合成、AI 文字转语音等新技术得到大力发展。网络音频平台积极展开跨媒介合作，充分将网络文学 IP 与影视 IP 衍生至有声书及广播剧等音频中来，让网络文学与影视作品不止步于自身，延续热度。从题材上来看，网络视听呈现多元化发展，推理、时尚、电竞等题材年轻化趋势明显，同时也出现了《山海情》《觉醒年代》等高质量主旋律作品。

2. IP 生态化

网络视听平台注重打造属于自己的生态链，优化制作模式、盈利模式，并融合其他领域以进行特色化创新。短视频平台如抖音、快手等激励原创作品制作，加大流量扶持，培训变现指导。中长视频平台则逐渐形成专业化生产、剧场化运营，如优酷"宠爱剧场"、爱奇艺"迷雾剧场"等。各视频平台开始尝试分账式合作，鼓励用户为内容付费，并开通电商端，开发原创作品的 IP 衍生品，以此形成生态化。各网络视听平台纷纷融合游戏、文旅、体育、演艺等文娱内容，探索属于自己的差异化优势产品，激发用户的观看与参与兴趣。同时，网络视听平台积极打造作品 IP，重点关注古城、非遗等中国传统文化及游戏、文旅等领域，在创造快乐的同时实现社会价值。

（二）数字出版

2016 年国家新闻出版广电总局、工业和信息化部公布了《网络出版服务管理规定》，指出网络出版物（即数字出版）是指通过信息网络向公众提供的，具有编辑、制作、加工等出版特征的数字化作品。从狭义上讲，目前数字出版产业范围主要包括网络文学、网络游戏、网络动漫、有声读物、数字教育等领域。

《2020—2021 中国数字出版产业年度报告》显示，截至 2020 年末，我国数字出版收入突破万亿元，达 11781.67 亿元，同比增长 19.23%。其中，由传统书报刊转型数字化的互联网期刊、电子图书、数字报纸总收入为94.03亿元，同比增长5.56%。在互联网趋势下，出版业融合深入发展，各大出版社积极推进互联网转型，借助大数据、人工智能等技术扩展应用场景。而新兴的移动出版（包含移动阅读、移动游戏等）收入规模达2448.36亿元，互联网广告收入达4966亿元，在线教育收入达2573亿元，三者成为全年数字出版总收入的主要来源，共占比84.8%。其中，线下教育受疫情影响，加速了数字化发展，在线课程、直播课程等云课堂满足了疫情防控时期的教学需求，为数字教育模式的发展与创新提供了机遇。

1. 围绕网络文学形成IP全运营链

第49次《中国互联网络发展状况统计报告》显示，截至2021年底，我国网络文学用户总规模达5.02亿，占全国网民总数的48.6%，网络文学已成为助力全民阅读的重要手段。在玄幻、历史等内容注重精神传递的同时，针对抗击新冠肺炎疫情、党的百年奋斗路等反映当下社会现实题材和科幻题材（如天瑞说符的《我们生活在南京》等）的优秀文学作品也不断涌现，形成多元化与主流化并存的趋势。

网络文学不仅为数字阅读市场供给内容，同时也带动了IP全版权运营，联动影视、动漫、游戏、音频等领域协同发展。近两年，网络动漫产业不断选取成功的网络文学作品进行改编，且在爱奇艺、腾讯视频、Bilibili等综合视频平台占据一席之地。中国社会科学院发布的《2021中国网络文学发展研究报告》显示，2021年由网文IP改编的中国动漫作品有72部，占全年上线的青少年动漫剧的63.2%。其中，《斗破苍穹》系列新作品占总播放量的30%以上。艾媒咨询发布的《2020—2021年中国在线音频行业研究报告》显示，86.2%的音频平台用户会选择IP内容进行收听，推出如《赘婿》《大奉打更人》等多部IP改编有声作品。而影视方面如短剧、电影、网络剧等也纷纷与网络文学联手跨界，在原著的热度基础上开发IP全链路，《你是我的荣耀》《司藤》《上阳赋》等网文改编影视作品均获得网友热议。

2. 版权运营与数字融合

2021年，国家新闻出版署发布出版业科技与标准重点实验室名单，并发布《关于组织实施出版融合发展工程的通知》，引导出版业深度数字化融合。该融合发展工程实施了数字出版精品遴选推荐计划和出版融合发展示范单位遴选推荐计划，并举办出版融合发展专题研讨班，以示范引领的方式推动出版单位及相关机构开发融合出版项目。各出版单位通过融合大数据、云计算、人工智能等科技，打造融媒体出版物、有声读物、数字教材、数据库产品等多元化数字产品，推动数字出版的深度融合发展。在数字出版不断壮大的同时，版权保护成为出版业发展的重要保障。随着2021年《民法典》的正式通过、《著作权法》的修订完成，以及相关行业立法、政策陆续发布，国家对网络盗版侵权行为给予有力打击，为数字化时代的出版业良好运行提供了坚实后盾。

（三）游戏电竞

游戏可分为移动游戏、客户端游戏、网页游戏、主机游戏等细分市场。据中国音数协游戏工委、中国游戏产业研究院发布的《2021年中国游戏产业报告》，中国游戏市场2021年实际销售收入为2965.13亿元，同比增长6.40%。其中，自主研发游戏国内市场收入为2558.19亿元，其贡献占国内游戏市场收入的86.3%。同时，国内自主研发游戏出海的收入不断增加，2021年实际销售收入达180.13亿美元。中国音数协游戏工委发布的《2021年游戏产业舆情生态报告》摘要版显示，68%的海外用户在体验中国游戏后对中国文化产生浓厚兴趣，这有助于中国文化的传播与交流。科技助力游戏发展，云游戏、VR游戏、AR游戏等推动了元宇宙概念的发展，加速了数字经济时代的到来。

2021年8月，国家新闻出版署下发《关于进一步严格管理 切实防止未成年人沉迷网络游戏的通知》，严格限制向未成年人提供网络游戏服务，对保护未成年人身心健康、防止其沉迷游戏提出要求。同年9月，中国音数协游戏工委发布《网络游戏行业防沉迷自律公约》，响应国家政策，强化自律意识。在此背景下，2021年中国游戏用户规模增长至6.66亿，同比增长0.22%，增幅相比前几年有所减缓。但可喜之处在于市场管理已形成新标

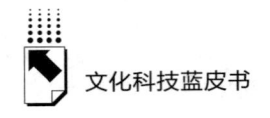

准，市场环境逐步优化。

1. 以人文价值为核心的 IP 跨界融合

近两年，中国游戏企业除了关注早期兴起的西方玄幻题材外，还逐渐涉及中国传统文化题材，三国历史、《西游记》、武侠类等是游戏开发者的首选内容，同时也与博物馆、非物质文化遗产等传统文化展开合作。通过将中国传统文化内嵌于游戏内容中，使用户在享受娱乐体验的过程中，不断接触带有中国文化特色的音乐、画面、故事及价值观，从而让用户在潜移默化中学习传统文化，领悟中华文化精神内涵。比如，《QQ 飞车》游戏于 2020 年 10 月上线贵州主题版本，将我国贵州地区的自然风景、历史文物、美食文化等文旅内容完美复刻在游戏场景中，并邀请龚琳娜演唱主题曲《拐弯》。玩家能在飞车游戏中领略贵州风土，了解民族文化。

中国游戏市场现以移动游戏为主导，其内容创作强调自制 IP。《2021 年中国游戏产业报告》显示，在 2021 年收入前 100 的移动游戏产品中，自创 IP 的数量占比高达 41%，其收入占比为 42.46%。当前，IP 跨界联动已成为游戏产业发展的关键策略。通过游戏自创 IP，在音乐、影视剧、动漫、周边等领域进行 IP 延伸，以跨界联动打造网络话题热点，吸引更多流量参与游戏体验。比如由腾讯开发的《天涯明月刀》游戏抓取"国风"作为 IP 核心，与文博机构、非遗传承人合作推出多套华服，并于张家界举办天刀主题华服秀。同时，《天涯明月刀》与李玉刚、周深等音乐人合作创作国风音乐作品。天刀游戏团队也很重视线下 IP 拓展，2020 年底"天刀 IP 国风嘉年华"于上海举办，现场汇集了电竞、走秀、市集以及投壶、射箭等传统文化活动。该游戏由此逐渐建立"国风游戏+"的生态圈，收获更多泛内容用户。

2. 关注电竞产业，打造地域文化

据中国音数协游戏工委统计，随着 2020 年 12 月电子竞技正式进入亚运会以及 2021 年中国 EDG 在英雄联盟 S11 全球总决赛中夺冠，电竞话题的关注度从 2020 年的 86.77 上涨至 2021 年的 87.60。越来越多的网民开始关注电竞产业，并逐步对此持认可、乐观的态度。根据中国音数协游戏工委、中国游戏产业研究院发布的数据，2021年中国电子竞技游戏用户规模已达4.89亿。同时，全国各地都十分重视电竞产业的发展，北京、上海、深圳、广州、成都、武汉等城市均与游戏厂商、电竞企业、俱乐部、直播平台等展开深度合作。在城市电竞产业发展中，注重与当地文化相融合，打造具有地域特色的电竞赛事。例如，重庆在第二届中国数字冰雪运动会的电竞赛事中加入"川剧变脸""方言解说"等节目，贵州文旅厅与《QQ飞车》游戏开发商打造电竞IP主题旅游线路，在游戏场景中还原贵州风景等。除此之外，各大城市建立电竞场馆和电竞产业园，并承办大型电竞赛事，带动当地旅游、娱乐、餐饮等消费。例如，2020年英雄联盟S10全球总决赛在上海举办期间，为本地带来直接经济效益超过3000万元。电竞直播、电竞培训等都成为该领域的关注热点。

（四）高端文化装备及消费终端

按国家统计局《文化及相关产业分类（2018）》标准，文化装备生产包括印刷设备制造、广播电视电影设备制造及销售、摄录设备制造及销售、演艺设备制造及销售、游乐游艺设备制造、乐器制造及销售6个中类。据国家统计局统计，截至2021年底，文化装备生产营业收入为6940亿元，增长13.6%，2022年上半年该营业收入已达3198亿元，增长4.3%。

文化消费终端生产包括文具制造及销售、笔墨制造、玩具制造、节庆用品制造、信息服务终端制造及销售5个中类。据国家统计局统计，截至2021年底，文化消费终端生产营业收入高达22654亿元，增长16.2%。其中，信息服务终端制造及销售对文化产业的发展产生了重大影响，如电视机、音响设备、可穿戴智能文化设备及其他智能文化消费设备等细分文化终端设备与网络视听、沉浸式文化业态、元宇宙等文化业态息息相关。可穿戴智能文化设备作为新型文化业态发展速度迅猛，截至2021年底，其营业收入两年平均增速为46.4%。

1. 超高清、大屏化、智能化的传统文化设备

勾正科技发布的《长风破浪——2021智慧屏行业发展白皮书》显示，

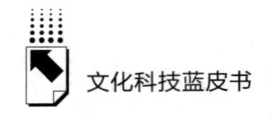

2021年联网电视激活量已达4.65亿，较2020年末上涨9.9%；智能电视激活数超2.84亿，较2020年末上涨11.4%。疫情的反复刺激了宅家健身、云游戏、8K影院等新型内容需求不断增加，从而推动了智能大屏的普及推广，智能大屏逐渐成为多场景的流量入口。比如，2021年由中国电信新国脉、长虹虹魔方联合推出的ADDFUN自由屏可实现移动、触控和横竖屏转换等功能，通过其开发的"虹领金"系统，可在家中的任意位置进行AI健身、K歌及儿童线上学习等活动。

同时，随着显示技术的不断突破，8K、OLED、Mini LED、激光投影等新技术投入市场应用。比如，2022年央视春晚在CCTV-8K超高清频道进行直播，节目组还运用XR、AR等虚拟视觉技术，全息扫描技术和8K裸眼3D呈现技术等，带来全新的立体视觉体验。2022年北京冬奥会的开闭幕式及重点赛事也采用8K技术直播，超高清低时延的精美画质成为赛事的一大亮点。2022年7月，梵高作品沉浸式8K超高清艺术展在巴西举办，使用40台激光投影仪投放了200多幅梵高的作品，8K分辨率下的细节影像给观众带来了震撼体验，艺术展也因数字技术的更迭而更加具有创意。

2. 多场景、沉浸式的新型装备

娱乐用无人机在5G网络的赋能下展现出更多应用场景。5G网络技术使无人机达到低时延、抗干扰的稳定直播效果。通过无人机搭载的360度全景镜头拍摄视频，并将4K/8K高清视频信号回传至直播中心，用户可利用多种终端观看直播。因此，未来无人机可广泛应用于VR直播、体育赛事、演唱会、展会等高清直播娱乐场景中。比如，2022年跨年活动中，全国多地使用无人机进行3D光影秀，深圳大运中心用无人机升空摆出"抗疫""建党百年"等关键词；在香港中环举办的"2021美丽的夜香港跨年演唱会"上，520架无人机升空表演，配合灯光音响，拼出"2022 Happy New Year"及洋紫荆等图案。虚拟现实设备结合了图形、传感器、立体显示、人工智能等多种技术，被广泛应用于网络视频、网络游戏、在线电商等领域，在线下博物馆、艺术馆中也有虚拟现实体验区。观影者通过VR头显设备体验全然不同的虚拟世界，沉浸感极强。增强现实也被应用到博物馆、文化馆中,通过 AR 设备显现在现实世界中消失的事物,例如被焚毁的法国巴黎圣母院塔尖、消逝的历史文物等都可以通过增强现实技术模拟仿真后叠加在真实世界。

三 文化科技新型业态

近两年文化科技融合的创新突破成果不断涌现,NFT 艺术、云文化业态、虚拟数字人、沉浸式业态、智能穿戴设备、元宇宙等文化科技新型业态呈现智能化、数字平台化、虚拟场景化等特征。其中,NFT 艺术因去中心化而使得数字艺术资产具备透明化、不可篡改性和可追溯性,其底层区块链技术则有助于提高交易信任度、保护数字版权。云计算、5G、虚拟现实等科技融合促使云端文化满足了用户的即时娱乐需求和多场景体验。虚拟数字人则在人工智能、动作捕捉等技术协助下实现高度拟人化,其 IP 商业化也逐步趋于成熟。沉浸式业态构建了全新的虚拟场景和包裹式觉知系统,让玩家在体验互动中产生强烈的浸入感和代入感。而智能穿戴设备则作为新型硬件设备融合新型数字文化内容,带来更加交互、智能、沉浸的用户体验。

(一)NFT 艺术

NFT(Non-Fungible Token),中文称为"非同质化代币",该词在 2021 年的搜索频率极高,并被《柯林斯词典》纳入年度词汇。国信证券经济研究所发布的《2022 元宇宙行业研究报告》显示,全球 NFT 美元交易量从 2020 年的 8.25 亿美元增长到 2021 年的 176.95 亿美元,增长 20.4 倍。作为目前全球最大的 NFT 综合交易平台,OpenSea 占据全球市场 95%以上的份额。NFT 艺术,是指将艺术作品以数字化的形式(如图像、音频、视频、代码等)呈现在区块链平台上,并与 NFT 进行绑定,成为所有者的数字资产。NFT 的非同质化特征使每一个 NFT 代币都具有唯一性,因此在与 NFT 进行绑定后,该艺术品也具有了独一无二的属性。

当前 NFT 艺术主要有两种发行方式:按照 ERC-721 代币标准,单一作

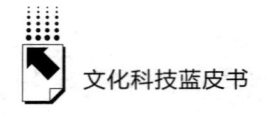

品只能发行一个NFT；而按照ERC-1155代币标准，单一作品可以发行多个NFT。① 国外NFT艺术市场以公链为主，将区块链上的所有节点对所有人开放，买卖双方可以通过以太币等加密货币进行交易。而在国内，目前以联盟链（即由部分机构或组织共同参与管理的区块链）为主，仅对部分成员开放，买卖双方通过人民币或数字人民币进行交易，且不支持二次交易。与此同时，为规范国内市场发展，2021年9月，中国人民银行、最高人民法院等多部委下发《关于进一步防范和处置虚拟货币交易炒作风险的通知》，明确虚拟货币相关业务活动属于非法金融活动。

众多知名品牌和机构逐步涉足NFT艺术市场并受到追捧。例如，在无聊猿游艇俱乐部（Bored Ape Yacht Club）NFT系列产品中，价格最低的NFT产品现售价为31.18万美元，而其首次发行价格仅约为190美元。在国内，2021年6月，支付宝在鲸探限量发售"敦煌飞天"与"九色鹿"两款付款码NFT皮肤；2022年2月，由国际奥委会官方授权发布的限量冰墩墩数字盲盒NFT在上线后被一抢而空。

1. 去中心化的艺术呈现

就区块链市场而言，去中心化主要体现在分布式记账上，将数据分散记录存储，其点对点的交易模式为交易双方提供了安全性和信任感，降低了中间成本。当艺术家或卖家在相关平台上进行NFT艺术品创作或交易时，去中心化的存储技术使得区块链市场中的任何账户都能认证该过程，因此保证了数字艺术资产的公开真实性、不可篡改性和可追溯性，投资者或买家可以安全地购买艺术品。

2. 数字版权的确权与交易规则

当艺术家将艺术作品以NFT形式发布时，该产品的创作者就在区块链的加密算法中获得了相应的数字资产确权，即该数字资产的所有权始终归该创作者。当NFT艺术品卖出后，根据交易规则，每次交易都将分给创作者10%的交易金额。因此，这种能使艺术家在未来不断享受收益的特点极大地

---

① 发行总数量会受到NFT智能合约的相关限制，协议不同，所对应的发行量不同。

激发了其创作和参与热情。同时，对于NFT艺术品的购买者而言，作品NFT的唯一性为其带来了独特的社会地位，增强身份认同感。

3.数字代码的盗取与虚拟货币的炒作

当前NFT市场作品仍有被复制和被盗的问题，如2022年4月，周杰伦所持有的无聊猿NFT从周杰伦地址转出，并以130 ETH（以太坊）、155 ETH等价格在LooksRare交易市场被多次转手交易。同时，部分NFT项目也存在收益缩水的风险，如由Twitter创始人杰克·多尔西（Jack Dorsey）发布的第一条推文制成的NFT，在2021年首次交易时价格为290万美元，而2022年4月再次拍卖时，仅收到了6~280美元的报价。

（二）云文化业态

随着云计算、5G、人工智能、VR等科技的不断发展，云游戏、云展览、云文旅等逐渐走入人们的视野，用户可以在云端进行文化娱乐消费和体验，为疫情防控时期探索文化数字化发展提供了更多的可能性。

云游戏主要是基于云端技术和5G网络，使用云端服务器对相关数据进行处理和计算，并将渲染后的游戏画面压缩传送到用户终端设备。用户不用拥有高端处理器和显卡，以此降低了对终端设备的配置、安装和存储要求；玩家无须下载就能即点即玩，提高了便利度。IDC和中国信通院发布的《全球云游戏产业深度观察及趋势研判（2022年）》显示，2021年中国地区云游戏市场收入已达40.6亿元，同比增长93.3%；月活人数达6220万，同比增长64.1%。其中，腾讯先锋云游戏和START云游戏两个平台作为国内代表，已上线《英雄联盟》《王者荣耀》《拳皇14》等多款手游、网游游戏。

云展览和云文旅主要是通过云计算、5G、VR等技术，通过图片、视频、直播、虚拟现实等形式将艺术品或文旅景区等进行信息数字化。在云展览方面，2021年4月，文化和旅游部发布《"十四五"文化和旅游发展规划》，提出推动美术馆数字化建设，大力发展云展览。截至2022年5月，国内博物馆云展览数量已超过2000项，其中，故宫博物院的"'纹'以载道——故宫腾讯沉浸式数字体验展"、浙江省博物馆的"丽人行——中国古

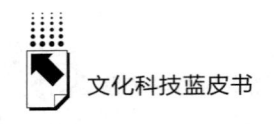

代女性图像云展览"等引发大量用户线上观看互动。在云文旅方面，2021年12月，文化和旅游部资源开发司发布2021年智慧旅游典型案例，共有27个项目入选，故宫博物院"智慧开放"项目、"烟台文旅云"平台等均为云文旅的代表。据抖音发布的数据，2021年受疫情影响，大量景区及游客自发进行景区现场直播，吸引了百万观众在直播间"云旅游"。

1. 云游戏：云端的即时体验和多场景呈现

5G网络传输技术和云计算等核心技术加速了云游戏的发展，不断升级用户体验。对于游戏玩家而言，游戏的卡顿延迟和音画质量是影响体验感的关键因素。5G拥有千兆网速，可以实现以毫米波（mmWave）为代表的低延迟；同时，高效的云端服务器可以提高编解码效率，让云游戏画质在1080P分辨率下稳定输出，例如在中国移动云游戏平台，1080P高清游戏时延能降至20毫秒[①]，玩家只需拥有具备流媒体播放能力的终端设备即可享受流畅高清的体验。

除了将手机端、PC端作为云游戏的入口外，以腾讯先锋为代表的云游戏平台正与大屏端制造商（如TCL）合作，创造出与MOBA和FPS等游戏品类相适配的大屏超清体验。另外，"云游戏+直播/教育/XR"等场景融合创新引起了业内极大关注。其中，"云游戏+直播"通过云计算、云渲染等技术实现突破：观众可以通过直播间入口进入云游戏平台，与主播进行实时游戏互动。游戏内容使直播间的观众与主播产生深度连接，多场景的结合应用提高了直播间的用户活跃度。

2. 云技术加速文化场景多样化

当前，云展览和云文旅等云文化现象主要体现在将线下的文化内容进行数字化呈现。通过3D建模、VR全景导览、实景模拟等技术实拍展览或文旅景区的线下场景、采集艺术藏品及文物等信息，并将其还原到线上。观众在云端展厅或线上景区中可以任意切换不同场景，进行360度观赏。同时，场景中还配以音乐、文字、旁白解说等内容，增强用户沉浸式体验。

---

① 王政：《5G应用赋能千行百业》，《人民日报》2022年8月23日，第6版。

除此之外，随着云计算、云存储等相关技术的成熟，越来越多的传统文化机构选择使用云技术为其数字艺术呈现、数据存储等方面提供可靠支持。2021年，浙江省博物馆联合国内30多家文博机构，举办以中国古代女性图像为主题的"云展览"，构建中国古代女性图像题材的专题数据库，充分利用云资源进行跨馆策展、数据共享等云端活动。[①] 另外，"数字敦煌"资源库自2016年上线后，其文物数据的采集量和存储量不断增加。为保证数据安全性和高质量，敦煌研究院与华为OceanStor合作，采用云存储技术为文化遗产的数字化保驾护航。

（三）虚拟数字人

虚拟数字人是指"具有数字化外形的虚拟人物，通常是为特定内容的对话而训练的人工智能角色，具有一定的形象能力、感知能力、表达能力和娱乐互动能力"。[②] 根据应用场景，一般可将其分为功能型（也称为服务型）和身份型两种类别。功能型虚拟数字人以提供服务为主，在文化、金融、医疗等领域替代人工完成标准化内容生产、简单交互等工作，如虚拟新闻主播、虚拟电商客服、虚拟医生等；身份型虚拟数字人则拥有独立的身份和个性化人格，主要用于文化娱乐领域以获取经济收益，如虚拟偶像、虚拟KOL等。

2021年，国家发布了多项相关政策鼓励虚拟数字人的发展。例如，2021年10月，国家广播电视总局发布《广播电视和网络视听"十四五"科技发展规划》，提出推动虚拟主播广泛应用于新闻播报、天气预报、综艺科教等节目，创新节目形态，提高制播效率和智能化水平。在政策利好、元宇宙概念火爆的背景下，2021年虚拟数字人在文化产业的市场热度高涨。例如，次世文化创造的国潮超写实虚拟KOL翎虚拟形象登上Vogue杂志，并

[①] 《云展览，跨越博物馆的围墙》，"人民网"百家号，2022年4月14日，https://baijiahao.baidu.com/s?id=1730031766216231636&wfr=spider&for=pc。

[②] 程思琪、喻国明、杨嘉仪、陈雪娇：《虚拟数字人：一种体验性媒介——试析虚拟数字人的连接机制与媒介属性》，《新闻界》2022年第7期。

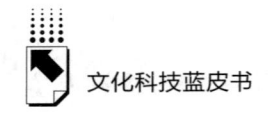

代言宝格丽、特斯拉、百雀羚等多个品牌；Bilibili有3.2万余虚拟主播开播；周深和虚拟人"邓丽君"在12月31日江苏卫视跨年晚会上，同台演绎《小城故事》等。据《2021年虚拟数字人深度产业报告》预测，到2030年，中国虚拟数字人整体市场规模将达到2700亿，其中身份型虚拟数字人占据主导地位。

1. 多元技术助力拟人化

虚拟数字人的拟人化程度是决定消费者是否愿意进行消费和体验的核心因素。高度的拟人化主要是指在外表、行为和交互方式等方面无限接近真人水平，这能让用户感受到自然、真实和亲切。通过CG建模、语言识别、图像识别、动作捕捉、人工智能、计算机语音技术、自然语言处理等技术，针对虚拟数字人的眼神、唇形、面部肌肉等面部表情以及语言表述、肢体表达、回答内容等方面进行训练，让虚拟数字人具备符合真人的表情动作、良好的发声习惯，并能够与使用者交流顺畅、准确识别并理解使用者的需求，兼具逼真的"皮囊"与个性的"灵魂"。例如，次世文化2021年与AI公司小冰联合发布了全球首位"人类观察者"MERROR，通过小冰人工智能框架使其不断深度学习。2021年9月，次世文化推出一档AI人类访谈节目《TALK TO AI MERROR》，MERROR与音乐人高嘉丰进行了长达5分钟的对话。在与音乐人聊天时，MERROR能预测、保持、引导对话，并播放音乐与嘉宾一起进行冥想。

2. 虚拟偶像的IP化和商业变现

虚拟数字人的IP化主要集中在身份型虚拟人类型，这是因为其拥有独立的身份和人物设定。当前市场中虚拟偶像的IP化运营最为成熟。前期主要对该虚拟偶像进行角色定位、个性刻画等形象策划及制作。进入市场后，还需投入相关营销费用进行宣传推广，提高曝光度。在此过程中，为实现虚拟偶像的显著差异化，其制作费用和营销成本十分高昂，因此暂时无法产生规模效应。

虚拟偶像的商业变现思路与真人偶像十分接近。在创造了虚拟偶像的形象和人设后，公司以该虚拟偶像IP为核心在多渠道运营，如发行唱片、拍摄短剧、参与直播和电商活动及品牌代言等。此外，虚拟偶像还在微博、小红书、抖音等社交媒体平台上发布视频或图文，与粉丝产生深厚的情感连接，以此稳固粉丝基础。中银证券发布的《2022年元宇宙虚拟人行业研究报告》指出，由虚拟偶像IP衍生出的周边市场规模也逐年增长，2020年已达645.6亿元，预计2023年将达3334.7亿元。

（四）沉浸式业态

沉浸式体验主要是指通过VR、AR、XR、5G+4K/8K高清、全息投影等数字技术，为参与者提供一种虚拟情境（如电影、游戏或梦境），使其瞬间浸入该情境，暂时脱离现实生活环境，形成一种全新的临场体验。沉浸式体验当前被广泛应用在演艺、展览、主题公园、旅游景区等文化资源场景中。据幻境发布的《2020中国沉浸产业发展白皮书》统计，2019年全球沉浸产业总产值达51.9亿美元，项目数量增至8058个，中国沉浸式产业总产值为48.2亿元。2021年5月，文化和旅游部发布《"十四五"文化产业发展规划》，提出要大力发展沉浸式体验、构建创新发展生态体系，支持文化文物单位、景区景点、主题公园、园区街区等运用文化资源开发100个以上沉浸式体验项目。

沉浸式业态按应用场景可大致分为两类。一类是将先进数字技术与演艺（如戏剧、文旅演出）、展览、城市公共空间、景区景点等现实文化内容及空间相结合，将传统实体文化业态转化创新。除了夜间光影秀、新媒体艺术展等数实融合产品外，将线下沉浸式演出移植到线上成为2021年极具创新的内容。如2021年3月，中国女子偶像组合THE9举行的"虚实之城"沉浸式虚拟直播演唱会则运用了XR扩展现实和影视级LED写实化虚拟制作等技术，让艺人在雨林、金字塔等多个舞台背景下进行表演，增强观影的沉浸效果；同时现场观众的专属虚拟形象也被投放在大屏幕上，增强了粉丝的现场参与感。另一类则是通过VR、AR数字头显设备，在人们的视觉中构建3D虚拟世界或增强现实世界，体验者使用手柄与场景进行交互，达到身临其境的效果。当前，VR沉浸式体验已被广泛用于游戏体验馆、博物馆等

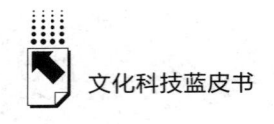

场景；AR头显设备已成为苹果公司的研发热点，预计2024年上市。

1. 觉知的全方位包围

沉浸式业态重在打造与现实世界全然不同的情境，因此针对视觉、听觉、嗅觉、味觉、触觉等感官方面进行技术革新，建立虚拟世界的觉知系统，让人们自身完全被新环境包裹，使其产生身临其境的感觉。比如，当前VR沉浸式体验中，可以通过头显设备按视觉比例还原真实世界，采用杜比全景声形成流动声效，利用力反馈模拟真实触觉等，以此充分调动体验者的感知系统，使其专注于虚拟环境中，并因持续专注而产生愉悦感。

2. 实体空间的角色参与和互动

在沉浸式实体空间中更加强调观众的参与感和互动性。以往舞台通常作为界线将演员与观众进行分割，而沉浸式体验与之相反，鼓励观众走入表演场地，与演员进行互动；鼓励观赏者融入展览场景，成为艺术作品中的一部分。例如，武汉"知音号"演艺项目打造了20世纪20~30年代的船上旅行场景，观众可以身着旗袍等服装，以民国船客的身份登上轮船，与演员进行近距离眼神交流、对话，从而产生强烈的存在感和代入感，仿佛穿越到了民国时代。

（五）智能穿戴设备

自2012年Google Glass计划立项后，智能穿戴设备逐渐进入大众视野。然而这并不是市场对智能穿戴设备的第一次尝试。早在2006年，耐克携手苹果推出了Nike+iPod Sport Kit，通过在耐克跑鞋中安装传感器，将跑步中的相关数据（如时间、距离、消耗的卡路里、步伐频率等）传输至iPod nano的接收器中并显示在iPod nano屏幕上。[1] 2009年，Fitbit推出首款个人便携式可穿戴设备Fitbit Tracker，该智能手环可用于收集用户步数、卡路里消耗等数据。在2012年Google关注智能可穿戴设备后，各大企业纷纷加入

---

[1] 《苹果iPod：苹果携手耐克推Nike+iPod Sport Kit！》，第三媒体网，2006年5月26日，http://www.thethirdmedia.com/Article/200610/show49486c35p1.html。

该领域，如三星、微软、苹果、华为、小米等均参与竞争。

智能可穿戴设备主要是指通过智能化设计，开发出适用于日常穿戴的设备，目前主要包括智能手表、智能手环、智能耳机、智能眼镜、智能头显、智能服装及配饰等种类。尽管 Google Glass 项目在 2015 年被叫停，但智能穿戴设备的生产者们并没有停止前进和探索。2017 年苹果发布 Apple Watch Series 3 蜂窝网络版本智能手表，使其脱离了手机端作为独立的移动设备出现。2019 年苹果智能耳机 AirPods/Pro 真无线耳机全球市场份额更是超过了 50%，"智能手表+智能耳机"的组合拓宽了应用场景，减少了对手机移动端的依赖。智能眼镜和智能头显也随着科技迭代和 5G 网络、光学等技术的进步逐步发展起来。

1. 新型智能穿戴方式

当前，智能穿戴设备除了智能耳机、智能手表外，VR 头显推动了文化产业向元宇宙探索。例如，Meta 于 2020 年 10 月发布的 VR 一体机 Oculus Quest 2，以 299 美元的亲民价格打入市场，占据龙头地位，截至 2021 年 11 月，累计销售量已超过 1000 万台。除此之外，索尼、HTC、字节跳动旗下的 Pico、爱奇艺、大朋等都在 VR 一体机方面持续发力。AR 眼镜类产品如微软 HoloLens、谷歌 Magic Leap 等的技术要求更高，售价高昂，因此当前主要应用于 ToB 端场景。北京大学及安信证券发布的《元宇宙 2022——蓄积的力量》指出，除了以上常见智能穿戴设备外，随着技术水平的提升，也出现了触觉手套、体感服装、隐形眼镜、外骨骼等智能硬件设备。这些新型硬件设备都注重人机交互，通过追踪定位、沉浸声场、手势追踪、眼球追踪、肌电传感、语音识别、气味模拟、触觉反馈、脑机接口等感知交互技术，让交互效率提升，不断模糊人机界限，从而达到虚实世界相融合的效果，使人们能保持更长时间的在线状态。

2. 直接的人机交互方式

传统的互联网时代，人机交互主要通过按钮、鼠标键盘、触摸屏等硬件来间接控制机器。随着 VR、AR、AI 等技术不断走向成熟，肢体运动、眼球运动、面部表情等体感以及手势、声音等可被智能硬件设备迅速识别，并转化为智能机器可读懂的相关数据信息。可穿戴设备能通过读取数据准确判断用户的决策，并迅速做出相应回应，简化了用户操作过程，降低使用难度，从而增强用户体验，达到人机自然交互的效果，目前已在 VR 游戏中大量应用。除此之外，有关脑机接口的技术也在持续研究中，当前主要应用在医疗领域。马斯克旗下的脑机接口科研公司 Neuralink 现可以向人体植入专有芯片和信息条并成功读取大脑信号；国内首例植入式脑机接口临床转化研究已于 2020 年在浙江大学完成，患者可以利用大脑皮层信号来控制外部机械臂、机械手，实现拿饮料、玩麻将等活动，让交互变得更为简单自然。直接人机交互方式能增强沉浸感、降低用户进入门槛，未来将会在文化产业中成为主流。

（六）元宇宙

尼尔·斯蒂芬森在 1992 年发行的科幻小说《雪崩》中首次提出元宇宙（Metaverse）的概念。元宇宙是指人们打造的一个平行于现实世界的沉浸式虚拟空间，并与现实世界融合发展，用户可在虚拟与现实世界中自由穿梭，拓宽生活空间。用户可在元宇宙中完成社交娱乐、经济交易等多种行为活动。2021 年以游戏开发和教育为主的在线游戏创建者系统 Roblox 上市、Facebook 更改公司名为 Meta 等事件，重新引爆元宇宙概念，其热度持续攀升，围绕该概念及相关技术、内容的学术探讨和产业探索持续不断。

当前元宇宙仍处于初期的概念讨论阶段，要想实现落地及大规模普及，则需要硬件、通信技术、计算架构、内容等多纬度核心要素的突破发展和相互配合。在硬件方面，VR、AR 技术趋于成熟，为元宇宙虚拟空间打造沉浸式体验，增强互动性。同时，VR、AR 设备成本逐渐降低，C 端用户市场规模不断扩大。根据 IDC 数据，2020 年中国 VR、AR 市场规模达 66 亿美元，VR、AR 设备出货量共 706 万台。随着设备的逐步普及，元宇宙的终端接入口数量将会实现大幅度增长，从而可以扩大用户群体规模。5G、6G 通信技术的发展提高了网络带宽、降低了时延，云计算及算法等则可帮助终端设备摆脱体积、重量及技术要求，为元宇宙中内容画面的完美呈现及网络顺畅连接打下坚实基础。同时,结合硬件设备、通信网络及交互等创新技术,云游戏、流媒体、VR 观影、VR 电商等内容业态率先发力,成为早期元宇宙的主流数字应用场景。

1. 沉浸式的社交生态

尽管元宇宙还在初期的探索阶段,但已逐渐在虚拟空间中展现出高度沉浸化、社交属性强的特征。尼尔·斯蒂芬森在科幻小说《雪崩》中描述一个平行于现实世界的虚拟世界时,也提到每个现实世界的人在元宇宙中有一个化身(Avatar),即网络分身。这个化身的概念在 Roblox 在线创作游戏平台、Meta 的 Horizon Workroom 办公协作平台等数字场景中已被真实地诠释出来。在这两个虚拟平台上,用户拥有自定义的虚拟化身形象。并且 Workroom 还可以借助手柄交互实现手势和头部追踪,还原真实社交形态。VR、AR 等智能穿戴设备将感官全方位裹入,使人更具沉浸感和代入感。同时,Meta 推出的 Horizon Worlds、百度推出的希壤等平台正不断构建元宇宙全社区场景,艺术馆、游戏室、银行、学校等现实场景不断被搬上虚拟空间。它们鼓励用户邀请自己的现实好友加入,一同探索、创造各种新体验,也让世界各地的陌生用户在同一虚拟空间中相遇,这为社交提供了新方式和新机会。随着科技的快速更迭和内容的持续丰富,未来将打造出全沉浸式的元宇宙社区。

2. 开放的 UGC 与虚拟经济体构建

UGC(Users Generated Content)即用户生成内容,是指用户不再仅限于消费者的角色,而是参与生产过程,创造出个性化、定制化的产品,激发用户的参与兴趣,增强用户黏性。移动互联时代的起点中文网、微博、抖音及 UGC 游戏等平台均以 UGC 为主要内容来源,用户在其中制作自己喜欢的文字、图片、音乐、视频等虚拟作品。在元宇宙初期阶段,主要由开发者和内容创作者共同组建该虚拟空间,各虚拟平台鼓励用户参与内容创作,探索并构建属于自己的个性化虚拟场景和产品。例如,Roblox Studio 提供 UGC 引擎工具,降低了用户创作游戏的门槛。Meta 用户则可根据自身的个性化需求在 Horizon Worlds 中创建酒吧、K 歌厅等场景;由 Epic Games 推出的《堡垒之夜》游戏允许玩家创建自己的岛屿。与此同时,相应的经济体系也在逐步形成，比如在 Roblox 平台，用户通过购买 Robux 货币进行道具、装备等交易行为，游戏开发者也可购买广告位来推广自己的游戏。除此之外，基于区块链技术的游戏、艺术品、数字音乐等虚拟数字资产在 2021 年引发大量关注，每个 NFT 因对应区块链中的唯一序列而具备确权和溯源的功能，因此以 NFT 形式发行的数字文化内容不断增加，在 Decentraland、OpenSea 等虚拟平台呈现并交易，为元宇宙提供了一套经济运行机制。

四 存在的问题

尽管文化与科技融合的程度得到提高，文化资源数字化和数字文化产业化已取得明显成果，但囿于部分企业过度谋求短期利益、个体用户无法合理使用网络资源、相关政策尚未出台等，我国仍存在数字伦理、数字安全及数字素养等方面的问题，需要引起社会重视。

（一）数字伦理方面

数字伦理是指，立足于以人为本，在数字技术的开发、使用和管理等方面需遵循的要求和准则，涉及数字化时代人与人之间、个人与社会之间的行为规范。[1] 数字化是 21 世纪人类创造的新文明，在探索的过程中往往因规则、制度和意识的滞后发展而出现暂时的混乱。从个人角度看，如何对待网络成瘾、知识碎片化、区分高流量与高质量文化内容等；从企业角度看，如何采集数据、使用已获取的数据等；从社会责任角度看，如何弥合数字鸿沟、注重精神内涵传递等问题，仍需我们认真思考。数字化是一把双刃剑，通过大数据、算法等科技精准传递文化内容给目标受众的同时，也容易造成信息茧房、算法歧视、大数据杀熟等问题，这要求个人强化反思认知，企业需以创造社会价值为先。

---

[1] 段伟文：《数字化时代需要"数字素养"——共同营造健康向上的数字生活》，《人民日报》2021 年 6 月 7 日，第 5 版。

（二）数字安全方面

尽管国家及相关部门已出台相关政策保护数字时代的个人、集体安全，但随着数字技术的快速迭代，不法分子居心叵测之行为对人们正常生活和社会安定造成了很大的安全隐患和影响。身份信息、隐私信息等泄露已成为人人担忧的头号问题，因此，数据的采集、传输、储存、处理、销毁等均需规范管理。同时，数字内容的版权保护是文化产业生态发展的关键所在。借助科技手段，盗版行为发生迅速、盗版内容传播极快，导致经济利益损失惨重，这不仅仅打击了内容原创者的积极性，更给数字文化产业发展带来了不利影响。因此，版权保护的治理及监管力度仍需加大。

（三）数字素养方面

数字经济已成为我国继农业经济、工业经济后的另一新经济形态。在数字经济社会，需培养新的社会生存技能，提高自身认知水平。如果仍以旧有思维和意识看待出现的新问题，则会造成很多误解和困惑，导致效率低下。因此，个体具备良好的数字素养可以确保其在面临数字化转型等问题时能更好地生存下去，从而提高社会整体经济效率。这要求个体在实践中不断反思数字化带来的影响，提高自我认知与调节适应能力，将数字化内容和工具为己所用而非被动接受。

五　未来发展趋势

随着5G、云计算、大数据、人工智能、物联网等数字技术不断迭代，文化产业"云、网、端"等基础设施趋于完善，未来文化科技深度融合下的新兴业态将呈现内容运营IP化、消费多元化、服务标准化的特征，同时会更加注重弘扬中国优秀传统文化，借助数字出海向世界展示有中国特色、中国风格、中国气派的社会主义新文明。

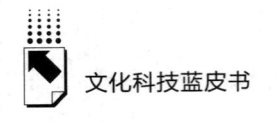

（一）内容 IP 全链路

在科技与文化深度融合的时代，文化产品内容不再仅靠一个"爆款"单品就能在市场长久存活。散落在世界角落的无数个体通过网络聚集在一起并因各种兴趣形成多个圈层，而大数据、算法等技术则因持续推送用户感兴趣的内容而逐渐产生信息茧房。因此，只有当企业进行 IP 全产业链运营时，才会使某一文化内容 IP 打破圈层，在网络文学、动漫游戏、网络视频、网络音频以及新兴的 NFT 艺术、元宇宙等领域中不断延伸，以往圈层内的"爆款"单品此时可以接触到更多圈层中的消费者群体，从而放大了内容的影响力，延长了 IP 价值周期。这已成为文化市场中各领域发展的必然趋势，网络视听、数字出版、游戏电竞以及各新兴业态的相关企业纷纷将 IP 全链路开发作为长期战略，各领域彼此协同合作、资源共享，以此实现可持续发展。

（二）突出中华优秀文化传承

文化产业各领域呈现内容精品化、偏爱中国风的新趋势。2021 年，习近平总书记在庆祝中国共产党成立 100 周年大会上的讲话着重提到要坚持和发展中国特色社会主义，创造人类文明新形态。如今，文化市场积极在中华民族 5000 多年的灿烂文明中汲取灵感，并将其内嵌于文化作品中，提供高质量优质内容。如起点中文网 2021 年悬疑类月票榜第一的作品《镇妖博物馆》讲述现代都市中的妖魔精怪故事，其中就结合了《搜神记》《山海经》《聊斋志异》等传统神话和志怪传奇。文化产品作为大众日常生活的精神消费品，未来会愈加注重精神内涵的表达，将社会价值传递作为首要任务，以创作精品为先。同时，数字文化产品呈现"国风潮流"趋势，年轻的"Z 世代"消费者们具有极强的爱国情怀，购买意愿强烈。故宫博物院、敦煌博物馆、河北博物馆等发行的传统文化盲盒及数字藏品等极富个性，引发青年群体关注并消费，增强其民族自豪感和文化自信。

（三）文化消费场景多元发展

科技赋能促使文化产业新业态不断涌现，文化资源在多元场景中将绽放新活力。通过云计算、5G、VR、AR、人工智能等数字技术，云演艺、云旅游、云展览、云游戏等云端文化活动搭建了线上文娱新平台，探索线上消费模式；沉浸式场景则能构建出 3D 虚拟世界或增强现实世界，配以穿戴设备，以全新的感官包裹体验让人身临其境，创新体验经济；NFT 艺术及虚拟数字人则更是在虚拟的世界中生产数字资产，并通过区块链等技术与现实相连接，激发了更多新型消费场景诞生。2021 年，技术变革引发了元宇宙概念爆火，这成为人类未来进入虚拟世界开展生产、消费等活动的重要里程碑。因此，在数智化的进程中，将会产生更多新型文化消费场景，呈现消费模式更加多元化的趋势。

（四）新型基础设施建设和数字文化产业标准体系建构

2020 年 11 月，文化和旅游部发布的《关于推动数字文化产业高质量发展的意见》提出，要建设数据中心、云平台等数字基础设施，完善文化产业"云、网、端"基础设施，打通"数字化采集—网络化传输—智能化计算"的数字链条。当前，数字科技正不断发展，5G、VR、AR、大数据、云计算、人工智能、物联网、区块链等技术逐渐在文化产业中崭露头角，文化业态创新性显著。如 2021 年元宇宙概念火爆全网，激起学术圈、产业界的热烈讨论，相关企业股市市值迅速上涨，这说明基础设施的完善与创新，将带来更多的文化产业新业态。同时，随着虚拟现实、交互娱乐、智慧旅游等新型产品的出现，如何评价相关产品的质量、技术和服务等成为关键。因此，未来需逐渐形成、完善数字文化产业标准体系，在国内、国际上建立技术、产品和服务标准，对文化产业产生指导、规范作用。

（五）数字出海和国际影响力提升

2021 年 5 月 31 日，习近平总书记在主持中共十九届中央政治局第三十

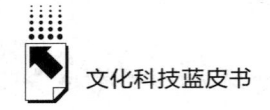

次集体学习时指出，要"讲好中国故事，传播好中国声音，展示真实、立体、全面的中国，是加强我国国际传播能力建设的重要任务"。① 因此，在数字文化出海的过程中，要坚持将传递中华文化精神内涵放在首位。因考虑国际市场受众的接受程度，当前出海的数字文化内容多以西方题材或融合性题材为主，如中国自研游戏出海时多采用西方玄幻、魔幻、现代题材等。然而，随着原创内容质量逐渐提升、AI 翻译功能逐渐增强、各大内容平台海外布局策略不断完善，网络文学、动漫、影视等内容的海外受众正逐年增加，其出海内容不乏中国传统文化的故事描述、场景展现和历史背景。这说明中国的跨文化传播已逐渐找到正确方向。同时，数字出海正不断深入海外市场。如网络文学现已出口至日韩、东南亚和欧美等国家和地区，覆盖40多个共建"一带一路"国家，翻译成英、法、俄、日、韩等 20 多种语言。由此可知，在数字技术、各级政策及文化产业的全力推动下，具有中国文化特色的原创内容将源源不断地传播至海外，对增强我国文化软实力、扩大国际影响力具有重要意义。

---

① 《习近平谈治国理政》第四卷，外文出版社，2022，第 316 页。

趋势展望篇
Trend Outlook Reports

B.2 数字媒介时代文化消费新图景展望

陈泳桦[*]

摘　要： 在数字时代，技术和媒介的融合发展，加速了文化符号的交互和传播，以及文化产品的生产和消费。社会由生产型社会向消费型社会迈进，呈现从物的消费向符号的消费转变。以多元化文化消费空间为代表的新业态不断出现，以及"知识付费""直播带货"等文化消费新模式的繁荣，共同构建了一幅数字文化消费新图景。然而，数字文化消费也面临着消费圈层、消费活力、消费人群和数字监管等方面的困境，基于此，本报告提出以突破圈层、数智化社交发展、便利化应用等为抓手，推动数字文化消费创新转型，强化数字文化消费活力，打造一个数字文化消费全龄友好型社会和数字监管体系化社会。

关键词： 文化消费　数字媒介　知识付费

---

[*] 陈泳桦，深圳大学文化产业研究院博士研究生，研究方向为文化产业与文化创新。

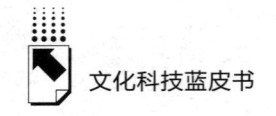

消费是与生产相对应的一个概念，消费不仅是消费商品和物质本身的行为，也是消费效用和符号的过程。进入数字社会，数字媒介所表现出的便捷性和高效性等特征，使得符号的传播和流动加快，不断推动文化产品和内容的消费。在这个过程中，文化消费也呈现新的形态和业态。

一 数字媒介加速文化消费

在数字消费社会，数字技术的进步加速数字媒介的生成和发展，并涌现出一批新文化和新业态。短视频、直播、网络游戏等新兴媒介促进文化生产和消费，并涌现了"网红经济""粉丝经济""夜间经济""知识付费""宅经济"等新兴经济模式，并催生出相应的文化现象。数字媒介、数字技术与文化消费联系紧密表现在以下几个方面。

第一，数字媒介和数字技术共生共存。技术的进步加快媒介的融合，媒介的变革带动技术的进步。数字媒介和数字技术通过搭建数字平台、进行数据流通，为文化生产与文化消费建立了一个通道。数字媒介和数字技术利用算法进行消费者的购买喜好、购买欲望和购买能力的分析，并转化为直观的选择和决策。除此之外，数字媒介还充当了流通和传播的工具，对消费产品的推广、宣传和体验等起到了推动作用。

第二，数字媒介推动文化消费。鲍德里亚将广告作为典型的大众媒介范例，指出消费产品是经过"精心包装"才被推介到大众的视野中，它是被制造出来的神话———一种"消费总体性"的神话。尽管鲍德里亚对大众媒介持有怀疑的态度，但大众媒介推动消费却是一个不争的事实。在当今社会，数字技术通过算法追踪，能够较为准确地获得消费者的用户习惯、喜好等信息，能够较为准确地将产品推送到消费者面前。同时，消费者的从众心理和产品营销策略等因素又呈现"消费总体性"，进而形成一种消费的狂欢。

第三，消费推动社会观念的变化。如今随着全球化进程的加速，经济呈现一体化的趋势，但世界范围内仍存在很多形态各异的文化，经济的进入对社会观念、社会风俗和社会结构等都会产生重要的影响；除此以外，新兴的消费现象也会派生出很多新兴的文化,从而改变社会的方方面面。以"她经济"为例,为占据女性消费市场,"她经济"开辟出巨大的市场潜力和市场应用场景,不仅改变了消费市场的格局,还为女性意识的觉醒、中性风、男性与女性社会地位和社会价值的判断等命题提供了新的视角。

二 数字时代文化消费新业态

(一)从生产型社会向消费型社会过渡

近些年,消费成为经济增长的重要力量,社会正从生产型社会向消费型社会过渡。在很多后现代主义者看来,文化与消费相互渗透。鲍德里亚声称,生产与消费的关系正在被颠倒,生产塑形的目的不再是功能性的使用,而恰是为了商品在消费中的死亡。[1] 从我们的现实生活中不难看出,电子产品的更新换代、时尚产品的快速更迭以及无数快餐文化的"短频快"效应,似乎都昭示着商品与生产的关系不仅仅局限于它的使用功能,还在于它的消费功能,以及象征性的社会关系。文化与经济、文化与消费的结合,使得文化领域与经济领域之间的边界逐渐消弭。

自改革开放以来,中国居民最终消费支出对国内生产总值增长的贡献率从1978年的38.3%[2]提高到2019年的57.8%[3]。值得一提的是,2018年贡献率更是达到了76.2%[4],最终消费支出对国内生产总值增长的贡献率持续

---

[1] 〔法〕让·鲍德里亚:《消费社会》,刘成富、全志钢译,南京大学出版社,2014,序言第22页。

[2] 《国内市场繁荣活跃 消费结构转型升级——改革开放40年经济社会发展成就系列报告之七》,国家统计局官网,2018年9月5日,http://www.stats.gov.cn/ztjc/ztfx/ggkf40n/201809/t20180905_ 1621054.html,最后访问日期:2021年10月17日。

[3] 《中华人民共和国2019年国民经济和社会发展统计公报》,国家统计局官网,2020年2月28日,http://www.stats.gov.cn/xxgk/sjfb/tjgb2020/202006/t20200617_ 1768655.html,最后访问日期:2021年10月17日。

[4] 《2018年国民经济和社会发展统计公报》,国家统计局官网,2019年2月28日,http://www.stats.gov.cn/tjsj/zxfb/201902/t20190228_ 1651265.html,最后访问日期:2021年10月17日。

走高，可以反映出中国正在从生产型社会向消费型社会转变。并且随着全球化的不断深入，中国迈入消费型社会的步伐会加快。商务部在服贸会期间发布的《中国数字贸易发展报告2020》显示，预计到2025年，中国可数字化的服务贸易进出口额将超过4000亿美元，占服务贸易总额的比重达50%左右。[①] 在"十四五"时期，经济发展和文化发展是推进国家战略的重要环节，而数字文化消费是促进经济发展和文化发展最重要的一个步骤。

（二）从物的消费向符号的消费转变

当今社会，物质形态的商品不再占有绝对优势，非物质形态的商品在消费中占据了越来越重要的地位，符号化消费是消费社会赋予文化的属性。符号化消费无处不在，消费社会表现为拟像的特征，视觉符号和视觉形象对消费导向发挥了重要的作用。鲍德里亚以迪士尼主题公园为例，将其作为消费者想象的幻影和幽灵，以童话故事、未来世界等作为世界的表征，将一个虚幻的景象植入现实中，消费者在现实生活中会将其作为真实的标准。同样地，由言情小说改编的偶像剧、由娱乐产业打造的偶像明星，以及颜值经济、吃播文化等，正如迪士尼主题公园一样，也是消费社会符号化的一种衍生。

（三）文化消费空间的多样化发展

文化消费空间是文化消费的载体，是文化得以展示和消费的重要场所。从媒介的融合和转变方式来看，文化消费空间呈现从实体空间向虚拟空间过渡的趋势，尤其是疫情发生以来，"互联网+"将文化消费从线下转到线上，各大博物馆、美术馆开展了"云看展"活动，如2021年9月中国美术馆、木木美术馆等8家艺术机构与抖音联合发起的"DOU来看展"主题活动，将涉及敦煌、达·芬奇、拉斐尔、埃利希等艺术家和主题的展品，以短视频、特效和直播的形式进行线上展出。"云体验""云消费"在疫情防控常

[①] 昌道励、宋可非：《2025年可数字化服贸总额超4000亿美元》，《南方日报》2021年9月6日，第A7版。

态化时期将会成为一种常态。

从消费空间功能性来看，文化消费空间呈现从单一性向多样化的转变。城市空间承载着越来越多的角色，比如商业中心不只是满足人们的购物需求，还能提供社交、娱乐、休闲等一体化服务；再如"大书城"模式在一线城市得以成功推广。以深圳书城为例，深圳书城模式的发展经历了20世纪90年代中后期大书城时代——"书城1.0"罗湖书城、21世纪初期的"mall时代"——"书城2.0"南山书城以及"体验书城"——"书城3.0"中心书城、2015年开业的第四代书城——"书城4.0"宝安书城。每一代书城都或多或少地体现了深圳书城数字化的身影。[①] 深圳书城经历开放的销售、文化产品和餐饮消费、体验文化和文化创意四个阶段，逐步走向综合书店、文创、艺廊、主题活动等元素的"大书城"模式。

从区域文化和文化产业的特殊性来看，文化消费空间向区域性和定制化转变。以腾讯为例，腾讯与成都签约"数字文创城市共生计划"、与云南签订"新文旅IP战略合作计划"，并与杭州、海南等多地合作，助推传播区域文化，打造文化和文旅IP，探索"文化+"融合新模式，助力探索数字时代区域经济与文化发展新动能。区域文化和文化产业相结合，因地制宜，挖掘城市和区域的特殊属性，探索"文化+旅游""文化+游戏""文化+影视"等多维度发展。

三 数字时代文化消费新模式

（一）世界发展格局下的文化消费态势

面对经济全球化和全球新冠肺炎疫情常态化的国际局势，以及我国处于"百年未有之大变局"和"十四五"重要时期，文化产业由高速增长向高质量发展转型。数字媒介时代的文化消费呈现"数字+文化"的发展态势。从

---

① 尹昌龙主编《深圳全民阅读发展报告（2017）》，海天出版社，2017，第282页。

形式上看，承载文化消费的媒介呈现多样化、交互性的特征；从内容上看，文化消费产品由单一性、大众化逐渐向多样化、定制化转变；从时间上看，受新冠肺炎疫情影响，数字文化消费新业态得以产生和发展；从空间上看，城镇化促进消费增长和消费结构升级；从过程上看，社会正在从生产型社会向消费型社会转变，经济全球化进程使得文化消费从经济领域渗透到社会、政治和文化的方方面面；从结果上看，数字文化消费培育数字经济增长。此外，消费功能由物质性向精神性过渡，消费形态也呈现跨界融合的趋势，形成丰富的产业生态集群和产品服务样式，创造了新的文化消费增长点和热点。但同时，文化消费也存在很多痛点，比如新冠肺炎疫情发生后低迷的消费活力、产品同质化等。要充分发挥数字技术赋能作用，释放数字文化消费活力，加速文化产业数字化转型。

（二）多种经济形态带动数字文化消费

多种新兴的经济行为和文化现象对带动数字文化消费产生了推动作用。

一是沉浸式体验促进体验式文化消费，体验式文化消费有两个重要的方面。一方面是相对创作而言，消费者在接受层面与文化产品形成一种体验式文化消费，文化产品的属性不再只是为创作者而设定，也是为接受者/消费者而定制。这种体验式文化消费通常是采取跨媒介的方式，线下体验成为至关重要的一环。比如，比较受年轻人追捧的"剧本杀"以及热门综艺《明星大侦探》，侧重角色扮演、推理游戏、密室游戏等情境类游戏，深受消费者喜爱。以剧本或戏剧为中介，消费者进入场景进行再创作，通过不同角色和故事情节深度体验"第二人生"。截至2020年10月，全国的"剧本杀"门店已经由起初的2400家发展超过了2.5万家，门店大部分集中在商圈、大学等人流密集处，线下体验玩家人数超过3000万。身处百亿风口的"剧本杀"正在以极快的速度完成自己的"野蛮发展"。[1] 另一方面是以数字媒

---

[1] 王磊、祖薇薇、满羿：《剧本杀与综艺谁成就谁？》，《北京青年报》2021年3月23日，第A12版。

介为中介助推体验式文化消费,以 VR 技术、AI 算法、AR 技术等沉浸式技术为主,消费者通过跨媒介超越时间和空间进行沉浸式体验,如各大博物馆、美术馆纷纷推出的"云看展"以及以身体为媒介的体感游戏都是通过沉浸式技术体验各种文化。

二是以"短视频+直播"为代表的"粉丝经济"和"网红经济"催生出文化消费的新业态,"粉丝经济"和"网红经济"是建立在公众偶像或网红基础上,并围绕偶像或网红 IP 衍生出各种消费场景和消费市场。它有一套相对完整的产业链,"短视频+直播"为消费者和网红建立了一个平台,"直播带货""种草/拔草"成为一种新的消费模式,"粉丝"不仅是消费者,还是被消费者,他们是明星、偶像、IP 或者自媒体品牌消费和推广的重要力量,通过 O2O 模式(Online to Offline),实现线上线下共创消费新增量。

三是以"宅经济"带动新的文化消费形态,"宅经济"起源于日本的"御宅族",他们从事网上工作和产业链上的相关工作,他们作为互联网时代变迁的一个新的社会群体,在未来学家阿尔文·托夫勒的《第三次浪潮》中早已被预见。托夫勒预言随着社会结构的改变,将会出现一批居家办公的群体。在当前疫情防控常态化时期,居家办公逐渐成为一种趋势,比如华尔街根据员工家与公司的距离,通过减少员工部分薪水来实行居家办公。除此之外,由互联网文化催生的新的群体,如自媒体博主、网红、网课老师等也是"宅经济"的重要组成部分。"宅经济"是指由"宅文化"衍生出的一种新兴的消费形式,"宅文化"对拉动"外卖经济"、推广网购以及直播和短视频起到了推动作用。

四是知识付费改变了文化消费的模式。随着近些年对知识产权立法和保护的重视,知识付费成为一种趋势。知识不仅作为认识论的范畴,也作为商品的范畴。2016 年被称为"知识付费元年",逻辑思维创始人罗振宇打造"得到 App"、知乎上线"知乎 live"、豆瓣网推出首款付费产品"豆瓣时间"、《三联生活周刊》推出"中读 App"等,线上知识付费不仅成为一种新的社交模式,成为某种文化认同和文化归属的聚集方式,也成为一种

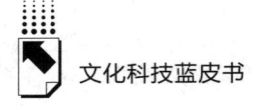

"圈层文化"的表现。另外，线上知识付费也成为知识消费的新模式，并衍生了一批"知识网红"。"知识网红"是一批新型的知识分子，突破了传统知识分子的固有印象，他们既区别于"粉丝经济"和"网红经济"，在传播和解释知识方面有自己独特的见解，又与"粉丝经济"和"网红经济"所衍生的文化现象类似，需要一定的粉丝基础和营销策略。

（三）数字文化消费多级联动

数字文化消费通常而言不是独立存在的，而是相互影响的。数字文化消费的多级联动体现在以下四个层面。

一是市场与政府的联动。"市场是一只看不见的手"，而政府具有宏观调节的作用。自新冠肺炎疫情发生以来，其对很多产业产生了冲击，尤其是对服务业的冲击很大。居民消费支出有所减少，消费市场低迷。截至2021年12月22日，据第一财经不完全统计，重庆、成都、合肥、郑州、南京等全国30多个城市推出消费券。发放的消费券主要集中在餐饮、购物、旅游和体育等领域。[1] 这些措施提振了消费者信心，有效地刺激了消费，激发了消费活力。

二是与周边城市的联动。2019年，商务部等14个部门联合印发《关于培育建设国际消费中心城市的指导意见》，提出要用5年左右时间培育建设一批国际消费中心城市，最终确定北京、上海、广州、天津和重庆五座城市。2021年6月，商务部编制和印发《"十四五"商务发展规划》，进一步提出要培育若干具有国际竞争力、影响力的综合性国际消费中心城市，带动形成一批辐射周边国家和地区的特色化区域性国际消费中心城市。[2] 国际消费中心城市的建设，对带动周边城市发展和促进周边城市文化消费具有提质增效的作用。这五座城市对带动首都经济圈、京津冀、长三角、珠三角、粤

---

[1] 李秀中:《全国30余城密集发放消费券 提振消费还需长效措施》，《第一财经日报》2021年12月22日，第A6版。
[2] 《首批国际消费中心城市花落五地》，中央人民政府官网，2021年8月17日，http://www.gov.cn/xinwen/2021-08/17/content_ 5631627.htm，最后访问日期：2021年10月17日。

港澳大湾区以及承东启西、沟通南北的中西部城市有很好的战略布局作用。这五座城市不仅对带动周边城市具有黏合剂的作用，其联动也是战略定位和战略布局的重要一步。

三是依托 IP，打通产业链上下游，促进周边文化产品的消费。一个优质的 IP 能够从单一类型的文化产品消费衍生成周边产品的消费。依托 IP 可以进行跨平台、跨媒介和跨领域的商业合作，通过与产业链上下游的联结、与平台和电商的合作，打通产业链。IP 形态催生文化产业多业态发展。比如一部优质的动漫作品，可以改编成动画、电影、游戏，并衍生成周边产品，以文创产品、盲盒等形式发放到市场上，将 IP 延伸至多个领域，实现价值最大化。除此之外，周边产品品牌之间也可以进行联动，形成"1+1>2"的品牌效应。

四是各种经济模式和文化现象之间相互联动。各种经济模式叠加产生的效益构成了消费的巨大场域，文化消费之间也互相触发和影响。对偶像和粉丝而言，"粉丝经济"和"网红经济"相伴相生；对知识传播而言，"网红经济"和"知识付费经济"一体两面；对"宅文化"而言，网购、"宅经济"、"外卖经济"、"夜间经济"等混为一体；对文化旅游产业而言，"文娱消费"与"夜间经济"也密不可分……当前经济和文化很难剥离出来成为单一的部分，"跨界融合"是各种经济模式和文化消费的特征。以成都近年来以建设国际消费中心城市为目标所制定的政策为例，以"夜游锦江"为主线，通过打造品牌节庆活动和夜间演艺活动，进一步激发"夜间经济"和"文娱消费"。

四　数字时代文化消费的困境

数字时代文化消费虽然展示了一幅新图景，但依然面临着诸多困境。

一是数字文化消费圈层化壁垒有待打破。当前，数字文化消费圈层化发展明显，各个圈层之间缺乏沟通渠道、平台，更缺乏交流的动力，导致数字文化消费分散，造成数字文化消费规模化发展遭遇瓶颈。如何"破圈"成

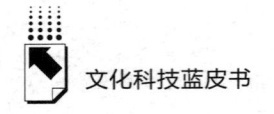

为数字文化消费领域的当务之急。以时下颇受市场欢迎的"剧本杀"为例，其受众群体多聚焦年轻人，已经成为年轻人社交、娱乐、聚会的首选。"剧本杀"仅仅因为年轻人的青睐，就创造了高达百亿人民币的大市场。圈层的束缚将文化消费闲置在一个不大的范围内，极其容易触碰增量的"天花板"，阻碍了文化消费的可持续性和创造性。这种情况会造成无数个现象级别的单个爆款文化消费产品后续升级、再创造的潜力没有被激活。目前，市场上缺乏"破圈"思维和"破圈"勇气，由于资本市场逐利与规避风险的本质，人们自然地将"破圈"视为一项挑战。

二是数字文化消费活力有待激发。进入互联网社会，全球正从消费社会逐步转向奇观社会，市场上的消费更加倾向于对注意力的追逐，消费人群对一切奇观产生的渴望与惊奇影响了数字时代大众的消费习惯。有别于以往满足物质化消费的交易习惯，人们越来越多地为非物质化内容买单。如近些年出现的"云看展"，人们不再受到时空的束缚，可在付出极少成本的情况下，对所展内容进行欣赏。但是，不得不指出的是，由于技术等因素的制约，市场上的"云看展"参差不齐，受众的体验也千差万别。如在疫情防控常态化时期，许多博物馆利用线上技术推出"云看展"业务，仅仅提供照片，使看展成为快速浏览照片的"网络流观"，不能达到艺术欣赏的目的。有些机构推出的VR业务，也因为技术生疏缺乏体验感，造成设备被束之高阁的现象。这种艺术与技术融合不够的现象制约着数字文化消费活力的激发。

三是数字文化消费人群覆盖面有待扩大。目前，中国的网民数量在不断攀升，已经达到10亿，还有近5亿人由于各种原因无法上网，也无法及时享有数字文化产品。非网民受限于经济、文化程度等因素，被排除在网络之外，这既是一个巨大的、有待开发的市场，也是一个充满挑战的领域。首先，上网有一定门槛，必须具备一定的网络知识。其次，必须解决上网设备问题。最后，如何推出便利化的应用和操作，将直接关系到这类人群对网络的体验和接受度。由于诸多应用门槛的限制，许多拥有网络设备的人并不能有效利用设备，设备半闲置化状态也成为一个时代的标志，更不用说让这类人群进行数字文化消费了。有些子女为父母制作长辈数码使用指南在近年来频频登上热搜,这些子女的暖心之举,也折射出一个社会的无奈,长辈缺乏使用网络设备的能力已经成为一种社会现象。

四是数字文化领域网络监管体系化建设有待完善。数字文化得到了较大的发展,但是数字文化消费的场景较为固定。以知识付费为主要手段的文化消费还在成长阶段。尤其当下网络资源丰富,获得信息的难度在不断降低,许多粗制滥造的盗版产品在市场上依然占有一席之地。许多具有原创性的文化产品在开放的互联网场域获得的回报依然较少。如韩寒等作家集体诉百度案件,能折射出互联网在全面建构开放性的网络生活的同时,也有将原创力稀释的风险。知识产权方面的问题以及新兴经济业态的出现,使得网络监管也面临挑战。

五 数字时代文化消费的对策

基于以上数字时代文化消费面临的困境,本报告提出以下几点对策。

一是以突破"圈层"为机遇,推动数字文化消费创新转型。利用"破圈"思维将小众文化推向受众更广的环境,将有利于形成产业规模化和内容持续性发展。如汉服、JK制服、洛丽塔服装频频"破圈",成为时下的潮流。这些小众的文化产品,越来越受到大众的追捧。这些小众服饰的流行也影响了大众的审美情趣。如《创造营》《青春有你》等一批综艺凭借校园风制服(JK制服)等元素,频频受到关注和追捧。从上述"剧本杀"的例子也可以看出,如果"剧本杀"能突破年轻人的圈层,将老年圈、中年圈、少年圈的人群纳入进来,其市场潜力无疑将更为巨大。尤其在社会渐趋娱乐化、提倡寓教于乐的背景下,"剧本杀"无疑可以成为教育新的切入点。如将主题爱国教育融入"剧本杀",让青少年在娱乐的同时,接受爱国主义教育。与此同时,可为那些失独老人、空巢老人定制专门的"剧本杀",改变老年人被动养老模式,丰富老年群体的生活体验。

二是以数智化社交发展为契机,强化数字文化消费活力。目前,随着智

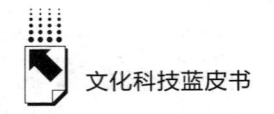

能网络设备的移动化越来越普及，便利的联络方式使人们的交流更加紧密。例如，一个地区的局部事件一旦登上网络热搜，将瞬间变成全国或者全球的公共事件。可以说，如今整个新媒介的传播体系已经将每个具有上网条件的人牵引在一起。人际关系网络已经成为一个重要的资源，社交化传播、社交化生产、社交化运营已经成为生活常态，利用社交扩大内容的影响力已经成为新的共识。因此，凭借社会智慧化建设（AI、5G）和数字化发展契机，利用整体网络社交化的显著特征，将数字文化消费体验跃升，将数字化、智能化、社交化与消费构成一个可持续的生态系统。

三是以便利化应用为抓手，构建数字文化消费全龄友好型社会。首先，逐步降低智能网络设备的使用门槛，有利于将非网民纳入整体数字文化消费人群。由政府牵头，联系国内头部智能设备生产企业，推出具有普适性的标准化操作指南。打破各个厂商之间的技术壁垒，在保障各个企业知识产权利益的前提下，进行有效沟通，形成基础性智能操作系统，提高一些群体的体验感和社会参与度。其次，大力推广智能网络设备和NGO（社会化组织）。联合企业对此类社会组织进行财政补贴，举办相关培训课程，采取宣讲团进养老院、进社区的方式进行点对点教学，提高一些人群的获得感和幸福感，逐步打造数字文化消费的全龄友好型社会。

四是以顶层设计为统领，完善数字文化消费监管体系化建设。数字文化消费目前还处于发轫阶段，许多问题和现象也伴随新模式、新业态而出现。针对这些情况，本报告提出以下建议。首先，在不拒斥网络消费新业态的情况下，采取灵活监管态度。以鼓励创新为原则，将创新作为社会发展的推动力，在公序良俗的基础上审慎出台限制政策，以保护新业态为主，积极引导、积极争取人们做新业态的"领路人"和保护者。其次，对违背现有知识产权法律规定的行为进行打击，常态化出台相关案例指导，积极宣传知识产权知识。最后，利用人工智能、大数据和区块链等技术，对数字文化消费产品进行智能化、常规化筛查，构建预警机制，针对数字文化消费的重灾区进行监督。

当前面对全球经济一体化和新冠肺炎疫情常态化的国际局势，以及我国处于"百年未有之大变局"和"十四五"时期，培育经济增长点、拉动文化消费具有重要意义。发挥数字技术的赋能作用，释放数字消费活力，为消费社会创造新的消费经济增长点；并以多种经济形态带动数字文化消费，促进数字文化消费多级联动，绘制一幅数字文化消费新图景。数字时代文化消费也存在很多痛点，为打破数字文化消费圈层、激发数字文化消费活力、扩大数字文化消费人群的覆盖面以及完善数字网络监管，将以突破圈层、数智化社交发展、便利化应用等为抓手，推动数字文化消费创新转型，强化数字文化消费活力，并构建出一个数字文化消费全龄友好型社会和数字监管体系化社会。

B.3
数字经济时代虚拟文化空间的现状与未来

陈思 齐骥*

摘 要: 伴随科学技术的进步和数字经济的长足发展,文化空间的虚拟特征逐渐得到彰显,在这一过程中孕育、催生和发展了虚拟文化空间。虚拟文化空间的空间属性、文化本性和虚拟特性之间的交互与化合成为其显著特性。未来,对人的精神文化诉求的回应、对人的全方面发展的服务和对社会运行秩序的优化,将成为虚拟文化空间的发展趋向,更是虚拟文化空间在一定阶段内需要重点突破和集中优化的方向。就现阶段发展而言,优质内容、多元形式和系统监管成为虚拟文化空间在数字经济时代实现高质量发展的重要着力点。

关键词: 虚拟文化空间 数字经济 数字时代 技术理性

引 言

数字经济是从技术角度区分的经济形态,全社会的生产方式主要采用数字技术是这种经济形态的本质特征。[1] 2020 年,我国数字经济核心产业增加值占 GDP 的比重达到 7.8%,数字经济为经济社会持续健康发展提供了强大

---

* 陈思,中国传媒大学文化产业管理学院硕士研究生;齐骥,中国传媒大学文化产业管理学院教授,博士生导师。
[1] 李长江:《关于数字经济内涵的初步探讨》,《电子政务》2017 年第 9 期,第 84~92 页。

动力。到2025年，数字经济迈向全面扩展期，数字经济核心产业增加值占GDP的比重达到10%，数字化创新引领发展的能力大幅提升，智能化水平明显提高，数字技术与实体经济融合取得显著成效，我国数字经济竞争力和影响力正稳步提升。[①] 在此背景下，虚拟文化空间的建构和发展在数字经济时代迎来崭新的发展契机，但是虚拟文化空间的发展现状、显著特性、发展趋向与现实路径等成为当下亟待探讨的重要话题。

一 数字经济时代虚拟文化空间的发展现状

（一）虚拟文化空间的概念演进

文化空间（culture place）本义指一个具有文化意义或性质的物理空间、场所、地点，逐渐地引申为一种文化理念。[②] 2005年，文化空间成为联合国教科文组织在保护非物质文化遗产时使用的一个专有名词。[③] 伴随时代发展中人们物质文化生活和精神文化生活需求的提质升级，文化空间已不仅成为承载非物质文化遗产的关键场所，而且成为回应人们精神文化需求的重要场域。文化空间作为人类社会实践的产物，是一个具有物质性、精神性和社会性的多重辩证空间。[④] 伴随科学技术的迭代进阶和数字经济的长足发展，文化场景实现了从真实的物理世界向物理世界和数字世界交互形成的虚实结合的多元世界转场。同时，文化空间因物理世界与数字世界的交织而实现的文化场景在理念、景观和业态等方面的创新，成为虚拟文化空间诞生、成长、

---

① 《国务院关于印发"十四五"数字经济发展规划的通知》，微信公众平台，2022年1月12日，https://mp.weixin.qq.com/s/aBjp-fZE5DskELdk35fuuQ。
② 周春霞：《当历史遇到现代：当代北京城市文化空间建构》，载张宝秀主编《北京学研究2013：文化·产业·空间》，同心出版社，2013，第37~43页。
③ 向云驹：《论"文化空间"》，《中央民族大学学报》（哲学社会科学版）2008年第3期，第81~88页。
④ 谢纳：《空间生产与文化表征：空间转向视阈中的文学研究》，中国人民大学出版社，2010，第47页。

优化和可持续发展的现实基础。本报告所指的虚拟文化空间，是指伴随数字经济的发展而产生的文化生产、流通、分配和消费的相关行为集合的拟态场域，其成果是文化产品和服务在数字化方向和智能化趋向的适配与精进。虚拟文化空间所承载的业态既包括文化产业提供的有偿的数字化、智能化产品和服务，也包括非营利性的数据化和智慧化公共文化服务。

（二）虚拟文化空间的技术加持

虚拟文化空间不仅包含虚拟现实（Virtual Reality，VR）、增强现实（Augmented Reality，AR）、混合现实（Mixed Reality，MR），还包含扩展现实（Expanded Reality，ER）。相比之下，VR等只停留在体验阶段，ER则可以简单理解为"VR+互联网"，即通过ER直接控制物联网，实现在虚拟世界中遥控物理世界设备的操作,[①] 进而促进了虚拟世界与物理世界的无缝衔接和真实联动。同时，互联网络的发展对虚拟世界与现实世界的联动起到了缩短反应时长和增强体验效果的功能和作用。根据三大运营商披露的数据，截至2021年5月底，中国三大运营商5G套餐用户数达到4.5亿户，渗透率由1月的21.5%攀升至28.1%。在5G技术即将大规模普及的互联时代，虚拟文化空间将成为人们工作、生活、娱乐等系列社会行为的全新选择。但是，在数字技术发展和应用的过程中也出现了诸多问题。以数据泄露为例，根据Imperva发布的报告，自2017年以来，全球网络攻击泄露数据记录的数量平均每年增长高达224%，仅2021年1月报告的泄露记录的数量（8.78亿）就超过了2017年全年的数量（8.26亿）。[②] 在虚拟文化空间中，消费者的隐私问题、数据的安全问题等都成为"科技向善"呼声日益高涨的现实原因。

（三）虚拟文化空间的内容支撑

文化内容作为虚拟文化空间可持续发展和高质量发展的重要支撑，是虚

---

① 庞茂琨等：《艺术与科学十谈》，科学出版社，2018，第8~9页。
② 《中国大数据发展：包容性生态塑造竞争优势丨社会科学报》，微信公众平台，2022年7月13日，https://mp.weixin.qq.com/s/EaIeEo7qLyHYeu38uVTtMw。

拟文化空间彰显文化内蕴和文化机理的重要组成部分。以虚拟文化空间中的数字藏品为例，数字藏品作为基于区块链技术而发行的新型产品，每个数字藏品不仅在技术层面有且仅有区块链上的唯一标识，留痕且不可篡改，而且在文化内容层面展现着虚拟文化空间的文化禀赋。例如，由杭州文交所下属发售机构发行的景区数字藏品"柳叶湖·司马楼"在阿里数字拍卖数字文旅专区上线发售。[①] 该数字藏品不仅借助了数字技术，而且在内容上以为纪念唐代大诗人刘禹锡而建造的"司马楼"为原型，凸显了唐代建筑风格，实现了历史价值、文化价值、艺术价值与科技价值的跨时代结合。再如，伊利旗下的植物营养品牌植选带来的《京韵冬奥》大片提供了一种新的冬奥"国风"以及"京韵"视角。该短片由国内首位中国风虚拟偶像翎和京剧裘派嫡系第四代传承人裘继戎联手呈现，将太极与花样滑冰、象棋与冰球、京剧招式与滑雪竞赛相结合，用中国风韵展现了冰雪运动的艺术之美，并呈现了一场对弈与融合的精彩相逢。[②] 正是对古今中外的文化底蕴、文化历史和文化经典的创造性转化和创新性发展，使得虚拟文化空间在内容上更加丰富和多元。

二　数字经济时代虚拟文化空间的显著特性

（一）虚拟文化空间的空间属性

虚拟文化空间不仅是日常生活中车水马龙与人来人往的生命之场，同时也是人们活动领域的空间延伸。虚拟文化空间是空间样式的文化表达，也是空间形态的虚拟呈现，即是空间建构的一种过程，也是空间延伸的一种结果，其本质属性为空间属性。空间的构造以及体验空间、形成空间概念的方

---

① 《景区数字藏品柳叶湖·司马楼今日上线发售》，微信公众平台，2022 年 6 月 6 日，https：//mp.weixin.qq.com/s/5Y-Iq2lxhmZRK3on3DZ52w。
② 《京韵文化助力冰雪盛会》，微信公众平台，2022 年 2 月 5 日，https：//mp.weixin.qq.com/s/TjcM7j-AZaF9Iu8e8LrZtQ。

式，极大地塑造了个人生活和社会关系。① 而人的感觉是一个复杂的反应过程，它不仅是生理感官机能，还有积淀在生活中的认知和感受，这种能动性是"单纯"的计算机功能所难以企及的。② 在虚拟文化空间中，由人的这种能动性和拟态空间的互动而产生的强交互性特征，成为空间属性持续具有生机和活力的重要原因。所谓强交互性，就是通过设备对自身的及时调节，与体验者的需求和需要精准匹配的典型特征。例如，尤瓦尔·赫拉利曾以电子书的阅读为例形象地描绘人在人工智能初级阶段的场景：读者在阅读电子书的同时，也在被它读取，电子书通过用户在某一页面停留时间的长短等信息，推测阅读者的喜好，通过阅读书目的类型和内容的选择，推断用户的性格特征，从而预判用户的未来选择。虚拟文化空间通过技术的迭代新生使其空间属性日益彰显，更通过对人们美好物质生活需求和精神文化生活需要的精准把握使得空间属性富有人文色彩，进而在拟态环境中实现与人的紧密连接和服务社会发展的重要使命。

（二）虚拟文化空间的文化本性

随着文化科技的迭代发展，文化在虚拟空间中的创造性转化和创新性发展已经不再仅仅局限于编程语言或者编程环境的优化，不再依赖物理装置或者单一的图像、声音，而是将读者、听众、体验用户等诸多受众和消费者纳入拟态环境，使其成为元文化作品的构成元素和转化载体，进而实现了虚拟文化空间中的作品由既有的视、听综合性作品转变为视、听、触、嗅、思、行等更为综合的沉浸式体验作品。在这一过程中，元文化作品成为充实虚拟文化空间的重要组成部分。"元作品"，是指能生产作品的作品，或者称其为"作品之母"。③ 元文化作品则是能生产文化作品的作品，是充实虚拟文

---

① 〔英〕丹尼·卡瓦拉罗：《文化理论关键词》，张卫东、张生、赵顺宏译，江苏人民出版社，2013，第180页。
② 王令中：《视觉艺术心理：美术形式的视觉效应与心理分析》，人民美术出版社，2005，第26页。
③ 黄鸣奋：《数码艺术学》，学林出版社，2004，第256页。

化空间的核心元素和创意源泉。例如，2019 年巴黎圣母院发生火灾，给全球敲响警钟，文化遗产因其珍稀、脆弱和不可再生的特性引起全球关注。值得庆幸的是，巴黎圣母院存有极为详细完备的数字扫描资料，同时《刺客信条》之类的游戏也曾对其进行精细的 3D 建模，这为修复提供了前提条件。① 在一定程度上证实了虚拟文化空间的文化本性，尤其是在保护文化遗产层面起到的重要价值和功能。同时，文化科技在为创造元文化作品提供先决条件和极大便利的同时，也将元文化作品与派生文化作品在拟态环境中的关系研究提上了日程。总体而言，不论是依托古今中外的史书典籍还是文化典故，抑或基于此展开的文化想象，虚拟文化空间中的文化因子始终是激发创造力和推进创意转化的重要触媒，是虚拟文化空间推陈出新的文化基底和数字经济长足发展的文化密钥。

（三）虚拟文化空间的虚拟特性

数字经济作为信息技术发展到一定阶段的产物，其发展速度之快、辐射范围之广、影响程度之深前所未有，正成为重组全球要素资源、重塑全球经济结构、改变全球竞争格局的关键力量。② 伴随数字经济的持续发展和文化技术的逐渐加持，虚拟文化空间已经不仅仅是只有从计算机屏幕窗口才能进入的看得见、摸不着的虚拟场景，也不仅仅是虚拟特效与现实场景初步结合而产生的既定场景，而是包括了在实体的物理空间中肉眼无须以屏幕或者穿戴设备为抵达通道而实现的直接肉眼可视的、身体可感知的、虚与实的边界逐渐模糊的虚拟文化场景。虚拟文化空间一方面成为现实世界的孪生空间，另一方面也通过创意创新、创造孕育催生着超越真实物理世界的虚拟想象世界。在虚拟想象世界的发展进程中，穿戴设备的升级和迭代起到了关键性的助推作用。根据 IDC 的最新数据，全球可穿戴设备市场规模在 2021 年第四

---

① 童祁：《数字平台让文化遗产不再"老去"：谷歌 GAC 的经验》，微信公众平台，2022 年 3 月 28 日，https://mp.weixin.qq.com/s/N2SaUhhpFXznyv3T8L8_ yA。
② 陆晓丽：《研究动态 |〈"十四五"数字经济发展规划〉有哪些值得关注的地方?》，微信公众平台，2022 年 1 月 25 日，https://mp.weixin.qq.com/s/irBK4efbQOXIoEaV2pXJmA。

季度创下新高，出货量达到1.71亿部，设备跟踪器数量比上年同期增长10.8%。2021年全年出货量为5.336亿部，比2020年增长20.0%，这使得虚拟文化空间的塑造和呈现有了坚实的设备支撑。

虚拟文化空间的虚拟特性是其区别于其他文化空间的典型特质，在拟态环境中对空间感的营造和文化场景的建构是虚拟文化空间的关键任务。同时虚拟文化空间所强调的虚拟，并不是一味地追求脱实向虚，而是强调拟态环境与物理时空的融合互促，是基于物理时空中文化基因和空间属性而培育和发展的一种虚拟状态，在体验效果层面更加追求虚拟与现实边界的弥合。未来，访问虚拟现实所需的硬件会向着更便捷、功能更强大、体验方式更多样的方向发展，这主要依赖新型人机交互技术、触觉交互、头盔设备等技术和硬件的进步。硬件将提供更多的功能，比如HTC VIVE Pro眼镜可以让人们通过眼球运动控制界面，并通过只渲染眼睛观看的部分降低头盔的功耗。[①]虚拟与现实交互的特性也将更加显著。

三 数字经济时代虚拟文化空间的发展趋向

（一）更加关注人的精神文化诉求

科技与文化作为数字经济的重要元素，二者在裂变重组的过程中产生了满足和引领人们美好生活需要的文化产品和服务，同时也在一定程度上建构着作用于现实世界的虚拟世界，尤其是与人的精神文化需求紧密相关的虚拟文化空间。虚拟文化空间既是对既有文化的传承与发展，也是对人类想象力的激发与扩容，更是对人们日益增长的美好精神生活需要的热切回应。虚拟文化空间作为动态演进的文化时空，因突破了物理时空的局限而能更好地回应和满足人们的体验需求，激发人们的想象力、创造力和文化转化力。虚拟

---

① 《数字内容与科技，如何"互启共荣"?》，微信公众平台，2022年4月7日，https://mp.weixin.qq.com/s/aq1uuBdD_ OO8YiUm9Ab2Aw。

文化空间引导和回应人们的精神文化需求,主要是通过拟态环境与人的感官系统、人生阅历等无缝衔接和顺利转化来实现的。例如,看是一个建构过程,在看的同时,大脑通过并行的方式对景物的很多不同特征给予反应,并以以往经验为指导,将这些特征组合成一个有意义的整体。① 人们对虚拟文化空间中拟态场景的理解、解读和再阐释,成为虚拟文化空间能够完成满足人们精神文化诉求使命的重要基础。

(二)更加关注人的全方面发展

从马克思文化生产视角来看,人在生产劳动或实践劳动中创造了一个属于人的世界,一个"自然的人化"和"人化的自然"的世界,即一个属于人的空间。在这一空间中,科学、艺术、人文的共同基础是人类的创造力,追求科学与艺术、科技与人文之间的关联和均衡,是人的创造力的本能。② 伴随科学技术的发展和人们想象力的发散,虚拟世界逐渐由空洞的概念向感官可接收到的形式延伸,可听、可视、可嗅和可触碰等多样的呈现样式和表达形式逐渐成为丰富人们精神生活的重要介质。人在拟态环境中的非日常体验,增长了人的见识并发散了人的思维,从而对人在现实生活中自我能力水平的提升和综合能力的增强起到至关重要的作用,进而实现了对人的人格提升和全面发展的服务与引领。

(三)更加注重社会运行秩序优化

数字经济主要用来描述信息技术革命在一段时期内给经济带来的巨大变革,主要分为数字化、网络化、智能化三个发展阶段。③ 数字经济时代虚拟文化空间的发展处于网络化、智能化的过渡和交织阶段,这一阶段关于现实

---

① 〔英〕弗朗西斯·克里克:《惊人的假说》,汪云九等译,湖南科学技术出版社,2002,第36页。
② 李政道:《科技与人文的结合是现代大学成功的标志》,《中国大学教学》2002年第6期,第10页。
③ 李长江:《关于数字经济内涵的初步探讨》,《电子政务》2017年第9期,第84~92页。

社会与拟态社会相衔接的系列问题逐渐显露,对虚拟文化空间与社会运行秩序关系的探讨也成为学界的热议话题。E. H. 贡布里希认为,秩序感的产生过程是先有内在的参照系装置,然后对照它最初对规律运动所做的预测来确定它所接收到信息的含义。① 但是现代互联网科技在与生产生活的结合中,在提高生产力水平、丰富物质供给的同时也重构着社会生产生活秩序和文化伦理。② 虚拟文化空间是在虚拟的场景中还原现实社会(物理世界)中的真实,在倡导体验多元化和选择多样化的同时,遵循现实生活中的秩序、人伦、道德、价值观念,因而成为辅助社会秩序逐渐完善和日益规范的良好补充。

四 数字经济时代虚拟文化空间的现实路径

(一)以优质内容回应人的精神文化需求

虚拟文化空间的创新不仅是科学技术的硬核创新,与之同等重要的还有柔性支撑,即以文化内涵、文化价值为重要因子填充和丰富着虚拟文化空间内容,它是助推虚拟文化空间实现高质量发展的坚实基础。

虚拟文化空间是对可感、可触、肉眼可视的实体文化空间的丰富和补充,是推进社会更好发展和人更好成长的真实维度。人们对虚拟文化空间的消费和体验,本质是想要通过合理聚合和高效利用碎片化的时间使得生命的长度不断延伸,通过在物理时空基础上衍生出的虚拟时空中的自由穿梭使得人生的风景更加丰富,从而在有限的时间和空间中实现人生既定的目标和精彩的体验,增加生命的厚度。尤其是在文化内容层面,不仅需要对古往今来优秀文化进行创造性转化和创新性发展,而且需要推进国内外文化的有机交融与交互,但关键还应凝练中国特色、突出中国风格、彰显中国气派。

---

① 〔英〕E. H. 贡布里希:《秩序感》,杨思梁、徐一维译,浙江摄影出版社,1987,第6页。
② 金元浦主编《数字和创意的融合》,中国工人出版社,2021,第2~3页。

（二）以多元形式丰富消费者的参与渠道

虚拟文化空间通过文化科技的加持以虚拟体验的形式实现了时间的弹性伸缩和空间的自由延展，重构着虚拟文化空间的参与渠道，以更为自由和灵活的时空关系丰富了文化旅游的产业呈现样式和受众参与方式，通过故事化表达、互动性参与、多感官体验回应和引领新时代人们对沉浸式精神文化空间发展的现实需求，已经成为帮助人们理解发生在不同空间尺度上人文景观和自然风光的畅通渠道和便捷工具。虚拟文化空间的发展，一方面要继续优化数字化平台的运行体系和支撑数字技术、互联网络高效运转的基础设施，尤其是在新基建层面的深化与应用；另一方面要推动线上与线下的实时联通和有机联动，实现线上预约、点单，线下享受文化产品和文化服务的目标。总体而言，虚拟文化空间应进一步为人们开启进入数字文化生态的通道和构建泛在学习的拟态环境，通过时空关系的灵活重组，依托参与渠道的多元便利，使其成为消费者在新时代践行学习理念和培育消费方式的重要的虚拟场景和真实载体。

（三）以系统监管推进拟态环境良性运转

虚拟文化空间的发展丰富着该过程参与主体的精神文化生活领域，也重构着其本身的内在规则，但这并不意味着虚拟文化空间是法外之地和散乱之域，其建构和发展需要特定的运行规则来维系和推动其有序和可持续的运转。

一方面，对其监管需要线上与线下的实时联动。通过科技加持提高监管效能的趋势越发明显，区块链追踪溯源的特性为追踪在虚拟文化空间中开展的活动提供了先进的技术支撑，应逐渐增强区块链技术在虚拟文化空间尤其是在线互动虚拟文化场景中的监督管理作用。另一方面，从参与主体来看，除了国家政府层面的监管和企业自律自查逐渐优化外，对虚拟文化空间发展的全民问诊趋势也逐渐明晰。通过全民参与提升监管效率，鼓励大众携手推进虚拟文化空间健康、有序和可持续发展，进而实现新的参与体验和收获。

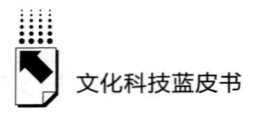

同时，专家畅谈优化虚拟文化空间的频次逐渐增多，探讨的内容也逐渐丰富和深刻。通过开展与虚拟文化空间相关的在线论坛、会议，专家学者和企业家畅谈虚拟文化空间的建设提升方案和监督管理策略，为完善虚拟文化空间的监督管理体系提供新的思路。

B.4
数字劳动研究进展、热点与趋势分析报告

——基于Web of Science与CNKI的文献计量分析

王 忠 陈艳伟*

摘 要： 随着大数据、云计算和人工智能等信息技术的高速发展，人类进入数字经济时代，同时产生了一种新型劳动模式——数字劳动。本报告选择Web of Science核心合集和CNKI有关数字劳动的692篇核心期刊论文作为研究对象，运用CiteSpace文献计量研究工具，对比分析国内外数字劳动的研究进展、研究主题、研究热点和发展趋势，绘制数字劳动知识图谱。

关键词： 数字劳动 数字劳工 CiteSpace 知识图谱

随着大数据、云计算、物联网、移动互联网、人工智能等信息技术的高速发展，数字经济时代已然到来，同时产生了一种新型劳动模式——数字劳动。数字劳动的出现改变了人们的传统认知，并日渐成为数字经济时代人们生产生活中不可或缺的劳动形式。目前，数字劳动的研究在全球呈增长态势。就目前而言，对数字劳动的研究较为分散，其进展、热点和未来发展趋势尚不明确。随着对数字劳动研究的不断深入，探索该领域文献的特点更为

---

* 王忠，博士，澳门城市大学人文社会科学学院教授，研究方向为文化产业、非物质文化遗产、科学社会学等；陈艳伟，澳门城市大学人文社会科学学院文化产业研究课程博士研究生，研究方向为文化产业、图书馆学等。

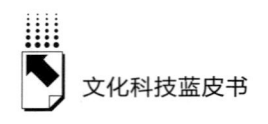

必要。因此，为明确该领域的知识基础、研究进展和未来的发展趋势，对该领域的文献进行定量分析是非常有必要的。

科学计量分析是一种定量研究方法，其利用相关学科的学术数据库客观地绘制科学知识图谱。CiteSpace 是一款被广泛应用于科学领域知识图谱的可视化科学计量工具，可以通过可视化的方式呈现科学知识的结构、规律和分布。本报告基于文献计量学和统计学的相关方法，采用可视化手段分析中外数字劳动领域的文献特征和热点演变。通过研究发文年代以及发文国家、机构和作者等，以可视化的方式展示文献的知识库和研究过程，并基于聚类分析和关键词突现分析总结数字劳动的主要研究领域，探索未来发展趋势。目的是为从事相关研究的人员提供文献支持，并呼吁国内外研究机构关注该领域的研究。

一 数据来源、研究网络及内容分析

（一）数据来源

本报告所用文献选自中外文核心期刊，检索时间为 2022 年 7 月 15 日。英文文献引自 Web of Science Core Collection（WOSCC），检索主题词为"digital labor"和"digital labour"，文献类型为 article 和 review，共得到 400 篇英文文献，然后放到 CiteSpace 中进行去重处理，最终得到有效英文文献 363 篇。中文文献引自中国知网（CNKI）中的北大核心和南大核心来源刊中的文献，以"数字劳动"和"数字劳工"为主题词，检索到 331 篇，剔除一篇通信类短文和一篇导读，得到有效中文文献 329 篇。

本报告使用 CiteSpace 6.1.R2 软件，将导出的 692 条数据导入 CiteSpace，新建项目。参数设置如下：根据检索结果，将时间跨度设置为 2004~2022 年，时间切片为 1 年；词源=标题/作者/关键词/摘要；节点类型=作者/机构/国家/关键词；选择标准为 Top 10%，且 $K=25$。设置好参数后，利用 CiteSpace 对检索到的原始数据进行主题分析、合作网络分析和共被引分析，形成可视化图谱。

（二）研究网络分析

1. 发文年代

由图 1 可见，第一篇关于数字劳动的文献国内外均出现在 2004 年。2013 年前，中外数字劳动研究的发文数量均保持个位数的增长，从 2014 年开始，国外研究文献数量大幅增加，达到 21 篇；之后一直到 2017 年，保持波动性上升，但年均发文不超过 30 篇；2018~2021 年，国外年均发文超过 40 篇。一直到 2020 年，国外发文数量一直不少于国内，两者均呈波动上升趋势，但 2020 年国内外发文数量已相差无几。2021 年国内外研究均达到阶段性峰值，国内发文激增，达到 118 篇，比国外多 71%。2022 年上半年国内发文量也远远多于国外发文量。

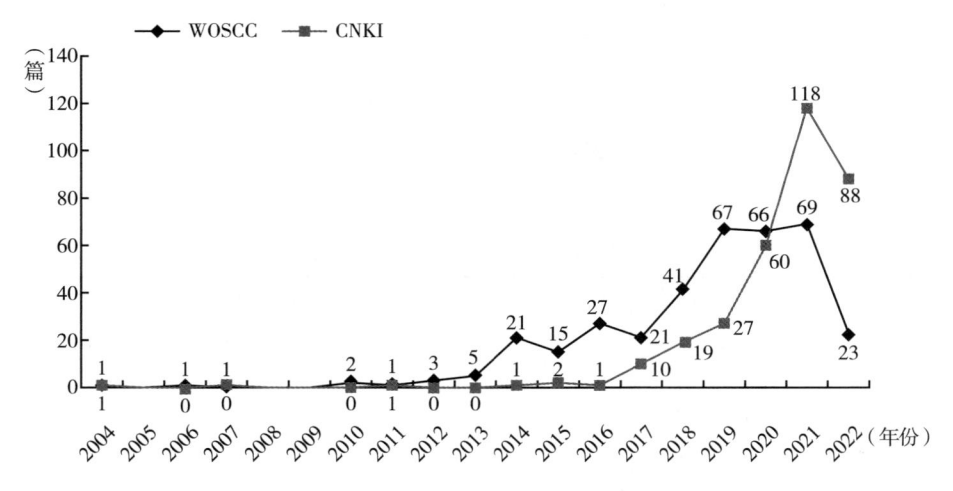

图 1　2004~2022 年数字劳动发文年代趋势

注：2022 年为上半年数据。

2. 发文国家、机构和作者

图 2 展示了国外数字劳动研究发文量较多的国家及其相互的合作关系。

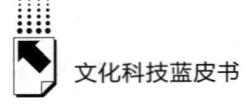

连线的多少和粗细代表合作度。黑色外圈代表该国家具有较高的中介中心性，在合作中起着桥梁作用。结合表1可知，美国的发文量最多，为93篇（22.20%），其次是英国74篇（17.66%），接着是澳大利亚22篇（5.25%）、加拿大21篇（5.01%）、德国19篇（4.53%）、法国18篇（4.30%）、中国15篇（3.58%）和挪威14篇（3.34%）等。发文较多的国家之间合作也较强，英国处于合作中心，中介中心性为0.72，与多个国家进行了合作；其次是西班牙和新加坡，分别为0.25和0.23。中国主要和英国、美国、加拿大、德国和澳大利亚进行合作。

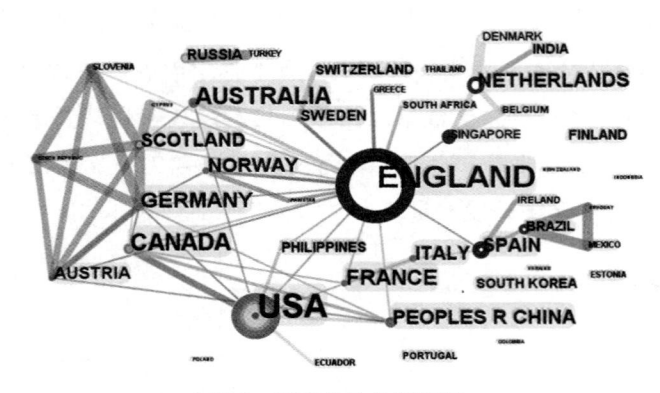

图2　国家合作共现图谱

表1　国外发文Top 10国家统计

排名	国家	发文数量(篇)	占比(%)	中介中心性	发文开始年份
1	美国	93	22.20	0.10	2004
2	英国	74	17.66	0.72	2013
3	澳大利亚	22	5.25	0.01	2010
4	加拿大	21	5.01	0.01	2013
5	德国	19	4.53	0.04	2013
6	法国	18	4.30	0.01	2012
7	中国	15	3.58	0	2017
8	挪威	14	3.34	0	2014
9	荷兰	13	3.10	0.13	2015
10	意大利	12	2.86	0.02	2014

表2为国内外发文 Top 10 机构统计。详细审视发文机构和作者后发现，各个机构之间的合作度较低，尤其是国内文献多是独立发文，说明数字劳动领域的学术研究团队相对独立，缺乏合作。国外发文最多的机构是英国的威斯敏斯特大学（18篇），其次是英国牛津大学（12篇）和BI挪威商学院（7篇）。在英文文献的218位作者中，发文最多的作者是英国的 Christine Fuchs（17篇），他专注于受众商品、数字劳工辩论、马克思主义政治经济学和批判理论、达拉斯·斯迈思，区分数字劳工和数字工作。此外，他还对数字资本主义和社交媒体进行了研究，例如 Meta、YouTube、Twitter 和微博等。第二位多产的作者是来自英国的 Mark Graham 和来自挪威的 Christian Fieseler。他们都有8篇数字劳动文献。Mark Graham 专注于数字分工、信息磁力、全球数字劳动力平台和零工经济。Christian Fieseler 主要关注数字劳工的流动、数字微工作、众包平台和零工经济。

表2 国内外发文 Top 10 机构统计

单位：篇

排名	国外 机构	国外 发文数量	国内 机构	国内 发文数量
1	威斯敏斯特大学	18	哈尔滨工程大学马克思主义学院	16
2	英国牛津大学	12	复旦大学新闻学院	11
3	BI 挪威商学院	7	中国人民大学新闻学院	10
4	英国阿兰·图灵研究所	5	南开大学经济学院	10
5	德拉萨大学	5	福建师范大学传播学院	7
6	爱丁堡大学	5	中山大学马克思主义学院	6
7	鹿特丹伊拉斯谟大学	4	西南财经大学经济学院	6
8	多伦多大学	4	南京大学哲学系	5
9	萨塞克斯大学	3	中国社会科学院新闻与传播研究所	5
10	伦敦大学金匠学院	3	北京大学马克思主义学院	4

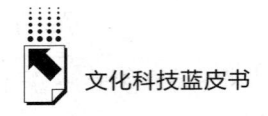

国内发文最多的机构是哈尔滨工程大学马克思主义学院（16篇），其次是复旦大学新闻学院（11篇）、中国人民大学新闻学院（10篇）、南开大学经济学院（10篇）、福建师范大学传播学院（7篇）。在中文文献的158位作者中，发文量位居第一的是福建师范大学传播学院的吴鼎铭（7篇），他从传播和媒介的角度研究数字劳动，包括数字劳动的指标运作、媒介时间与互联网产业中的劳动控制、数字劳动的未来发展、量化社会与数字劳动、网络视频众包生产与传播、网络受众的劳工化、公民记者的传播政治经济学等。复旦大学新闻学院的姚建华发文量位居第二，有6篇研究文献，研究内容为传播政治经济学视域下的数字劳动和数字劳工、全球数字劳动与中国语境下的批判性述评、在线众包平台的运作机制、劳动控制和零工经济中的数字劳动等。发文量位居第三的是中国社会科学院新闻与传播研究所的孙萍和中山大学马克思主义学院的胡莹，她们均有5篇研究文献。孙萍关注数字劳动的平台技术、传播和算法、劳工的性别、数字劳动和媒介的关系等；胡莹侧重于从马克思主义劳动的视角，聚焦数字经济时代的劳动过程和劳动价值研究。

（三）研究内容分析

1. 研究热点

高频关键词代表着研究热点，关键词两两以上共同出现称为关键词共现。对关键词共现的节点中介中心性进行分析，可以厘清高频关键词的内在联系，进一步判断研究热点。一般认为，中介中心性在0.1及以上，就代表该关键词在研究中处于重要的连接地位。根据关键词共现频率绘制图3和图4。每一个单独的节点代表一个关键词，关键词字号的大小代表关键词出现的频率多少。黑色圆圈代表该关键词有较高的中介中心性。

表3列出了国内外研究Top 15的关键词。在国外研究方面，数字劳动（digital labor和digital labour）是最常用的关键词，被提及的次数高达211次[①]，其中介中心性也最高，达到0.85。其次是工作（word），随后是社

---

① 由于digital labor和digital labour只是书写的不同，此处将二者进行了合并计算，二者均可用于数字劳动和数字劳工统计。

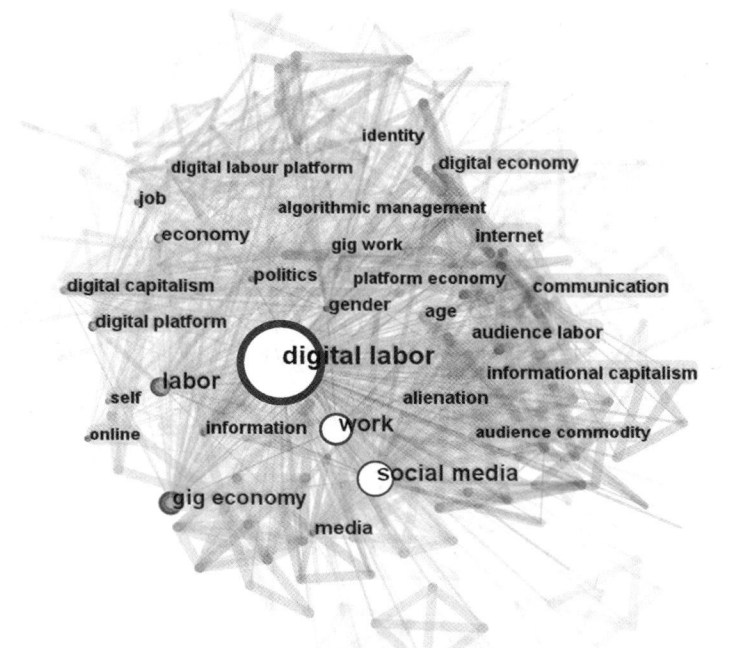

数字劳动研究进展、热点与趋势分析报告

图 3　国外研究关键词共现图谱

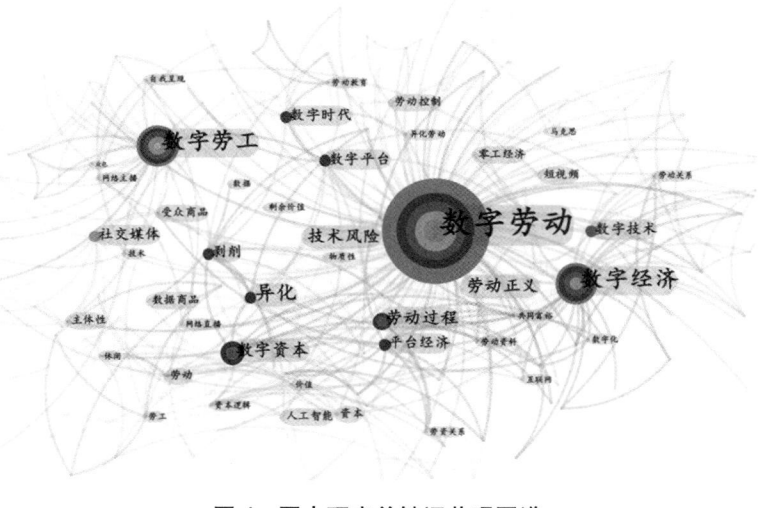

图 4　国内研究关键词共现图谱

059

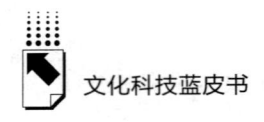

交媒体（social media）、零工经济（gig economy）和劳动（labor），它们均被提及40次以上，中介中心性也均在0.1以上，在国外研究中起着重要的连接作用。在国内研究方面，热门关键词位居前五的是数字劳动（160次）、数字经济（53次）、数字劳工（37次）、异化（25次）和劳动正义（19次），其中数字劳动、数字经济和数字劳工的中介中心性较高，均在0.2以上，在国内研究中处于重要的连接地位。结合图3、图4和表3我们可以发现，数字劳动、数字劳工在国内外文献中均是研究热点。除此以为，国外研究的热点为社交媒体、零工经济、数字劳动与政治、数字劳动平台等；国内的研究更关注数字经济、异化、劳动正义和数字资本及技术风险。

表3 国内外研究热门关键词（Top 15）

	排名	关键词	频次(次)	中介中心性	最早出现的年份
国外文献关键词	1	digital labor	211	0.85	2011
	2	work	60	0.22	2011
	3	social media	51	0.22	2012
	4	gig economy	46	0.14	2018
	5	labor	44	0.16	2015
	6	politics	16	0.04	2016
	7	digital platform	15	0.07	2017
	8	economy	13	0.07	2015
	9	media	13	0.04	2012
	10	gender	12	0.12	2019
	11	digital capitalism	12	0.04	2015
	12	digital economy	12	0.03	2014
	13	platform economy	11	0.02	2017
	14	information	10	0.05	2013
	15	alienation	10	0.01	2015

续表

	排名	关键词	频次(次)	中介中心性	最早出现的年份
国内文献关键词	1	数字劳动	160	1.06	2004
	2	数字经济	53	0.20	2004
	3	数字劳工	37	0.28	2015
	4	异化	25	0.02	2004
	5	劳动正义	19	0	2004
	6	数字资本	17	0.01	2019
	7	技术风险	16	0	2004
	8	劳动过程	13	0.04	2020
	9	平台经济	12	0.02	2019
	10	数字平台	9	0.04	2018
	11	数字时代	9	0.02	2019
	12	剥削	9	0.03	2019
	13	数字技术	9	0.03	2019
	14	社交媒体	8	0.06	2018
	15	劳动	7	0.05	2017

2. 研究领域

关键词聚类是将关键词按照算法聚集在一起，聚类的领域即为研究的主要领域。本报告利用 CiteSpace 进行关键词聚类分析，选取 Keywords 聚类，利用主流的 LLR 算法，分别得到中外研究该领域的前 8 个主题。越重要的研究主题聚类序号越小，详见图 5 和图 6。

从图 5 和图 6 可以看出，中外文献研究数字劳动的主要领域有交叉也有不同。按照重要性来排序，国外文献研究主题依次是数字劳动、零工经济、数字劳工、社交媒体、合作工作、平台劳动、工作场所灵活性和数字资本；国内文献研究主题依次是数字经济、数字技术、数字资本、数字劳工、异化、劳工、平台经济和社交媒体。详细审查聚类标签及其内部重叠文献，数字劳动研究可聚焦以下 5 个值得关注的知识领域。

（1）数字劳动

2008 年国际金融危机之后，一大批欧美学者高举马克思政治经济学和

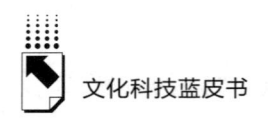

图 5　英文文献关键词聚类图谱

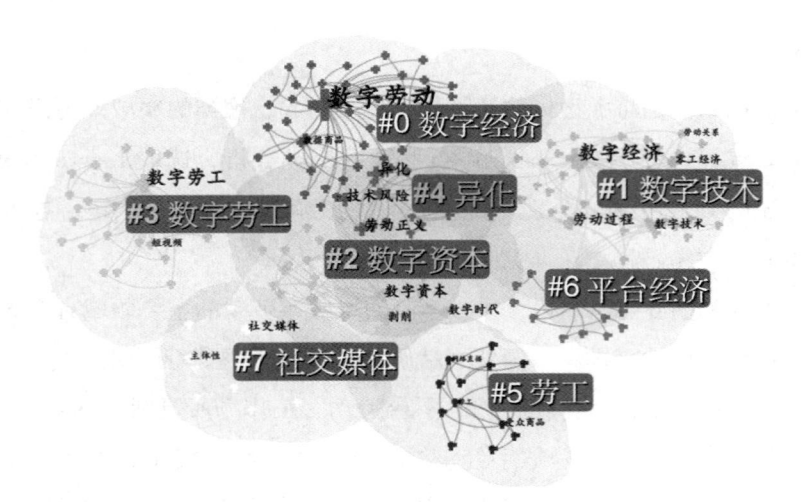

图 6　中文文献关键词聚类图谱

唯物史观的理论大旗，以"数字劳动"为焦点反思国际垄断资本主义自身无法克服的制度缺陷。他们对数字劳动的定义、特征、形式、数字劳动

（者）所处的社会维度以及马克思数字劳动研究进行了全方位的探讨。[①] 由于全球资本主义危机，新自由主义和一切商品化的逻辑都出现了裂缝、裂痕和漏洞。2012 年，对马克思的兴趣又重回研究者视野，思考马克思主义在媒体与传播研究中的作用，包括作为数字劳动辩论的一部分，重点关注对达拉斯·斯迈思的受众商品类别重新产生的兴趣。[②] 学者们探讨什么是数字化劳动力、什么是数字工作，并将 Facebook 作为解释数字劳动力如何运作的具体案例，指出反工作、后工作和零工作等概念的局限性，论证了工作与劳动的不同。[③] Saha 在《恩格斯的社会谋杀理论与法西斯景观：对数字劳动及其异化现象的批判性探究》中在批判性社会媒体研究的框架内提出，法西斯主义和独裁政权的快速发展代表着暴力和剥夺的兴盛，而数字资本主义是扩大社会内部裂痕的一个主要因素。社交媒体用户的"劳动"也阻碍了社会关系，并形成了一种高度暴力的景象，助长了法西斯主义和独裁政权。[④]

在劳动研究的学术地图中，传播政治经济学的贡献和地位独树一帜，它将传播与劳动联系起来，较为集中地、系统性地分析了信息与通信技术和数字技术的快速发展对劳动具有怎样的独特意义，从而开辟出了数字劳动这一全新的学术领域。[⑤] "数字劳动之争"实际是"盲点之争"的物质性议题在数字媒体时代的延续，两者以物质性为主题连接在一起。[⑥] 国外对马克思主

[①] 冯洁、周延云：《国外马克思数字劳动研究：概览与评析》，《贵州社会科学》2017 年第 12 期，第 31~36 页。

[②] C. Fuchs, "Dallas Smythe Today—The Audience Commodity, the Digital Labour Debate, Marxist Political Economy and Critical Theory," *Triplec-Communication, Capitalism & Critique* 10 (2012): 692-740.

[③] C. Fuchs, S. Sevignani, "What Is Digital Labour? What Is Digital Work? What's Their Difference? And Why Do These Questions Matter for Understanding Social Media?," *Triplec-Communication, Capitalism & Critique* 11 (2013): 237-293.

[④] A. Saha, "Engels's Theory of Social Murder and the Spectacle of Fascism: A Critical Enquiry into Digital Labour and Its Alienation," *Triplec-Communication, Capitalism & Critique* 19 (2021): 52-67.

[⑤] 姚建华、徐偲骕：《传播政治经济学视域下的数字劳动研究》，《新闻与写作》2021 年第 2 期，第 5~13 页。

[⑥] 汪金汉：《被忽视的"盲点之争"：传播物质性研究的传播政治经济学缘起》，《新闻与传播评论》2021 年第 4 期，第 49~58 页。

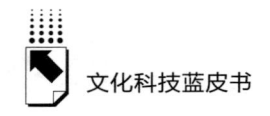

义在传播学领域的研究侧重于马克思的观点对理解数字时代传播的相关性、数字媒体扩张后的马克思主义传播研究以及已被纳入马克思主义文学的传播的新维度。在此背景下，重要的主题包括游戏与工作的交叉、数字通信时代的媒体经济学、数字劳动力、网络游戏行业、定向广告、新出现的社会不平等以及监控和隐私问题。①

数字劳动的过程可划分为传统雇佣经济领域下的数字劳动过程、互联网平台零工经济中的数字劳动过程、数字资本公司技术工人的数字劳动过程和非雇佣形式的产销者的数字劳动过程。② 数字劳动的剥削是国内外学者关注的重要议题，如何避免剥削、重构劳动正义是研究的一个重要话题。③ 数字劳动作为新生变量给全球资本主义带来了巨大的发展变数。数字劳动在外在形态、内在结构以及运行逻辑方面都与传统的劳动概念迥异，说明中国要融入数字经济全球化大趋势中，需要摒弃数字资本主义的弊端，充分发挥中国特色社会主义制度优势，探索将数字劳动导向发展数字生产力的应然向度，激活数字劳动变量，推动经济社会高质量发展。④

（2）数字劳工

数字劳工的研究领域侧重于全球的实证研究，研究数字劳工的类型、劳动方式、女性数字劳工、数字劳工的被剥削和反抗等。小到微信、微博、Meta 的自由网民，中到短视频用户、电商、网络零工，大到专业的 IT 工作者、网络直播者、跨国外包数字劳动者乃至最近两年出现的虚拟偶像，他们均在网络上从事着数字劳动，成为数字劳工。按照数字劳工的特征和获得报酬的方式，本报告将数字劳工划分为无偿劳工、自雇劳工、在线零工、专业

---

① B. Kayihan, "An Analysis of Marx's Legacy in the Field of Communication Studies," *Triplec-Communication, Capitalism & Critique* 16 (2018): 628-638.

② 韩文龙、刘璐：《数字劳动过程及其四种表现形式》，《财经科学》2020 年第 1 期，第 67~79 页。

③ 秦子忠：《大数据时代的剥削与不正义》，《浙江社会科学》2021 年第 12 期，第 104~111、159 页；赵林林：《数字化时代的劳动与正义》，《北京师范大学学报》（社会科学版）2020 年第 1 期，第 122~132 页。

④ 邢海晶：《数字劳动的新变数及对中国的启示》，《人民论坛》2021 年第 23 期，第 66~68 页。

劳工和虚拟偶像 5 种类型。

无偿劳工指的是在网络上自由从事活动，而不会获得劳动报酬的劳动者。他们既是商品又是生产力。英国学者蒂兹纳·特拉诺瓦（Tiziana Terranova）的"自由劳动"（free labor）概念较早地阐述了这一劳动本质：这种劳动是自愿提供的也是无偿的，是享受的也是剥削的。这些自由劳动包括建立网站、修改软件包、阅读和参与邮件列表，以及在 MUDs 和 MOOs 上建立虚拟空间等。[1] 之后出现的"无工资非物质劳动""非物质劳动2.0""无工资数字劳动力"等均是对这种免费劳动者的界定。无偿劳工主要包括微信用户[2]、微博用户、Facebook 用户[3]、游戏玩家[4]等。他们利用网络进行社交、自由创作和游戏，获得信息和自我满足，为网络提供了能够带来流量的数字内容或产品，其行为有劳动价值但不会被给予劳动补偿，他们无形中成为产消者。

自雇劳工指的是以独立的个体参与数字劳动赚取劳动价值的劳动者。其具有自雇性、情感性、有偿劳动和自负盈亏等特点。微信代购者、博客博主、视频平台和直播电商的个人用户均是自雇劳工的典型。微信代购者将线上与线下的不同时空性、空间性与情感连接起来[5]，以微信代购选择性地自我披露个人信息来维持、跨越和重建隐私边界，获取国内消费者的信任，从而赚取利润[6]。自雇的博客博主多采用紧张管理（tension management）以应

---

[1] T. Terranova, "Free Labor: Producing Culture for the Digital Economy," *Social Text* 18 (2000): 33–58.

[2] 邓佳怡、马昱宇：《数字劳工视域下微信视频号用户行为研究》，《青年记者》2021年第22期，第47~48页。

[3] 李璟：《从"数字劳工"分析 Facebook 受众策略与效果》，《青年记者》2018年第36期，第97~98页。

[4] 宋嘉伟：《"肝动森"：休闲玩工的形成——对〈集合啦！动物森友会〉的数字民族志考察》，《新闻记者》2020年第12期，第3~19页。

[5] B. Zani, "WeChat, We Sell, We Feel: Chinese Women's Emotional Petit Capitalism," *International Journal of Cultural Studies* 23 (2020): 803–820.

[6] X. Y. Zhao, "Digital Labour in Transnational Mobility: Chinese International Students' Online Boundary Work in Daigou," *New Media & Society* 23 (2021): 2554–2574.

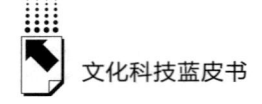

对时空、身份和财务灵活性方面的紧张局势。① 中国视频平台上的自雇数字劳工以快手②和抖音平台用户居多。快手定位为城市下层用户，吸引了大量从乡村向城市流动的青年以自由劳动力的身份制作创意内容。这些年轻移民生产拥有庞大粉丝群的"土味文化"，通过自我情感劳动吸引粉丝，通过刷礼物和直播卖货等方式实现价值创造，将快手作为实现社会经济向上流动的一种手段。③ 由于准入门槛较低和监管不严格，在短视频平台上如何健康正确地引导数字童工④和银发族⑤也引起了中国研究者的注意和反思。

在线零工是从事零工经济（gig economy）的数字劳工。他们多与数字平台签订短期合作合同，在自己灵活的时间内进行在线劳动。在线零工劳动力平台会集了全球快速增长的劳动力，以完成高度细化、远程和脱离情境的任务。时间灵活性和易用性是其工作的最突出亮点。外卖平台外卖员⑥、网约车司机⑦、数字灵工⑧及互联网实习生等均属于此范畴。尽管受到不确定的工作和薪水的威胁，但零工喜欢随时随地使用平台做项目。零工承认有很多因素会激发他们的意愿，如能力、兴趣、成功的需要、独立的需要、经济动机和社会影响。其中，"独立的需要"因素揭示了工作的灵活性和自由性

---

① Z. Y. Long, E. D. Wilhoit, "Disciplined Freedom, Branded Authenticity, and Dependable Independence: How Tensions Enact Flexibility in Lifestyle Blogging Careers," *Journal of Applied Communication Research* 46 (2018): 368-387.
② 吕鹏:《线上情感劳动：短视频/直播、网络主播与男性气质——基于快手的数字民族志研究》，《社会科学》2021年第6期，第179~192页。
③ M. Zhou, S. D. Liu, "Becoming Precarious Playbour: Chinese Migrant Youth on the Kuaishou Video-sharing Platform," *Economic and Labour Relations Review* 32 (2021): 322-340.
④ 张铮:《数字童工：智媒时代数字劳工低龄化现象探析——以抖音App为例》，《青年记者》2020年第20期，第27~28页。
⑤ 张蕾:《"银发网民"的短视频消费与生产逻辑研究》，《传媒》2022年第4期，第57~59页。
⑥ 贺灵敏、任昊:《男性外卖骑手性别气质的空间实践——基于对B市外卖骑手的考察》，《青年研究》2022年第3期，第27~39、94~95页。
⑦ B. J. Malin, C. Chandler, "Free to Work Anxiously: Splintering Precarity Among Drivers for Uber and Lyft," *Communication Culture & Critique* 10 (2017): 382-400; 杨伟国、王琦:《数字平台工作参与群体：劳动供给及影响因素——基于U平台网约车司机的证据》，《人口研究》2018年第4期，第78~90页。
⑧ 刘战伟、李嫒嫒、刘蒙之:《平台化、数字灵工与短视频创意劳动者：一项劳动控制研究》，《新闻与传播研究》2021年第7期，第42~58、127页。

是人们成为零工的基本原因。①

专业劳工指签订长期合约、以数字劳动作为职业的数字劳工。这包括两个群体,一是数字平台的管理者,他们占用平台,用算法来管理数字劳工;二是受雇用的专业数字劳工,主要是专业的IT人士、网络主播、网络作家等。② 受雇用的数字劳工多由专门的数字平台招募,并进行专业训练,具有匹配的数字工作技能,按照合约的形式长期为数字平台提供数字劳动。如在中国同性恋社交平台Blued上有一个部门专门招募同性恋主播,这些主播经纪人向同性恋直播者提供独家合同,指导他们吸引观众的技巧,并将这些同性恋者列为官方直播者。通过这种方式,直播者在该领域实现了制度化和专业化。③

随着媒介技术的发展和人们对文化消费的需求不断增加,虚拟偶像作为具备数字技术特质与媒介技术传播特征的文化表达载体,同时作为一种媒介延伸,也在一定程度上代表着当前社会的文化。越来越多的公司看到了虚拟偶像产业的商机并加快了生产进程,致使虚拟偶像开始沦为新形态的"数字劳工"。数字技术的进步、传播主体的多样、媒介属性的凸显和媒体意识的商业化成为虚拟偶像转向虚拟劳工的催化剂。虚拟劳工也逐渐细分出不同的来源和功能,包括服务于真人明星的衍生型、榨取IP价值的改编型和被迫卷入风口的原创型三类。虽然虚拟偶像在一定程度上满足了受众的情感需求,但其在资本剥削、文化价值和性别凝视方面的表现也值得反思。④

---

① A. Gandhi, A. N. Hidayanto, Y. G. Sucahyo, Y. Ruldeviyani, "Exploring People's Intention to Become Platform-based Gig Workers: An Empirical Qualitative Study," Paper Presented at the 5th International Conference on Information Technology Systems and Innovation (ICITSI), 2018, pp. 266-271.

② 张铮、吴福仲:《数字文化生产者的劳动境遇考察——以网络文学签约写手为例》,《同济大学学报》(社会科学版) 2019年第3期,第35~44页;张志安、李敏锐:《网络文学平台签约作者的劳动控制与劳动博弈》,《新闻与写作》2021年第10期,第82~89页。

③ W. S. Miao, L. S. Chan, "Between Sexuality and Professionalism: Experiences of Gay Workers at Blued, a Chinese Gay Social App Company," New Media & Society 23 (2021): 1882-1898.

④ 徐淑秋:《虚拟劳工:人工智能时代数字劳工虚拟化现象探析——以抖音APP为例》,《现代商贸工业》2021年第22期,第35~36页。

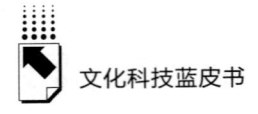

（3）数字平台

数字平台的出现是组织和构建劳动力市场的主要挑战。数字平台不仅改变了现有的商业范式，还改变了就业模式。平台就业实际上成为劳动力市场上一种新的制度机制，其研究体现在众包平台、案例实证研究和平台算法三个方面。

将各种形式的数字劳动力外包给全球数字工作者的众包平台创造了全球按需劳动力，但它也是工作世界中更广泛变革的一种表达。[1] 就业平台使公司能够利用互联网技术来寻找劳动力和专业知识。将工作外包到低成本地区，还可以将曾经由内部员工履行的职能外包给使用虚拟网络的未定义数字劳动力。如亚马逊平台使公司能够以低成本获得数字劳动力，而无须承担任何相关的社会保护或道德义务[2]；在线外包通过 Upwork、Guru、Freelancer 和 Fiverr 等平台将客户的任务外包给全球自由职业者。巴基斯坦面向对象项目的实证研究，则显示了政治经济脆弱性的特点。[3] 众包作为数字工会的平台，正在以一种创新的方式被用来收集可以访问数字平台的外包工人的反馈，包括在品牌重塑的同时用于收集和共享信息以促进问责制，为新形式的工会和企业社会责任铺平道路。[4]

对数字平台的实证研究内容较为广泛，涵盖全球各地各个行业。Kim 和 Yu 以韩国"网络漫画"产业的平台化为例，探讨了其对韩国创意和数字劳动力的影响[5]，引起了人们对平台化如何重构这一特定文化产业的更广泛关注。Komljenovic 重点关注 LinkedIn，认为 LinkedIn 超越了对其用户

---

[1] M. Altenried, "The Platform as Factory: Crowdwork and the Hidden Labour Behind Artificial Intelligence," *Capital and Class* 44 (2020): 145-158.

[2] B. Bergvall-Kareborn, D. Howcroft, "Amazon Mechanical Turk and the Commodification of Labour," *New Technology Work and Employment* 29 (2014): 213-223.

[3] F. Malik, B. Nicholson, R. Heeks, "Understanding the Development Implications of Online Outsourcing," Paper Presented at the 14th IFIP WG 9.4 International Conference on Social Implications of Computers in Developing Countries (ICT4D), 2017.

[4] P. Arora, L. H. Thompson, "Crowdsourcing as a Platform for Digital Labor Unions," *International Journal of Communication* 12 (2018): 2314-2332.

[5] J. H. Kim, J. Yu, "Platformizing Webtoons: The Impact on Creative and Digital Labor in South Korea," *Social Media + Society* 5 (2019): 2056305119880174.

的被动广告,转向积极构建数字劳动力市场,正在建立一个全球技能市场,以与大学学位同步运行,或代替大学学位。① 中国学者的研究对象主要为滴滴网约车平台②和食品外卖平台③,探讨了数字平台上的按需服务人员如何度过他们的时间④。

数字化以"工人—平台—客户"三角关系取代标准雇佣关系,存在就业灰色地带⑤,当然也存在平台工人的经验两极分化和平台就业风险⑥。在此过程中出现了平台中介、"技能制造"和"再外包"等不同的劳动中介形式。⑦ 数字劳动力平台的制度空白和团结网络也成了新的研究关注点。⑧

以算法为代表的人工智能系统在重构媒介空间关系的同时,也深度嵌入了人类劳动实践,在去劳动化、去交往化、去情境化等层面实现了劳动的"重新再造",并形成了包括劳动监控、数据蔽视、算法管理等在内的控制行为和控制逻辑。⑨ Grohmann 从劳动平台化与金融化、数据化和新自由主义理性的关系讨论算法、数据和平台,均涉及其自身的逻辑、劳动力平台化和

---

① J. Komljenovic, "Linkedin, Platforming Labour, and the New Employability Mandate for Universities," *Globalisation Societies and Education* 17 (2019): 28-43.
② J. Y. Chen, J. L. Qiu, "Digital Utility: Datafication, Regulation, Labor, and DiDi's Platformization of Urban Transport in China," *Chinese Journal of Communication* 12 (2019): 274-289.
③ 孙萍:《"算法逻辑"下的数字劳动:一项对平台经济下外卖送餐员的研究》,《思想战线》2019年第6期,第50~57页。
④ J. Y. Chen, P. Sun, "Temporal Arbitrage, Fragmented Rush, and Opportunistic Behaviors: The Labor Politics of Time in the Platform Economy," *New Media & Society* 22 (2020): 1561-1579.
⑤ P. Dieuaide, C. Azais, "Platforms of Work, Labour, and Employment Relationship: The Grey Zones of a Digital Governance," *Frontiers in Sociology* 5 (2020): 2.
⑥ E. A. Chernykh, "Socio-Demographic Characteristics and Quality of Employment of Platform Workers in Russia and the World," *Economic and Social Changes-Facts Trends Forecast* 14 (2021): 172-187.
⑦ C. R. R. Soriano, "Digital Labour in the Philippines: Emerging Forms of Brokerage," *Media International Australia* 179 (2021): 23-37.
⑧ F. Malik, R. Heeks, S. Masiero, B. Nicholson, "Digital Labour Platforms in Pakistan: Institutional Voids and Solidarity Networks," *Information Technology & People* 34 (2021): 1819-1839.
⑨ 张媛媛:《算法之眼与数据蔽视:媒介空间中的劳动管理研究》,《传媒观察》2022年第1期,第28~35页。

平台劳动力的特点、算法工作管理和当前平台劳动力情景的替代方案。①Rani 和 Furrer 对 27 个发展中国家 5 个全球运营平台的 675 名员工进行了调查，探讨了通过在线平台将低技能工作外包给人群的持续趋势，以及数字劳动平台如何利用平台设计特征和算法管理来分配、监控和评估工作。② 在中国语境下，数字劳动者与平台算法所建构的人与技术的关系，凸显了中国数字劳动的形貌与内里，即技术政治与底层叙事、算法依附与自我赋权之间的张力角逐。③ 研究强调，平台架构、设计和算法需要透明，以确保员工免受数字工作所存在的漏洞的影响④；数字劳动力平台利用算法能力的双重表达以物质和话语方式管理空间分散的劳动力。算法能力的裂痕体现在平台、代码和竞争三方面。⑤

（4）社交媒体

社交媒体作为数字劳动的重要媒介，其研究内容侧重于对微信、微博、Meta、YouTube、网络直播平台等的研究，体现情感劳动的重要特点。政治经济学家认为，企业社交媒体上的用户活动被视为看似有趣的劳动，用户被剥削并出售给广告商以实现利润最大化。

随着社交网络的增加，大量数据可供使用。这种对个人生活的公共和私人问题的广泛而深入的披露导致了理论和概念上的挑战。为了回答其中一些挑战，Augusto 和 Simoes 通过使用定性方法来分析 Facebook 用户对其所受监

---

① R. Grohmann, "Plataformização do Trabalho: Entre Datafica ção, Financeirização e Racionalidade Neoliberal," *Revista Eletrônica Internacional de Economia Política da Informação, da Comunicação e da Cultura* 22 (2020): 106-122.

② U. Rani, M. Furrer, "Digital Labour Platforms and New Forms of Flexible Work in Developing Countries: Algorithmic Management of Work and Workers," *Competition & Change* 25 (2021): 212-236.

③ 孙萍:《"算法逻辑"下的数字劳动：一项对平台经济下外卖送餐员的研究》,《思想战线》2019 年第 6 期，第 50-57 页。

④ U. Rani, M. Furrer, "Digital Labour Platforms and New Forms of Flexible Work in Developing Countries: Algorithmic Management of Work and Workers," *Competition & Change* 25 (2021): 212-236.

⑤ F. Ferrari, M. Graham, "Fissures in Algorithmic Power: Platforms, Code, and Contestation," *Cultural Studies* 35 (2021): 814-832.

视的看法，以及确定可以采用的预防策略。①Johanssen认为游戏玩法的概念是为了说明Facebook上类似于游戏的设定界面结构以及更类似于游戏的自由流动维度，将用户劳动视为游戏的心理分析概念化，允许人们分析强调Facebook作为创造力、探索未知空间的积极话语，以及批评平台缺乏隐私控制或数据所有权的消极话语②；他借鉴了精神分析和批判理论，使用弗洛伊德影响理论来分析公共网站治理Facebook页面上的用户帖子③。Soha和McDowell分析了YouTube上Harlem Shake的创作、演变和货币化，以探讨当代版权的实施和在分布式作者身份作品货币化方面的理解。④ 有学者根据对Amazon Mechanical Turk上701名工人的调查，证明了数字劳动序列中的体验会产生类似流动的沉浸状态。⑤

社交媒体和数字技术的日益普及对时尚行业的地域和工作性质产生了特别的影响。一个新的企业家群体——时尚博主正在利用这些数字技术，如博客和社交媒体，将他们的个人生活和风格转变为在线业务。Long和Wilhoit分析了来自北美52位自雇女性生活方式博主的219篇博文，展示了这些数字专业人士如何应对紧张局势并在沟通上构成工作灵活性⑥；Brydges和Sjoholm借鉴了对美国个人风格时尚博客进行的9年深入案例研究分析，探索了其作为个人表达爱好的根源到时尚行业的全职工作方式⑦；"妈妈博客"围绕数字劳动的焦虑反

---

① F. R. Augusto, M. J. Simoes, "To See and Be Seen, to Know and Be Known: Perceptions and Prevention Strategies on Facebook Surveillance," *Social Science Information* 56 (2017): 596-618.
② J. Johanssen, "Gaming-playing on Social Media: Using the Psychoanalytic Concept of 'Playing' to Theorize User Labour on Facebook," *Information Communication & Society* 21 (2018): 1204-1218.
③ J. Johanssen, "Not Belonging to One's Self: Affect on Facebook's Site Governance Page," *International Journal of Cultural Studies* 21 (2018): 207-222.
④ M. Soha, Z. J. McDowell, "Monetizing a Meme: YouTube, Content ID, and the Harlem Shake," *Social Media+Society* 2 (2016): 2056305115623801.
⑤ E. Bucher, C. Fieseler, "The Flow of Digital Labor," *New Media & Society* 19 (2017): 1868-1886.
⑥ Z. Y. Long, E. D. Wilhoit, "Disciplined Freedom, Branded Authenticity, and Dependable Independence: How Tensions Enact Flexibility in Lifestyle Blogging Careers," *Journal of Applied Communication Research* 46 (2018): 368-387.
⑦ T. Brydges, J. Sjoholm, "Becoming a Personal Style Blogger: Changing Configurations and Spatialities of Aesthetic Labour in the Fashion Industry," *International Journal of Cultural Studies* 22 (2019): 119-139.

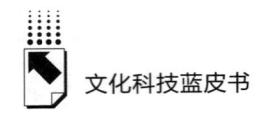

映了对母性情感劳动性质的争论，这种焦虑通过意识形态冲突表现出来①。

粉丝不仅是产消者，也是粉丝文化的重要建构者。妈粉②、黑粉③、饭圈女孩等粉丝团体是社交媒体的重要参与者，数字时代的粉丝参与存在明显的二重性：一方面，粉丝劳动背后的确存在着资本的控制；另一方面，粉丝在参与中也实现了情感获得和价值认同。这二重属性建构起了数字时代粉丝参与的完整逻辑。④

（5）异化

异化在马克思主义理论中占有特别的中心地位。马克思在《经济学哲学手稿》（1844年）中指出了异化的四个维度——劳动者与劳动产品相异化、劳动者与劳动行为本身相异化、劳动者与他的类本质相异化、人与人的异化。这四种异化形式共同构成了劳动剥削制度，并在此过程中产生剩余价值和货币利润。⑤ 数字劳动以去异化的面貌遮蔽了异化的实质，数字资本剥削的触角在互联网平台用户的体验中延伸得更加隐蔽。对数字劳动的异化批判是马克思异化劳动理论在数字资本主义时代的延伸。⑥

劳动者与劳动产品相异化。马克思认为，劳动者本来应该能够自主支配自己生产出来的劳动产品，然而在资本主义条件下，这并不会为他自己所有，反而成了一种外在的、异己的力量来统治、压迫着自己。数字劳工创造的使用价值也是被出售的商品。每一种用户主动生成的内容——博客文章、

---

① K. Cummings, "'But We Still Try': Affective Labor in the Corporate Mommy Blog," *Feminist Media Studies* 19 (2019): 38-52.
② 徐婧、孟繁荣：《数字化抚育："妈粉"媒介实践中的"母职"再造》，《新闻大学》2021年第11期，第59~74、123~124页。
③ 杨金馨：《"被绑架"的社交媒体用户——从数字劳工的角度浅析微博上的明星黑粉》，《视听》2020年第11期，第137~138页。
④ 陈新民、雷晨琅：《数字劳动与自我建构：粉丝参与的二重性》，《新闻与写作》2021年第3期，第54~61页。
⑤ C. Fuchs, S. Sevignani, "What Is Digital Labour? What Is Digital Work? What's Their Difference? And Why Do These Questions Matter for Understanding Social Media?," *Triplec-Communication, Capitalism & Critique* 11 (2013): 237-293.
⑥ 郑夏育：《当代西方数字资本主义时代的异化劳动》，《大连理工大学学报》（社会科学版）2022年第2期，第7~12页。

Meta 更新、推文或者被动生成的数字劳动，都以"控制论商品"的形式倍增。虽然这些数据是由用户创造的，但它们不受用户的控制，用户在如何及何时生成这些数据方面几乎没有选择，在如何使用这些数据方面也几乎没有发言权。从这个意义上讲，我们可以把这些数据的产生和使用描述为他们活动的疏远或疏远维度。[①] 由于象征性产品的使用价值和交换价值之间的特殊区分，用户与劳动产品疏远。产品脱离用户自身的控制，反而形成异己的、敌对的关系，形成对产品的异化。

劳动者与劳动行为本身相异化。在资本主义社会，工人的劳动归属于人格化的资本——资本家。对工人来说，劳动是为了满足自己生存的需要；而对资本家来说，为了利润才会去雇用劳动者进行劳动，看似"平等"的外壳下实则孕育着不平等和阶级差异。工人在这种劳动中只会否定自己，不能感到幸福和满足。并且只要这种强制性劳动一停止，他们就会逃避劳动。[②] 数字劳工的主要劳动工具是数字平台本身及用户的大脑。这些平台的拥有者是董事或公司，互联网和平台将用户的大脑、手、嘴、耳和语言工具化，实现对劳动工具的异化。社交媒体上的劳动对象是人类的体验和认知。这些经历最初是孤立的、私有的，彼此之间没有联系。在社交媒体上，他们可以被公开，并在社会上互相联系。通过注册，用户同意隐私政策和使用条款。

劳动者与他的类本质相异化。马克思认为，劳动是人自觉自愿的活动，是人在活动中追求自身与人的类本质相统一的实践活动。但是在资本主义生产条件下，劳动不再是人自觉自愿的活动，而变成了维持人的肉体存在的手段，这就意味着人变成了与动物一样的存在，人已经不是真正意义上的人，造成了人和人的类本质的异化。"异化劳动"把人类的生活魔化为维持生计的手段。这必然导致"人和人的类本质相异化"。[③] 在数字劳动语境下，数

[①] M. B. Andrejevic, "Surveillance and Alienation in the Online Economy," *Surveillance & Society* 8 (2011): 278-287.

[②] 蔡丽娟：《马克思异化劳动理论及其价值旨归》，《学理论》2021 年第 6 期，第 25~27 页。

[③] 余辉、刘晓鹏：《马克思异化劳动理论的出场语境、内涵布展与现实启示———基于〈1844 年经济学哲学手稿〉的解读》，《理论导刊》2021 年第 8 期，第 93~100 页。

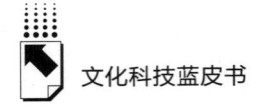

字劳工们的劳动是在数字资本的各种算法管理下,依照规定好的程序进行工作。无偿数字劳工开始时是自觉自愿地使用社交媒体进行社交,如上文所述,此种劳动被无偿转化为商品后也引发过激烈的网络争吵。在此情形下,无偿数字劳动的自觉自愿性大幅度下降,只是为了维持必要的社交被迫使用社交媒体。大部分有偿劳工的劳动则跳不出数字劳动是维持自己生活所需的框架。因此,从该层面上来讲,数字劳工与其类本质也存在异化。

人与人的异化,就是工人通过异化了的劳动,生产出一种与劳动者的劳动完全相反、无法调和的关系。数字劳工与自己及同类疏远,因为他们为了工作被迫使用数字平台,缺乏可行的替代方案。因为存在剥削关系,数字劳工与数字资本占用者首先形成对立关系;而数字劳工常常用"竞争"而不是"同事"来描述全球供应池中的数字工作者,担心其他工作者会抢走他们的客户。因此,工作供给和需求之间的不平衡造成了数字劳工之间及他们与其他劳工之间的对立。

虽然异化的发生是不可避免的,面对数字劳动异化带来的严重社会后果,如何揭露当代资本主义数字劳动的异化本质,进而超越数字劳动异化,构建有中国特色的和谐数字空间,已成为我国面临的重大现实问题。为此,可以从技术逻辑、制度逻辑和数字逻辑三个方面入手,协调推进技术价值观培育、数字命运共同体构建和数字生态建设,旨在把握数字劳动辩证逻辑的前提下,实现对数字劳动异化的超越,促进经济社会进步与人的全面发展。[①]

3. 研究演变

突现词是指出现频次在短时间内突然增加或者使用频次明显增多的关键性术语。关键词的突现反映了关键词在短时间内研究频次骤增的情况,代表某段时间内备受关注的领域。在关键词的基础上进行了突现分析,以探究该领域发展趋势及前沿动态。表 4($r=0.5$,最小持续时间 = 1)和表 5($r=$

---

① 陈红、邢佳妮:《数字劳动异化的表征、危害及其超越》,《海南大学学报》(人文社会科学版)2022 年第 2 期,第 1~8 页。

0.4，最小持续时间=1）分别用阴影部分显示了 2004~2022 年国外和国内研究文献中关键词爆发的持续时间。

由表 4 可以看出，国外研究的演变可分为三个时期：2012~2015 年，数字劳动研究逐渐兴起，研究侧重于马克思主义理论研究、信息资本主义、人际沟通、非物质劳动及数字劳动的异化等方面；2016~2018 年，研究聚焦不同的年龄群体、中国的数字劳动现状分析、不同的社交媒体中数字劳动的实证研究、数字劳动相关的技术、在线劳动力市场及数字劳动网络的构成和布局等；2019~2022 年，研究热点转为数字劳动的未来发展战略、零工经济、数字劳工的身份演变、Meta 等数字劳动平台、数字劳动衍生出的政治经济现象、数字劳动的划分、数字劳工移民、零工群体、工作场所的变化和数字劳工的自我感知及超级数字劳工等。

表 4　国外研究关键词突现情况（Top 24）

关键词	爆发强度	开始年份	结束年份	2004~2022 年
informational capitalism	2.35	2012	2018	
critical theory	1.67	2012	2018	
communication	1.59	2012	2014	
Karl Marx	1.76	2013	2015	
internet	2.05	2014	2016	
digital media	1.83	2014	2018	
alienation	3.52	2015	2018	
age	1.55	2016	2016	
self	2.47	2018	2019	
gig work	2.30	2019	2019	
strategy	1.58	2019	2019	
live streaming	1.58	2019	2019	
play	1.58	2019	2019	
future	1.58	2019	2019	
gig economy	4.79	2020	2022	
digital economy	2.22	2020	2020	
political economy	2.17	2020	2020	
worker	1.88	2020	2022	
facebook	1.59	2020	2020	

续表

关键词	爆发强度	开始年份	结束年份	2004~2022年
platform labour	1.56	2020	2022	
identity	1.56	2020	2022	
gig	1.56	2020	2022	
platform economy	2.48	2021	2022	
organization	2.39	2021	2022	

表5展示了国内的研究演变路径，2004~2017年，研究聚焦技术风险、劳动正义、异化、数字经济和劳工；2018~2020年，新的研究热点为受众商品、社交媒体、劳动的物质性、人工智能、算法、数字劳工和短视频；2021~2022年，研究热点转为数字技术、技术、劳动资料、数字劳工的自我呈现、资本逻辑及网络主播。这种研究的演变，体现了社会的发展对研究热点的影响。

表5　国内研究关键词突现情况（Top 18）

关键词	爆发强度	开始年份	结束年份	2004~2022年
技术风险	7.24	2004	2016	
劳动正义	6.89	2004	2016	
异化	6.19	2004	2016	
数字经济	3.22	2005	2014	
劳工	1.85	2015	2017	
受众商品	2.21	2017	2018	
社交媒体	3.06	2018	2020	
劳动的物质性	1.35	2019	2020	
人工智能	1.31	2019	2020	
算法	1.21	2019	2019	
数字劳工	4.22	2020	2020	
短视频	1.31	2020	2020	
数字技术	2.98	2021	2022	
技术	1.62	2021	2022	

续表

关键词	爆发强度	开始年份	结束年份	2004~2022 年
劳动资料	1.22	2021	2022	
自我呈现	1.22	2021	2022	
资本逻辑	1.22	2021	2022	
网络主播	1.22	2021	2022	

二 研究结论及未来展望

（一）研究结论

本报告基于 CiteSpace 软件和 Web of Science，使用文献计量学方法，对 2004~2022 年有关数字劳动的文献进行可视化分析，分析了数字劳动的发文趋势、主要研究国家、研究机构、研究期刊和核心作者，同时对研究领域、研究热点及研究演变和新兴趋势进行了探索。这为未来该领域的研究提供了一定的方向和参考。

中外关于数字劳动的文献最早均发表在 2004 年，国外的研究发展早于国内，2014 年开始稳步增长；国内 2017 年的发文开始逐渐增多且在 2020 年开始大幅超过国外。在外文文献中，美国、英国、澳大利亚、加拿大、德国发文较多，威斯敏斯特大学、英国牛津大学和 BI 挪威商学院是发文较多的机构，发文量位居前三的作者是 Christine Fuchs、Mark Graham 和 Christian Fieseler。国内发文较多的机构是哈尔滨工程大学马克思主义学院、复旦大学新闻学院、中国人民大学新闻学院、南开大学经济学院和福建师范大学传播学院。发文量位居前三的作者是吴鼎铭、姚建华、孙萍和胡莹（并列第三）。该领域目前研究合作度不高，未来需加强国家、机构、作者之间的合作，形成较强的合作网络。

数字劳动、数字劳工在国内外文献中均是研究热点。除此以为，国外

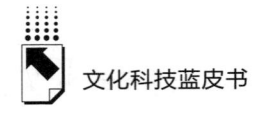

研究的热点为社交媒体、零工经济、数字劳动与政治、数字劳动平台等；国内的研究更关注数字经济、异化、劳动正义和数字资本及数字技术风险。中外文献研究数字劳动的主要领域有交叉也有不同。按照重要性来排序，国外文献研究主题依次是数字劳动、零工经济、数字劳工、社交媒体、合作工作、平台劳动、工作场所灵活性和数字资本；国内文献研究主题依次是数字经济、数字技术、数字资本、数字劳工、异化、劳工、平台经济和社交媒体。数字劳动研究聚焦数字劳动、数字劳工、数字平台、社交媒体和异化5个方面。从研究演变来看，国外早期研究主要集中在信息资本主义、批判理论、传播学、马克思、互联网、数字媒体和劳动异化等方面。国内研究早期聚焦技术风险、劳动正义、异化、数字经济和劳工。2018~2020年，受众商品、社交媒体、劳动的物质性、人工智能、算法、数字劳工和短视频成为新的研究热点。数字经济、数字技术、零工经济、数字劳动力平台、数字劳动力自我感知和超级数字劳动力是未来国内值得关注的研究重点。

（二）未来展望

马克思认为，异化是剥削的必然产物，只有彻底消灭剥削，实现共产主义才能消除异化。而在现阶段，我们既要尊重马克思主义理论，但也要跳出剥削范式，从社会学、政治学、法律等角度研究数字劳动，认识到其在社会政治和经济发展中的积极作用。

随着全球化和网络化的发展，全球数字资本市场形成，各个国家都积极参与其中。通过全球在线劳动力市场，数字服务实现了跨国流动，降低了因阻碍国际实际移民的法律障碍和其他摩擦而导致的低效率成本，让数字劳工能随时随地获得工作，尤其是对贫困地区的劳动者起到了积极的作用。2012年马来西亚政府的"数字马来西亚"计划，旨在让收入最低的40%的人能利用数字劳动来维持生计，官方目标是到2020年，让34万名数字劳工为马来西亚经济贡献22.3亿马来西亚卢比（约合5亿美元）。尼日利亚通信技术部在2013年春天启动了"微工作创造就业——Naijacloud"计划，明确目标是"通过微平台减少失业和创造财富"。[1] 东亚白领服务工作"离岸外包"的增长，促使廉价的数字劳工从日本流向中国大连 IT 园区，为远在日本的客户服务。这既增加了日本劳工的就业机会，也节省了在日本工作的成本。[2] 一些发展中国家的政府目前正在启动面向对象的培训计划，如巴基斯坦贫困地区在线工作培训项目，使边缘化群体能够获得数字生计。研究者提供了一个新的视角来理论化数字劳动力与社会经济发展之间的联系。[3]

具体到中国语境，研究者也指出当下如火如荼的数字工作如网红直播、电商助农、电竞从业者、数据标注参与者等需结合复杂的内在经济、政策、文化和动态，从数字劳工的主体性和能动性来加以关注。[4] 就中国数字劳动而言，我们也真切地体会到电商、直播、微信、微博等社交媒体对社会进步的积极作用。

另外一些研究者聚焦如何从政治经济和法律层面关注和维护数字劳工的权益：Chen 等通过在中国三个城市进行的实证调查，深入研究了数字经济领域员工的社会保险和劳动权利，揭示了数字劳动力市场的新监管漏洞，提出社会政策在数字领域的配置需要新的概念模型和制度设置来应对虚拟空间中日益增加的社会风险[5]；Graham 等对撒哈拉以南非洲和东南亚数字工作者的多年研究，指出有一系列风险和成本过度影响了数字工人的

---

[1] M. Graham, I. Hjorth, V. Lehdonvirta, "Digital Labour and Development: Impacts of Global Digital Labour Platforms and the Gig Economy on Worker Livelihoods," *Transfer-European Review of Labour and Research* 23 (2017): 135-162.

[2] K. Kawashima, "Service Outsourcing and Labour Mobility in a Digital Age: Transnational Linkages between Japan and Dalian, China," *Global Networks-A Journal of Transnational Affairs* 17 (2017): 483-499.

[3] F. Malik, B. Nicholson, R. Heeks, "Understanding the Development Implications of Online Outsourcing," Paper Presented at the 14th IFIP WG 9.4 International Conference on Social Implications of Computers in Developing Countries (ICT4D), 2017.

[4] 夏冰青：《数字劳工的概念、学派与主体性问题——西方数字劳工理论发展述评》，《新闻记者》2020 年第 8 期，第 87~96 页。

[5] B. Chen, T. Liu, L. Guo, Z. L. Xie, "The Disembedded Digital Economy: Social Protection for New Economy Employment in China," *Social Policy & Administration* 54 (2020): 1246-1260.

生计，指出认证计划、组织数字工人、监管战略和在线劳动力平台的民主控制可以用来改善数字工人的生计[1]。这些研究启发我们数字劳动要从经济学、政治学、社会学、传播学等多学科、多角度来进行，丰富和拓展其研究内涵和外延。

---

[1] M. Graham, I. Hjorth, V. Lehdonvirta, "Digital Labour and Development: Impacts of Global Digital Labour Platforms and the Gig Economy on Worker Livelihoods," *Transfer-European Review of Labour and Research* 23 (2017): 135–162.

技术创新篇

Technical Innovation Reports

B.5 区块链、元宇宙及文化科技融合的趋势展望

罗 丹*

摘　要： 作为一种底层技术，区块链衍生出了数字加密货币及NFT等多种产品。它既是科技的创新，也是未来金融科技的一种新趋向。区块链亦是一种社会文化的思想，它有关分布式网络架构的思维可视作互联网时代"去中心化"趋向的技术表达。基于区块链所建构的元宇宙，是未来世界在虚拟时空的主流表达，这种建构体现了后人类社会时代中科技与文化融合的新趋向。

关键词： 区块链　元宇宙　加密货币　NFT　文化科技融合

---

* 罗丹，西南交通大学研究员。

2015年以来，原本作为技术冷僻词的"区块链"（block chain）越来越多地涌入公众视野，并成为颇受热议的社会及文化现象。公众基于区块链的最直接认识可能源于如火如荼的比特币（bitcoin）。事实上，比特币、以太坊等加密货币不过是对区块链技术的一种应用场景的开发，作为底层技术的区块链是一个全球性的、安全的、点对点的网络。可以说，正因为有了区块链的技术支持——从数据包到区块，中间有一个加密的哈希值计算，到区块之间的链接，元宇宙（metaverse）才有可能真正从概念转化为一种虚拟的现实。反之亦然，区块链与元宇宙的相生关系中，后者对前者的发展和应用至关重要，其中的一个表现就是元宇宙的数字资产规模很可能在短时间内超越物理世界。

一 近代以来 IT、ICT 发展简史

将区块链、元宇宙置于人类科技发展史乃至人类文明史之中去观照极其有必要，科技在人类文明史中扮演着重要角色，孕育着文化的种子和传承。科技既是文化的孵化器，更是文化传承必不可少的工具。这种科技史的视角超越了单一学科的视域限制，为我们重新定位当下科技文化发展的阶段起到巨大作用。

近代通信和信息科技的发展在 19 世纪中叶初见端倪，共经历了 IT/ICT 早期时代、机器时代（大型机器时代、小型机器时代）、微机时代、互联网时代[①]共计四个历史时期，其时间跨度大致为 1844~2017 年。换言之，第二次工业革命以来至 2008 年都可以视作区块链的史前史阶段。以下对这四个历史阶段和标志性事件做简要梳理。

1. IT/ICT 早期时代（1844~1946年）

1844 年后，人类社会已经进入了电气时代。1844 年，采用摩尔斯码发出了人类历史上第一份电报，首次实现了远程通信，也是密码学在通信领域

---

① 赵国栋、易欢欢、徐远重：《元宇宙》，中国出版集团、中译出版社，2021。

的重要应用。1848年之后的半个世纪，电磁波和无线电技术以及电话的发明，将远程通信变成一种现实。人类时空的界限被缩短和超越，空间的概念因技术得到重新反思。迈入20世纪后，真空二极管和三极管的诞生，标志着人类科技进入电子时代。二极管具有单向导通性能，三极管具有放大信号的特性，成为电子元器件的核心元件。20世纪初，第一台收音机的诞生和贝尔电话都是当时通信领域大发展的标志性事件。1939年第一台黑白电视机在美国诞生更标志着一个电视传媒时代的开启。图灵于1936年提出了图灵机的理论模型，给出了计算机应用的主要架构，定义了自动可行的计算概念。在此时期，谐波分析仪、失真分析仪、音频振荡器等电子元件被越来越广泛地应用于工业生产领域。此时期出现了一些代表企业，即IBM、美国无线电公司、贝尔实验室、美国电话电报公司等。贝尔、图灵、摩尔斯等是这一时期的标志性人物，他们的研究揭开了电子元器件时代和IT与ICT（信息通信技术）时代的序幕。

2. 机器时代（1946~1974年）（大型机器时代与小型机器时代）

1946年第一台通用计算机ENIAC诞生，验证了电子管的技术路线。同年蜂窝移动通信技术概念的提出，正式开启了移动通信产业的应用。1947~1948年，晶体二极管和三极管被发明后，很快取代了真空电子管技术，这意味着一个半导体新时代的到来。1957年，美国仙童半导体公司成立，开创了半导体工业，一举成为硅谷的灵魂代言。1968~1969年，13家半导体公司在美国北加州创立，其中8家由仙童的前员工创办，可视作仙童系的技术衍生企业。

在机器时代，IT领域实现了初步发展，此时以服务器和台式计算机为主。该时代又分为两个时代——大型机器时代和小型机器时代，前者主要是指20世纪六七十年代，后者主要指的是20世纪80年代后。大型机器的代表是Burroughs、UNIVAC、NCR、Control Data和Honeywell等公司，而小型机器的代表是DEC、IBM、Data General、Wang、Prime等公司。1970年，电子邮件和B语言被发明，并出现了基于B语言的UNIX操作系统，Forth编程语言也开发完成，这是人类第一个高级编程语言。1972年，C语言诞

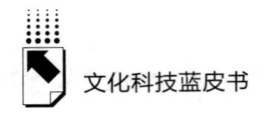

生,并相继衍生出 C++、Java 等计算机语言。简而言之,IT 领域的小型机器时代的核心技术体现在计算机语言的迭代和微处理器 4004 的运用上。

3. 微机时代（1974~1994年）（亦可称作微处理器和个人机时代）

1974 年,惠普生产了第一台基于 DRAMs 的微机,提升了计算效率。1977 年,甲骨文（Oracle）数据库建立。20 世纪 80 年代,IBM 和苹果公司加速了微机时代的迅猛发展。1981 年,Apple Ⅱ 实现了人人有计算机的梦想,同年 IBM 的 PC XT 问世。1982 年,康柏推出了第一款手提电脑。相应地,计算机软件领域亦在突飞猛进,MS-DOS 和 AutoCAD 为微机提供了广泛的行业应用场景。1985 年,微软发布了 Windows 1.0 操作系统,开启了微机时代人机关系的视窗时代。

微机时期的发展以微机及其软件发展为主,同时酝酿着互联网时代的到来。1980 年,以太网作为应用最普遍的局域网技术出现,而 TCP/IP 协议正式全面启用。1984 年,多协议路由器由思科公司提出,加速了信息网络的搭建进程。同年,NS（Name Server）域名服务器发布,此时的互联网初见雏形。1989 年,HTTP（超文本传输协议）和 HTML（超文本标记语言）被写出,1990 年第一款浏览器万维网（World Wide Web）出现。它的特点是可以兼容 UNIX 和 DOS 系统,但还不支持图片的显示。1990 年,美国网络硬件公司 Kalpana 推出了第一台网络交换机,而 ARM 微处理器的产品不只支持微机,还遍布各类通信和电子产品中。

在 ICT 领域,1984 年的光刻技术为集成电路的发展提供了关键的技术支撑。1987 年台积电开创了晶圆代工模式,同年华为技术有限公司成立。1988 年,精简指令集芯片（RISC）的技术实现了商业化,至今仍然作为高级服务器在应用。1993 年,NVIDIA 创立,同时期的代表企业还有 ARM 和 Qualcomm、LQSS。

4. 互联网时代（1994~2017年）

互联网诞生以来,已经全方位地介入政治、经济、文化、社会乃至日常生活的各个角落。它不仅是一次技术的日常化渗透,更体现了一种互联网文化甚至是对人的生活方式的重新界定。麦克卢汉所谓的冷媒体、热媒体在互联网时代得到了完美的诠释，人类也由此正式进入了"数字化生存"新纪元。广义的互联网时代大致分为四个时期：基础建设时期、PC 互联网时期、移动互联网时期、元宇宙时期。本节的互联网时代针对 IT/ICT 的发展史，主要指的是 PC 互联网时期和移动互联网时期。至于第一阶段即基础建设时期（1969~1993 年）仅做简要介绍。这一时期就 ICT 领域而言，1G~2G 通信规格得以建立；在 IT 方面，TCP/IP、HTML、MIME、WWW 等一系列的协议和标准得以创建，这为后一时期互联网的迅速普及提供了支撑。

真正意义上的互联网肇始于互联网技术的广泛商用阶段和社会化，始于 1994 年。PC 互联网时期大致发生于 1994~2010 年。其中，1997~2002 年被称为 PC 门户阶段；2002~2007 年被称为 PC 搜索阶段。2003~2010 年可以视作 PC 电商与社交阶段。在 PC 门户阶段，雅虎的出现代表了这种传统的门户模式出现，这时候的互联网主要是满足人们对信息的需求，新浪和搜狐在国内应运而生。PC 搜索阶段的代表是谷歌和百度，后者在此后一跃成为全球最大的中文搜索引擎。PC 电商与社交阶段、PC 搜索阶段并不呈现时间的递进性，它们几乎是同步展开的。亚马逊、阿里巴巴、Facebook、Twitter、YouTube 在这一时期登上了历史舞台，这也给传统的媒体带来一定的冲击和革新力量，从社交、消费等多个场景展现着互联网技术的便捷性，互联网企业向服务转型，如淘宝、支付宝和 58 同城。

移动互联网时期的主要发生时段为 2011~2017 年。前期侧重于移动社交的应用开发，伴随 iPhone 的发布，此时的互联网走向繁荣。截至 2011 年，开心网、人人网、微博等社交网络服务（SNS）的 3G 用户数量达到 1.28 亿，三大电信运营商加速发展无线化应用技术 WLAN。3G 和 Wi-Fi 的普遍覆盖说明中国移动互联网已经进入了快速发展阶段。[1] 2011，微信上线，并与传统的社交应用 QQ 形成了竞争关系。移动互联网在 2012~2017 年的形式可以归纳为"互联网+"，体现在互联网与传统行业的融合上。2013

---

[1] 邢杰等：《元宇宙通证：通向未来的护照》，中国出版集团、中译出版社，2021。

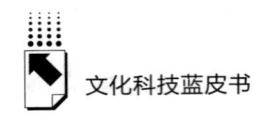

年第四代移动通信系统4G出现,此后以视频及短视频为代表的App大规模涌现,越来越多的应用着重在移动终端上开发App。

二 元宇宙前传:作为基础设施的区块链(2008年至今)

严格来说,区块链的发展时期和移动互联网时期有一定的重合。区块链技术为元宇宙的实现提供了可能,而区块链自身的发展史也是需要被给予关注的,因为它建基于密码学、分布式网络、IT、ICT的相关技术之上。区块链的分类大致有四种标准,分别是网络范围、部署环境、对接类型和应用范围。按照网络范围分,区块链有三种——公有链、私有链和联盟链;按照部署环境分,区块链有主链和测试链;根据对接类型分,区块链有单链、侧链、互联链三类;按照应用范围分,区块链有基础链和行业链。

迄今为止,区块链的发展主要经历了五个阶段(注意:五个阶段并不是严格的迭代关系,而是存在一种技术的互嵌)。它们分别是去中心化账本、去中心化计算平台、去中心化金融(DeFi)、非同质化代币(NFT)、元宇宙的基础设施。[1]

1. 去中心化账本

这一阶段,区块链技术和加密货币形成了共生关系,比较局限在加密货币的技术应用领域,最著名的例子就是比特币等加密货币的诞生。2008年11月,比特币的概念被首次提出,它被表达为一种点对点的电子现金经济激励模型。2009年1月,比特币的第一个创世区块被挖出,2月中本聪开发了第一个比特币核心钱包Bitcoin-Qt,在此期间链式结构、分布式账本、加密算法和POW共识机制是其主要的技术特征。饶有趣味的是,比特币的出现要先于区块链概念的提出,2010年7月有关区块链的概念才被正式提出。

---

[1] 〔美〕阿尔文德·纳拉亚南等:《区块链技术驱动金融:数字货币与智能合约技术》,林华、王勇译,中信出版社,2016。

2010~2013年是以比特币为代表的加密货币加速发展的时期。

以比特币为例，其产业的上中下游已形成并交互发展。上游围绕比特币的生产，如矿机的生产、矿场的建设和矿池的经营等。2013年1月，嘉楠耘智发布了第一台商用比特币矿机"阿瓦隆"，4月中国最早的比特币矿池F2Pool鱼池成立。中游指比特币的交易，主要涉及交易所的成立（如2012年通用货币兑换商OpenCoin的成立），比特币越来越成为一种"金融+科技"现象。下游是比特币的应用和存储，如支付方式及其支持平台。

2. 去中心化计算平台

其最著名的应用便是以太坊的诞生。它对区块链的发展具有开创性的意义，使得区块链不局限在数字加密货币的领域。就其技术特征而言，它凭借一套图灵完备的编程语言Solidity，让用户可以自主开发DApp，并构建了去中心化的数据库。从这个意义上说，以太坊便是真正意义上的去中心化计算平台。以太坊的出现，掀起了DApp的浪潮，带动了ICO的蓬勃发展。

3. 去中心化金融（DeFi）

它的应用场景是相对于传统金融运作模式的中心化而言的，从这个意义上说，去中心化金融在理念和实践上挑战了传统的金融运作系统。其目标是建构一个更透明化的金融系统，而不依赖第三方机构便可满足金融的需求。2018年11月去中心化交易所Uniswap正式上线，2020年以太坊2.0启动，同年分布式共享虚拟平台Decentraland正式上线，香港发放首个加密数字货币牌照，而与此同时我国基于区块链的跨境人民币贸易融资转让平台也上线了。2020年10月，支付巨头PayPal宣布支持加密货币支付。简而言之，区块链的去中心化已经与传统金融领域实现了互嵌，由于国内外政策的不同，多数加密货币或交易平台在国内未得到承认甚至被认为是非法的。然而，不可否认的是，2020年以来区块链被我国纳入了新基建进程，央行的数字货币（DC/EP）试点正式投入研发和推广。2021年1月，我国发布了长安链，它是我国首个自主可控的区块链软硬件技术体系。DeFi在点对点的支付基础上衍生出各种金融业务，换言之它自身具有再生产和衍生的能力，可视作一个动态的开放系统。其初衷虽然是摆脱银行等传统金融的中心化地位，但

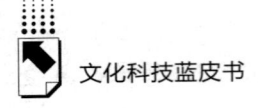

就支付和清算系统而言，它更快捷，在移动终端上易于获取，其开源性便于审计和提升透明度。

4. 非同质化代币（NFT）

NFT 是区块链应用的第四阶段。NFT 是一种非同质化资产，不可分割和独一无二是它的两个重要特性。在现实世界中，现代多数金融资产和合约都是标准化的，标准化也是现代金融产品和资产的一个重要特性。它的存在改变了传统虚拟商品的生产和交易模式，创作者可以直接生产虚拟商品，交易虚拟商品。迄今为止，NFT 与数字艺术的创作、流通、交易和消费息息相关。2021 年 4 月，全球首家大型综合类 NFT 数字资产交易平台云币 Yunb 上线，首家交易所 Coinbase 公开上市。2021 年 3 月，加密艺术家 Beeple 的 NFT 加密数字艺术品在佳士得拍卖中拍出 6900 万美元的天价，这彻底掀起了 NFT 的热潮。这种基于区块链的数字艺术品凭证保证了虚拟产品的确权。围绕着 NFT 数字收藏品、游戏资产等的流通，OpenSea 这类交易平台保障了 NFT 作为资产的交易，近年来的一种新趋向是 NFT+DeFi，即围绕 NFT 的信贷和金融业务，如 NFT 指数。

5. 元宇宙的基础设施

作为元宇宙（有关元宇宙的内容详见下文）基础设施的区块链，其所代表的去中心化技术使得它作为元宇宙的重要技术支撑而存在，而其中的 NFT、DAO、智能合约、DeFi 等具体应用，可以在元宇宙的框架内进行自我衍生和迭代，更新海量内容。换言之，区块链的发展必然催生着元宇宙的构建，同时元宇宙为区块链的自我衍生和迭代提供了必不可少的生态支撑。

三 元宇宙：后人类社会的一种真实

元宇宙（metaverse）的提法最开始出现于尼尔·斯蒂芬森（Neal Stephenson）的科幻小说《雪崩》（*Snow Crash*）之中。它可以被理解为一种人类数字化生存的高级形态。作为互联网时代发展的最终归宿，它是一个整体性的、自洽的经济、文化、社会治理系统。

作为与现实的物理世界平行且交织的虚拟世界，它虽然根植于区块链技术、物联网技术、网络及运算技术、人工智能技术、电子游戏技术及交互技术，但其深层的逻辑内涵是数字世界对物理世界的全面内嵌。它并不是简单地作为物理世界的平行时空，而是强调了两者的交织与互动，其中人是关键的纽带。

长久以来，在西方的哲学传统中，一种观念盛行已久——知觉和科学的关系就好比表面现象与真正现实的关系。以理性为代表的科学是真理的领域，而感性之物在科学中是被扬弃的。由此，有了柏拉图对于洞穴的隐喻，有了康德对于"物自体"的阐述，有了他对现象界/理智界的范畴划分。康德认为，理论理性关注现象，实践理性关注物自体，两者在不同的理性作用下运行。换言之，人类不具备认识物自体的能力。[1] 按照梅洛-庞蒂有关知觉现象学的阐释，生活世界与科学存在着对立。而知觉现象学提倡一种对知觉世界的复苏，这种复苏重视具身性，将身体视作人与世界联结的入口，艺术和知觉引导我们去接近自足和真实。[2]

哲学和艺术通过对身体、知觉、感性、主体间性的强调引导一种打破日常与科学界限、打破现象与物自体区隔的认知革命。然而，真正在科技层面指向对物理世界绝对知识颠覆的运动正在发生于科技领域——元宇宙。元宇宙没有把物理世界和虚拟世界区别看待，而是从人的感知出发，认为它们都是一种真实——虚拟的真实也是真实，并强调两者的互动和互嵌。

在元宇宙的世界观构建中，共创、共享、共治是其基本的价值观。元宇宙的原居民 M 世代在其中娱乐、生活乃至工作，这个虚拟的时空不是对物理世界的简单映像，它区别于物理世界但又与其交织，具备自生产性。诸如在 Roblox 中，已经呈现元宇宙的诸多特征。其核心是数字创造、资产、货币、交易和消费，似乎已经覆盖了现实世界中的消费—生产—流通—再生产的全流程。就这点而言，一种元宇宙的经济学呼之欲出，如果按照鲍德里亚的理解，这是符号政治经济学在虚拟世界的再次印证。作为超真实的元宇宙

---

[1]〔德〕康德：《纯粹理性批判》，蓝公武译，商务印书馆，2012。
[2]〔法〕莫里斯·梅洛-庞蒂：《知觉的世界：论哲学、文学与艺术》，王士盛、周子悦译，江苏人民出版社，2019。

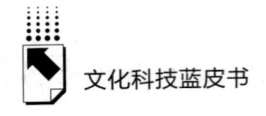

已经超越了拟象（simulation），它更像是一种自为的现实存在。①

元宇宙亦代表着一种文化，史蒂文·斯皮尔伯格导演的电影《头号玩家》已经为我们勾勒了未来世界和后人类社会一种可能的生存方式。在那个叫作"绿洲"的世界中，有形形色色的人，有婆娑万千的世界，有身体对于色声香味触的真切感受，真实和虚拟的界限在消弭，而两者的区别在元宇宙和物理世界的交织与切换中变得越来越不具备实践理性的意义。《雪崩》中的每一位居民都有一个网络分身（avatar）。《雪崩》之中的用户以这种分身处在这个元宇宙的虚拟时空——一种持久的、共享的三维虚拟时空中。这不仅是一个游戏的时空，更是人们生活和工作的沉浸式时空。这对基于现实世界所发展的哲学和世界观构成了一种挑战：我们需要重新去思考存在与虚无、存在与时间、性善论与性恶论、世界本体、认识论、结构主义、解构主义等诸多议题。

韩炳哲在其一系列的文化及哲学论著中提及"他者的消失"、"美的救赎"、透明社会、爱欲之死、平滑世界等诸多对现实世界批判的议题。② 简而言之，他的一个根本出发点是由于他者的消失，过去基于他者在场的哲学议题似乎要拿出来重新检讨，我们面对一个无穷自我指涉的新世界该如何自处？然而，问题来了，他还没来得及关注一个更急迫的问题：元宇宙来了。作为一种现实—虚拟—现实的实体，又该如何思考自我与他者的问题？从这个角度说，元宇宙不仅是科技和文化的融合，更带来了一个新的问题——文化科技融合如何让我们重新界定自我？

四 余论：元宇宙带来了什么？

元宇宙目前仍然作为一个概念被提出，但它为未来科技与文化的融合，甚至数字经济等诸多领域开启了一个新世界，其价值类似于一种"新大陆"

---

① 〔法〕让·鲍德里亚：《符号政治经济学批判》，夏莹译，南京大学出版社，2014。
② 〔德〕韩炳哲：《他者的消失》，吴琼译，中心出版集团，2019。

的发现。这必然会带来技术的突飞猛进和迭代，带来对传统文化的再反思和重塑。传统文化基于物理世界，而元宇宙文化基于符号的虚拟空间，两者的交织又会带来哪些数字文明的新血液？

作为一种叙事的元宇宙，其价值不等同于故事。按照《叙事经济学》的观点，故事拥有一定自我实现的能力。换言之，故事不只是故事，故事拥有成为事实的能力和趋势。[1] 元宇宙所依托的六大支撑技术——区块链、交互、电子游戏、人工智能、网络及运算、物联网在其各自的细分领域亦会取得长足的发展。

区块链之中的 NFT、DeFi、DAO、去中心化交易所等在元宇宙中会继续扮演着重要角色。而交互技术亦会在其中持续迭代升级，为用户提供沉浸式虚拟现实体验并不断深化这种感知交互。这就涉及 VR/AR/MR 和全息影像技术、脑机交互、传统技术的大发展。就电子游戏技术而言，它作为一种元宇宙的呈现方式，为元宇宙提供了创作平台。交互内容和社交场景的再生产，在游戏引擎、3D 建模和实时渲染等多方面亦是开源的。AI 为元宇宙提供了应用场景，在计算机视觉、机器学习、自然语言处理和智能语音等诸多领域皆有很大的发展空间。而网络及运算技术主要体现在 5G/6G 网络、云计算、边缘计算等，通信网络和云游戏的发展更加夯实了元宇宙的网络层基础。物联网技术关乎元宇宙与物理世界的链接，是最终实现万物互联愿景的重要技术支持。

技术不只是技术，元宇宙不只是概念和愿景，它更是一种在到来的未来。我们对于这个问题的探讨也应该是开放式的，"时间的玫瑰"总会给我们答案。

---

[1] 〔美〕罗伯特·希勒：《叙事经济学》，陆殷莉译，中信出版集团，2020。

B.6
元宇宙产业发展及分析报告

高 昱*

摘　要： 本报告考察的元宇宙话题是当今科技市场最前沿的发展方向之一。元宇宙相关的科技产业与互联网产业是近几年引入投资最多、异军突起的产业。疫情发生以来，由于居家隔离方式的大力推广，对线上各种活动更进一步的沉浸需求无形中推进了元宇宙产业大步流星的突破。不同于以往线上互联网平面窗口式的连接，元宇宙更多的是利用尖端的增强现实（AR）与虚拟现实（VR）技术试图给用户带来更为立体的全面沉浸式体验。本报告运用文献法与参与观察法，阐述元宇宙兴起的背景、概念与特点以及市场前景。目前元宇宙尚在全面基建的雏形阶段，其依赖的六大核心技术皆处于早期技术瓶颈阶段。这六大技术是区块链技术、交互活动技术、游戏思维技术、人工智能技术、网络技术和代币经济技术。根本原因在于元宇宙庞大的虚拟内容的建模与交互需要更高的技术要求支撑才能带给用户沉浸式的真实体验。本报告试图通过分析近几年元宇宙产业迅猛发展的原因，了解当前科技前沿趋势，并且根据目前元宇宙在我国的情况，提出大力发展数字经济带动其他产业以及加强政府监管的政策建议。

关键词： 元宇宙　增强现实　虚拟现实　数字经济

---

* 高昱，德国汉堡大学汉学系博士研究生，研究方向为文化人类学和中国研究。

一 背景介绍

自 2021 年初罗布乐思（Roblox）公司上市元宇宙第一股，脸书（Facebook）的总裁扎克伯格（Mark Zuckerberg）宣布要将脸书改名为元（Meta）以来，元宇宙就成了最火爆的关键词。[1] 在国内，这体现在从 2021 年下半年开始，元宇宙相关的产业投资等科技股票各种疯涨。[2] 元宇宙世界的去中心化地区（decentraland）里面的地产也是水涨船高，连会计师事务所普华永道、JP 摩根等大鳄公司都在里面买地抢占先机。[3] 其实扎克伯格试图打造元宇宙帝国的计划并不是心血来潮，早在 2014 年 Facebook 买下虚拟现实硬件设备的主要生产公司 Oculus 就应该有所布局。那么元宇宙到底是什么呢？它有哪些特点？未来在国内的市场前景又将如何？

二 元宇宙的由来

作为一本早在 1992 年就问世的科幻小说《雪崩》，作者就能在其中相当细节性地描绘了三十年后的虚拟现实技术与增强现实技术全面普及的世界，被称作"Metaverse"（当时的中文小说将其翻译成"超元域"。Meta 是希腊词语，含义是"超越"，verse 是宇宙 universe 的后缀）。小说里面政府因为经济崩溃实际上沦为为科技巨头财阀打工的信息外包组织。各方财团的特许城邦——崛起，类似小型国家，并且使用机器人作为警察。里面的超元

---

[1] 详见 https：//www.cnbc.com/2021/03/10/roblox－rblx－starts－trading－at－64point50－after－direct－listing.html，以及 https：//www.cnbc.com/2021/10/28/facebook－changes－company－name－to－meta.html。
[2] 《元宇宙板块暴涨，聊聊扎堆儿的几大流派》，网易，2021 年 11 月 7 日，https：//www.163.com/dy/article/GO6L30I605373A15.html。
[3] Kate Birch，"PwC, JP Morgan, Samsung-buying land in the metaverse," Accessed February 19, 2022, https：//businesschief.com/technology-and-ai/pwc-jp-morgan-samsung-buying-land-in-the-metaverse.

域是由电脑生成的虚构空间世界，人类可以通过专用目镜进入这片天地，通过耳机听见声音。没有电脑的人可以其他方式进入超元域，比如通过公用电脑或是利用学校或雇主的终端。在里面，每个人都能拥有自己的虚拟人物形象（avatar），他们生活在里面，做着各种事情。根据经济的投入，每个人的虚拟形象和使用设备的权限也是不同的，除非里面的物件是依靠自己编程制作的。例如，如果经济有限，那么人物形象就是黑白的，而且只有有限的表情可以选择。消费能力强则可以拥有彩色酷炫的形象，以及各式各样的人物表情、发型、妆容以及服装。以此类推，房屋、家具等也是按标的物价格进行购买。该小说是相当具有预测以及前沿性质的。① 当然也不排除或然性是后来的技术专家根据小说描绘的世界，并作为想要达到的目标理想，打造了现在的"元宇宙"（Metaverse）。最开始在商业界使用这个词的是罗布乐思公司的总裁巴斯祖基（David Baszucki），他在2021年1月的一次访谈中表示，最初用Metaverse这个词的想法就是让所有的虚拟世界都联系起来，打造这样一个元宇宙。② 他定义的元宇宙涵盖八大区域：身份（identity）、社交（friends）、沉浸（immersive）、随地（anywhere）、低延迟（low friction）、内容多样化（variety of content）、经济体（economy）以及安全系统（safety）。③ 罗布乐思公司不直接做游戏，它只为用户提供自行设计游戏的在线平台，用户可以在里面设计自己的游戏再呼朋结伴来玩，定位于用户生成内容（UGC）。这使得它天然地具有社交属性，用户数量也是呈几何级增长。到了2021年10月，扎克伯格直接将这个词的前缀Meta作为Facebook的新名字，足见扎克伯格对这个方向发展前景的信心。元宇宙（Metaverse）在维基页面上的介绍是"注重社会连接的3D虚拟世界的网络"，这个定义非常简略。④ 根据扎克伯格在YouTube上的视频介绍，总结起来元宇宙将会

---

① 〔美〕尼尔·斯蒂芬森：《雪崩》，郭泽译，四川科学技术出版社，2018。
② https://venturebeat.com/2021/01/27/roblox-ceo-dave-baszucki-believes-users-will-create-the-metaverse/.
③ Liew Voon Kiong, *Metaverse Made Easy*：*A Beginner's Guide to the Metaverse*：*Everything You Need to Know about Metaverse*，*NFT and GameFi*（Independently Published, 2022），p. 101.
④ https://en.wikipedia.org/wiki/Metaverse#cite_note-：032-1.

是移动互联网的下一代继承者，计划是构建比照真实世界映射的数据平行世界，里面将会有各种各样的设施环境，可以将其看作能够用各种穿戴设备进入的交互世界，它与现实世界高度呼应，就像是可以沉浸式体验的互联网。[1] 近年来的电影《头号玩家》（*Ready Player One*）、《失控玩家》（*Free Guy*）等都对这样的交互世界有比较细致的刻画。

三 元宇宙全定义

扎克伯格进一步介绍，元宇宙的理念是突破空间的距离，目的在于充分实现互动的在场性（presence）感受。这种感受不再是仅仅局限于电脑与手机的小屏幕尺寸框架，而是能够充分把握住真实交往互动下陪伴参与的细节，比如对同一空间真实分享性的感受，连最细节的眼神交流都是可以呈现的。换言之，这将会是嵌入式互联网（embodied Internet），人们能真正经历（experience）互联网中的一切，而不只是观看而已。那么为了实现这一目的，最重要的功能就是运用技术将不同空间的人传送（teleport）到同一空间，使他们充分感受到在场性。这就是元宇宙最基本的架构设想。其中虚拟现实技术和增强现实技术是被最普遍运用的技术。虚拟现实技术可以彻底改变身边的环境，带来沉浸式体验。增强现实技术多数是运用在真实的物理环境下，实现与元宇宙平台的自由切换。现阶段，元宇宙还是处于基本平台设施搭建的状态。Meta 正在开发的 Horizon 平台，作为最基础的环境应用，其中包括默认的待机模式 Horizon Home、能够自由搭建自己喜欢的场景模式，以及 Horizon Workplace，用于工作场景。其他计划包括进一步开发 VR 版的 Messenger 用于元宇宙内的社交。类似科幻小说里面的平行宇宙，到时候的世界将会有多个层次，极大地丰富人类体验，并且个体能够运用各种技术很轻易地就把很个人的切身体验分享给其他人。在技术

---

[1] 见扎克伯格介绍 Metaverse 的视频，https：//www.youtube.com/watch？v = Uvufun6xer8&t = 1558s。

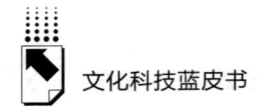

层面上，最主要的是提高增强现实技术水平，大力丰富现实世界与物理世界进行交互的特效（Spark AR）。对于国内用户来说，最熟悉的简单特效就是玩抖音的时候，基于现实的视频识别出人脸后，智能系统会自动加一些特效变化。诚如扎克伯格自己说的，这就像每天生活在《蜘蛛侠》的电影中或者游戏中。①

世界最大的共享视频网站 YouTube 上也相继推出了戴着 Oculus 生活一天、生活一周的体验，意味着他们将会戴着设备在室内连续生活一天或者一周，即使是睡觉也会戴着。② 因为他们预计这将是未来普遍的一种生活方式。鉴于 Oculus 已经被 Meta 收购，这些体验视频很大可能也是被 Meta 赞助的推广硬件 Oculus 以及 Metaverse 的宣传视频。在技术方面上，类似有外部摄像头的手机，Oculus 头显设备既支持内屏显示又能通过摄像头实时显示外部世界进行视角转换，所以戴着设备进行吃饭、喝水、刷牙等日常生活也是没有问题的，只是需要时间去适应。现阶段的 Oculus 系列重量约是 500 克，但是预计在不久的将来会有更轻便、简洁的设备被研发出来，与日常佩戴的框架眼镜或者隐形眼镜一样司空见惯。到时，虚拟现实技术与之前谷歌眼镜采用的增强现实技术将会被广泛运用。毫无疑问，虚拟现实技术最大的优点就是能够随时改变周遭环境，前一秒可以在鸟语花香的丛林中享受清晨的阳光，后一秒可以在大海中进行划桨健身运动，再之后可以随时在喧闹嘈杂的聚会中与朋友们一起狂欢，尽管这一切都只是发生在一间不足 20 平方米的房间里面。据博主自述，当身体熟悉了 VR 头显设备之后，空间开始逐渐变得不重要，除却进食与睡眠需要刻意保持规律，时间也只是数字而已。工作环境会更弹性化，虚拟会议室可以生成每个同事的虚拟人物进行实时语音交流，展示工作计划和回复邮件可以直接手势化操作，会比使用实体计算机更加方便。还有一个方面是使用工具的教学将变得相当便利，比如学习驾驶汽

---

① 见扎克伯格介绍 Metaverse 的视频，https：//www.youtube.com/watch? v = Uvufun6xer8&t = 1558s。
② 见 "One day with Oculus"，https：//www.youtube.com/watch? v = rtLTZUaMSDQ；"One week with Oculus"，https：//www.youtube.com/watch? v = BGRY14znFxY&t = 310s。

车与飞机，只需要下载相关的模拟器软件进行模拟，就能够以最小的成本和最便捷的方式学会各种技术。与传统的网络社交与娱乐相比，由于不受环境的限制，VR头显设备里面的社交与娱乐会更加丰富。例如VRChat这款软件，可以允许用户随时与朋友一起虚拟旅行、玩体感游戏、看电影等。[①] 消费者元宇宙及产业元宇宙的生态如图1所示。

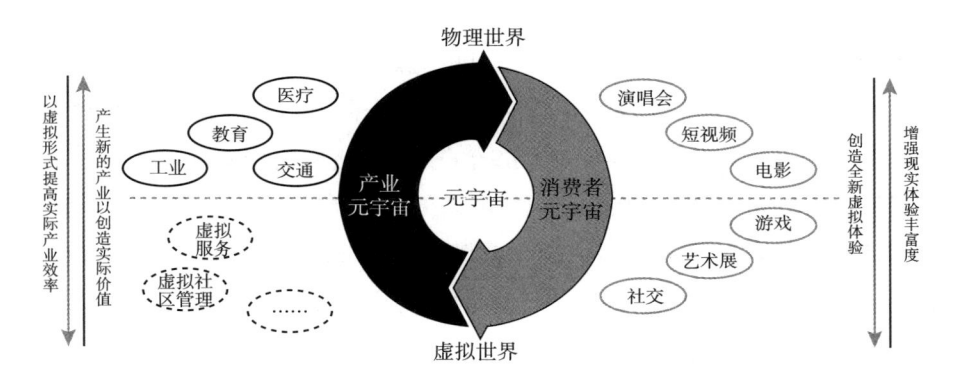

图1 消费者元宇宙及产业元宇宙的生态

资料来源：德勤《元宇宙系列白皮书——未来已来：全球XR产业洞察》，2021年12月，第6页。

但以上这些只是架构中的元宇宙能够带来的其中一小部分图景。据巴尔（Matthew Ball）的进一步具体介绍，真正的元宇宙世界是拥有完整系统的一个生态圈，技术只是其中的工具。[②] 它不是一个虚拟的游戏世界，而是与真实物理世界和数字世界紧密联系的实时世界，可以看作3D互联网内的去中心化的沉浸式数字世界。这意味着它会按照实时世界的时间一直持续下去，每个人都能够以个人身份参与其中的活动或者切身体验。不仅如此，它还是一个独立的经济体。个人和企业都可以在里面开设产业，进行工作，获得回报，或者开展交易。这种回报是基于区块链技术，以代币的形式（现阶段

---

① 对VR游戏的具体介绍，可以参见高昱《2020年我国虚拟现实产业对于社会个体影响的创新分析报告——以VR游戏作为案例研究》，载李凤亮主编《文化科技创新发展报告（2020）》，社会科学文献出版社，2020，第200~213页。
② 见巴尔的Metaverse专题网站，https://www.matthewball.vc/all/themetaverse。

是比特币、以太币或者非同质化代币），能够在各个系统中流通，不受单一公司倒闭或者破产的影响。例如，乐队可以在里面开演唱会，向观众收取里面代币的门票费，这个门票费又能与现实货币换算，实际上与实体演唱会的效果和目的是一致的。① 又如，在《反恐精英》（Counter-Strike）游戏中获得的枪支装备，也能够在《堡垒之夜》（Fortnite）游戏中通用，还能够送给Meta上的朋友；艺术家们可以在里面尽情进行艺术品创作——一幅画或者一栋3D建筑，这些数字艺术品都是可以通过非同质化代币（Non-Fungible Tokens，NFT）技术实现独占唯一性的权利。它们不但可以在各个应用中供自己使用，还可以进行所有权转让销售。这与在现实物理实体世界中进行创作后再拥有知识产权是一致的。巴尔还认为，目前最贴近元宇宙世界体验的是《堡垒之夜》游戏，作为一款沙盘式游戏（Sandbox Game），其开放度很高，包括以下几个特点：玩家可以自由创作世界，类似《我的世界》（Minecraft），可以通过初始锄头道具把原有的建筑拆成建筑材料，然后进行自由建筑再创作；类似《第二人生》（Second Life），可以自己设计造型、服装和道具；类似《马里奥制造》（Mario Maker）、《罗布乐思》（Roblox），可以自己设计游戏并且出售；类似一般网游具有的基本的社交功能，包括用语音、文字、表情、动作聊天交流；类似《电影梦工厂》（The Movies），可以从多角度录像，进行电影制作；可以在游戏世界里面直播，开实时演唱会、新闻发布会或者电影发布会等。以上自由创作的数字产品等具有独创性，都能进行销售与购买，意味着它们构成了整个元宇宙经济体的一部分。《堡垒之夜》游戏最厉害的一点在于它说服了各个主要的娱乐平台——iOS系统、安卓系统、索尼PS游戏主机、任天堂Switch游戏主机、Windows台式机、Xbox游戏主机等进行跨平台操作，各自的账户、支付方式等都可以交叉使用，不得不说是一项创举，同时也是未来元宇宙去中心化模式的雏形。从各个方面来说，《堡垒之夜》已经涉及元宇宙构成的核心技术。

---

① 2021年著名嘻哈歌手Travis Scott就在《堡垒之夜》游戏里面开启了实时直播演唱会，当时在线观众达到了2770万之多，市场前景广大。详见 https://www.nbcnews.com/think/opinion/fortnite-s-travis-scott-concert-was-historic-he-s-not-ncna1195686。

四　元宇宙的技术

要想真正全面实现元宇宙，需要有六大核心技术支撑。这六大核心技术分别是区块链（Blockchain）技术、交互活动（Interactivity）技术、游戏思维（Game）技术、人工智能（Artificial Intelligence）技术、网络（Network）技术和代币经济（Token Economy）技术，各取六个英文单词的首字母，合起来简称就是BIGANT（英文字面含义：大蚂蚁）。[1]

区块链技术在于运用区块链数据库的技术加强数字映射的完整性，可以确保日志数据不被篡改。数字映射指的是物理世界的个体与元宇宙数字世界里面的数据进行相关联的对应映射。通过区块链和数字映射的结合，互联网的各个平台系统将被打通，这样就算是任何一家公司倒闭，也不会影响数据本身的存在，这也是元宇宙能够被去中心化的原因。交互活动技术是关于物理世界与元宇宙世界的交互关联，例如AR技术能够让元宇宙世界的数据对真实物理世界进行增强现实；或是VR技术能够让物理世界的人通过头显设备进入元宇宙世界。生物识别对用户的身份进行识别认证，将其与元宇宙的身份一一对应。智能穿戴是充分实现沉浸感必不可少的硬件设备。实体全息影像和3D打印技术都能令元宇宙中的数据物件在物理世界呈现。游戏思维技术包括利用游戏中的游戏引擎、3D建模和画面渲染，增强用户沉浸式体验。人工智能技术也会在元宇宙里面发挥重要的作用。从过去由专家生成内容（Professional Generated Content，PGC）到现在由用户生成内容（User Generated Content，UGC）再到未来由人工智能生成内容（AI Generated Content，AIGC），是数字世界的大势所趋。网络技术通信传输力是直接影响用户体验元宇宙的因素，在元宇宙的海量数据中，在线实时刷新对通信速率的要求之高是前所未有的。虽然现有5G和云技术大大提高了用户访问速

---

[1] Yu Haoyuan, "Range of Tech Supporting Metaverse Construction," Accessed December 30, 2021, http://www.stdaily.com/English/BusinessNews/2021-12/30/content_1243216.shtml#:~:text=According%20to%20Yu%20Jianing%2C%20executive, Internet%20of%20Things%20（IoT）.

度，但未来比 5G 传输力还要提高 100 倍的 6G 网络才是能够低延迟真正匹配重量级元宇宙的访问网络。代币经济技术根植于区块链技术，这种开放的经济机制以及金融机制才能令元宇宙系统的去中心化具有可能性，目前来说，主要是比特币（Bitcoin）、以太币（Ethereum）、非同质化代币（Non-Fungible Tokens）等区块链数字代币加密技术。这些技术令各种虚拟或者实体物品、服务都可以进行各种电子代币交易，数字产品也能够被独特唯一化处理作为艺术品收藏，奠定了未来元宇宙经济体的代币基础。目前在初始的基建阶段，各类去中心化的程序、自治组织等都在迅猛发展。

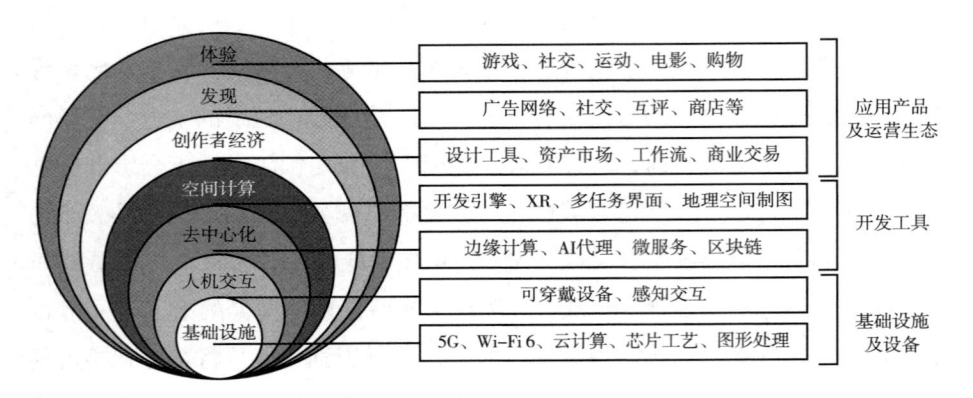

层级	内容	分类
体验	游戏、社交、运动、电影、购物	应用产品及运营生态
发现	广告网络、社交、互评、商店等	
创作者经济	设计工具、资产市场、工作流、商业交易	
空间计算	开发引擎、XR、多任务界面、地理空间制图	开发工具
去中心化	边缘计算、AI代理、微服务、区块链	
人机交互	可穿戴设备、感知交互	基础设施及设备
基础设施	5G、Wi-Fi 6、云计算、芯片工艺、图形处理	

图 2　元宇宙的七层构成要素

资料来源：德勤《元宇宙系列白皮书——未来已来：全球 XR 产业洞察》，2021 年 12 月，第 8 页。

以元宇宙作为下一个战略高地目标的科技巨头不少，目前走在元宇宙建设前沿的四大巨头公司各自也都有其特色。Meta 依托其全球最大的社交网站，拥有全球 30 多亿的用户以及用户数据，发展元宇宙具有极大优势。在前文已经着重分析扎克伯格的计划蓝图包括办公的 Horizon 平台以及 VR 版 Messenger，这里就不再赘述。最早以图形处理技术而闻名的英伟达（NVIDIA）公司的 Omniverse 开放云平台，提供实时逼真物理模拟功能的 3D 创作或建模，基于最新的 RTX 平台构建的应用程序具有实时照片级渲染和 AI 增强图形、各种视频和图像处理的强大功能，帮助设计师、艺术家和研发人员等最高效地独自或者共同完成作品。它用数据 1∶1 创造虚拟世界的能力是元宇宙世界所有细节的基础。正如它的名字 Omniverse（Omni 是"全"的意思的前缀，verse 是"宇宙 universe"的后缀，连起来是"全宇宙"）的意思。2012 年谷歌（Google）公司的谷歌眼镜开创了增强现实技术的先河，虽然 2015 年该项目暂停，但是相关的开发资料仍旧是元宇宙研发可穿戴设备的先驱经验。谷歌的优势还在于谷歌市场运营中全球使用最多的操作系统——安卓系统。更不用说谷歌地球、谷歌地图、谷歌街景在元宇宙的基建方面自带先天优势，并且还有最大在线视频网站 YouTube 的海量资源加持。这些项目都能够被元宇宙有效地整合起来。微软（Microsoft）公司是计算机系统 Windows 之父，办公软件 office 系列曾是席卷天下的无愧王者。但 21 世纪初在互联网产业的起步阶段，它并未预料到未来互联网的蓬勃发展走向，从而失去先机。2001 年首台 Xbox 游戏主机进军视频游戏界，是因为最开始忌惮任天堂和索尼的同质化游戏主机会影响家用电脑的市场占有率。出乎意料的是，在 2004 年底，Xbox 销量一举反超老牌游戏公司任天堂的 Cube 主机销量，成为游戏主机市场一股不可小觑的力量。[①] 2014 年微软花费 25 亿美元收购著名沙盘游戏《我的世界》（*Minecraft*）。2016 年花费 262 亿美元重额砸下世界求职网领英（LinkedIn），同年研发 HoloLens 混合现实（Mixed Reality，MR）眼镜，被称为继谷歌 AR 眼镜和 Oculus VR 眼镜之后的第三方势力。[②] 在这次元宇宙的产业转型大背景下，它也加入了抢跑队列之中。2021 年底，微软推出两款元宇宙应用——Mesh for Teams 和 Dynamics 365 Connected Spaces，宣布正式进军元宇宙；[③] 又在 2022 年初花费 687 亿美元收购了著名的动视暴雪（Activision Blizzard）游戏公司，毫无疑

---

① 截至 2004 年底，任天堂的 Cube 的总销量是 1803 万台，微软的 Xbox 的总销量是 1990 万台。见 https：//vgsales.fandom.com/wiki/Nintendo_GameCube 以及 https：//vgsales.fandom.com/wiki/Xbox。

② Microsoft 官网，https：//news.microsoft.com/about/。

③ John P. Mello Jr, "Microsoft Enters Metaverse With Mesh for Teams and Dynamics 365 Connected Spaces," Accessed November 3, 2021, https：//www.technewsworld.com/story/microsoft-enters-metaverse-with-mesh-for-teams-and-dynamics-365-connected-spaces-87326.html.

问也是准备在元宇宙竞赛中大干一场。[1] 针对以上六项技术和四家公司，目前面临的统一问题如下：一是元宇宙需要全面的基础设施建设，比如场景铺设、创作等；二是全面5G甚至6G网络建设，以降低网络延迟，同步更大用户容量的持久通信；三是考虑安全机制，如何更好地保护用户隐私以及数据财产的安全。

五　元宇宙在中国

前文多次提到的《堡垒之夜》是由英佩游戏（Epic Games）公司开发，而国内的腾讯公司占有 Epic Games 40%的股份。[2] 为了对接即将到来的元宇宙，2020年8月，字节跳动（抖音App的总公司）以90多亿元收购国内VR设备生产厂商小鸟看看（Pico）。[3] 相对于在国内市场受到网络阻碍的Oculus来说，Pico无疑是为字节跳动铺平了其未来在中国市场中的发展道路，使其占有绝对优势。2021年底，国内互联网巨头百度公司在其首款元宇宙App"希壤"中召开AI开发者大会，这是国内首次在元宇宙中举办大会。[4] 腾讯也在推动全新的XR业务，号称将打造"全真互联网"，以作为元宇宙布局的切入点。[5] 华为推出了新一代的VR眼镜设备，并且据相关公司透露，其正在全面打造数字沉浸中心，为接下来的元宇宙布局。[6]

---

[1] Microsoft News Center, "Microsoft to acquire Activision Blizzard to bring the joy and community of gaming to everyone, across every device," Accessed January 18, 2022, https://news.microsoft.com/2022/01/18/microsoft-to-acquire-activision-blizzard-to-bring-the-joy-and-community-of-gaming-to-everyone-across-every-device/.

[2] https://www.reuters.com/technology/exclusive-chinas-tencent-talks-with-us-keep-gaming-investments-sources-2021-05-05/.

[3] 《重磅！字节跳动90亿收购VR创业公司Pico》，搜狐网，2021年8月29日，https://www.sohu.com/a/486449915_121124366。

[4] 《2021百度AI开发者大会在元宇宙举办》，中国日报中文网，2021年12月27日，https://cn.chinadaily.com.cn/a/202112/27/WS61c9ad3fa3107be4979ff400.html。

[5] 《重要动作！马化腾要对元宇宙来"真"的了》，腾讯新闻，2022年2月16日，https://xw.qq.com/cmsid/20220216A09JO200。

[6] 《元宇宙+数字孪生+虚拟数字人，为华为建数字沉浸中心，股价回撤44%》，网易新闻，2022年3月23日，https://www.163.com/dy/article/H34OI2DV05522QY8.html。

毫无疑问，未来元宇宙应用将全面改变生活的方方面面。疫情发生以来，我们已经感受到了办公和学习的线上会议和社交都变得非常普遍。这也是整个元宇宙应用最基础的切入点。例如会议、毕业典礼、婚礼等群体活动都可以在之前的社交游戏中举行。这种游戏中虚拟人物的互动仪式也是仪式感的一部分，利用游戏中人物的表情、动作与游戏环境，与纯粹的线上会议比起来多了更多能够互动的内容与环境氛围。元宇宙中的新兴工作也会带来大量的就业。例如可能今后会产生大量的数字游民。数字游民（digital nomad）指的是通过互联网就能远程办公的人士。他们不居住在本国，而是居住在国外并且保持着一直流动的状态。他们通常来自欧美等发达国家，却居住在东南亚等低消费发展中国家。因为能够远程办公的缘故，他们一边保持时间上的灵活工作，一边又能充分在海边或山林间保持低消费休闲度假的状态。[1] 同样地，在第三世界发展中国家也有大量在元宇宙中从业的居民，他们生活在低消费成本的国家，却可以把数字产品或者劳务服务直接线上交易给发达国家居民。例如国内现在也存在专业的游戏代玩与虚拟装备售卖，高校也开始设置电竞专业。在线购物也会带来与以往不同、耳目一新的体验，比如2016年马云就提出"Buy+购物"，运用VR技术，提供一键模拟试穿。[2] 与买家自己耗费时间去线下实体店试穿，或者是线上发货再到线下试穿相比较，这直接节约了大量的时间精力成本。各类家居设计、汽车设计、珠宝设计等行业也将迎来革命，逼真的物理拟态机制与沉浸感节约了制造样品实物的材料、人力和时间成本。虚拟现实技术在旅游观光产业的应用更是早已普及，很多博物馆、展览馆等都有相应的沉浸式剧院场地以及设备。健身行业也会迎来新的变革。线上元宇宙健身房支持用户个体随时随地利用碎片化时间参与，通过各种穿戴设备与教练在线互动；各项身体指标连入线上进行记录和监测；在线上社群里面也能与各类健身爱好

---

[1] Rachael A. Woldoff, Robert C. Litchfield, *Digital Nomads: In Search of Meaningful Work in the New Economy*（New York：Oxford University, 2021）.

[2] 《真的来了！淘宝推出VR购物产品Buy+》，新浪财经，2016年4月1日，https://finance.sina.cn/usstock/hlwgs/2016-04-01/tech-ifxqxcnr5157233.d.html?jid=1。

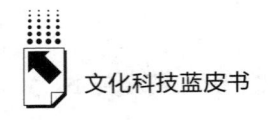

者们进行切磋交流。目前，华为运动健康App和小米运动App都在往这方面发展，期待其推出元宇宙VR/AR版后场景更加沉浸化和游戏化，令健身变得更加多样化和饶有趣味。

六 数据分析与政策建议

据艾媒咨询（iiMedia Research）的数据报告，近五年元宇宙的四大关键技术产业——云计算产业、区块链产业、VR/AR终端硬件市场以及人工智能核心产业投入都呈持续递增趋势。截至2021年，云计算产业规模已经达到了2109.5亿元；中国区块链支出达到6759.8亿元；VR/AR终端硬件市场规模合计达到345.2亿元；2020年人工智能核心产业规模超过1500亿元（见图3至图6）。

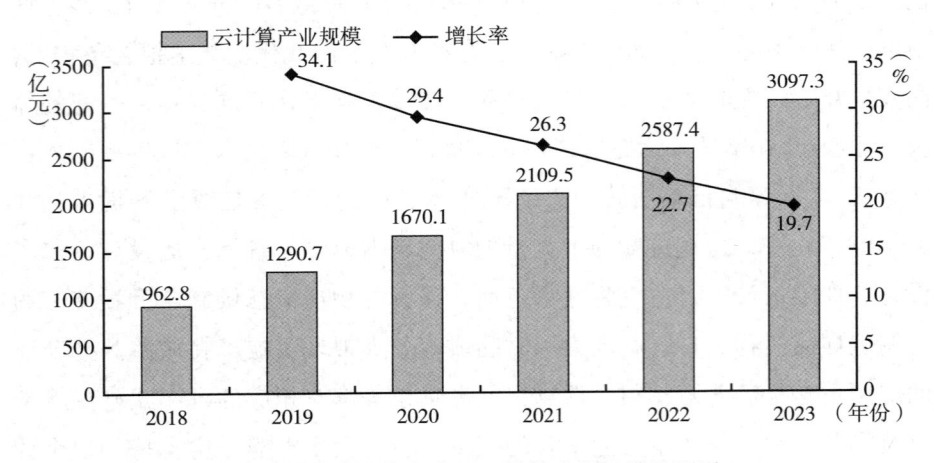

图3 2018~2023年中国云计算产业规模及预测

资料来源：《艾媒咨询丨2021年中国元宇宙行业用户行为分析热点报告》，艾媒网，2022年1月24日，https://www.iimedia.cn/c400/82999.html。

国家层面已经意识到元宇宙作为世界前沿技术的重要性。自2022年初以来，从中央到地方已经相继开始将元宇宙产业发展写进政府工作报告，做

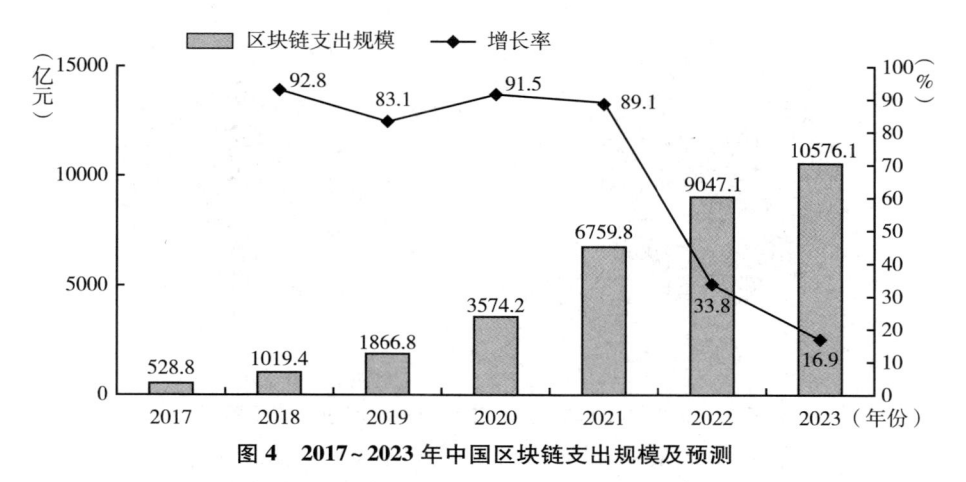

图 4 2017～2023年中国区块链支出规模及预测

资料来源：《艾媒咨询丨2021年中国元宇宙行业用户行为分析热点报告》，艾媒网，2022年1月24日，https：//www.iimedia.cn/c400/82999.html。

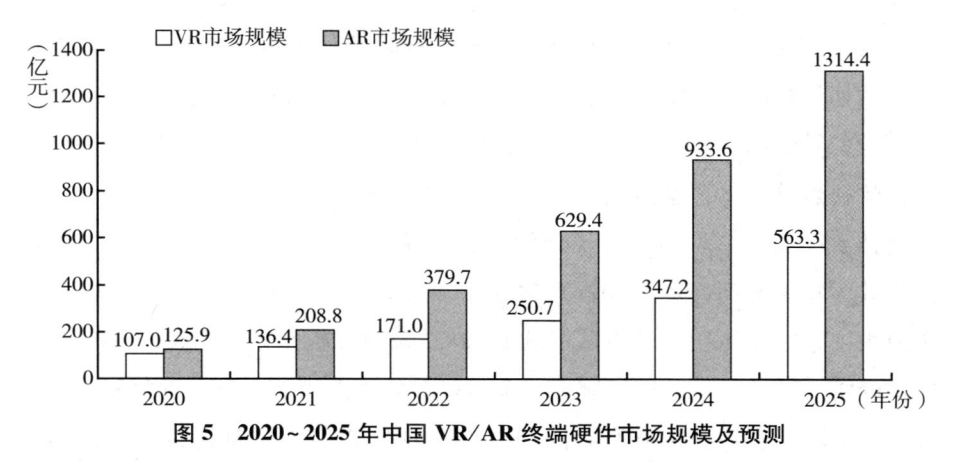

图 5 2020～2025年中国VR/AR终端硬件市场规模及预测

资料来源：《艾媒咨询丨2021年中国元宇宙行业用户行为分析热点报告》，艾媒网，2022年1月24日，https：//www.iimedia.cn/c400/82999.html。

出了大力发展数字经济的决定。① 这包括"加大力度推进中小企业数字化发展""引导企业加紧研究未来虚拟世界与现实世界相交互的重要平台""鼓

---

① 《中央部委首提元宇宙，多地政府超前布局》，湖南省工业和信息化厅官网，2022年1月27日，http：//gxt.hunan.gov.cn/gxt/xxgk_71033/gzdt/rdjj/202201/t20220127_22473737.html。

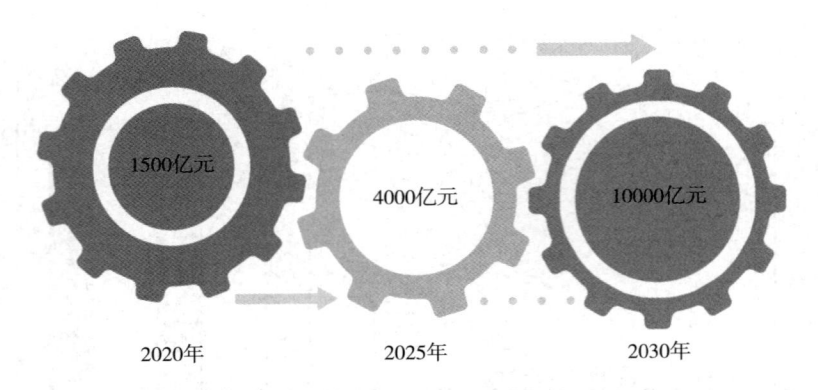

图 6　2020~2030 年中国人工智能核心产业规模及预测

资料来源：《艾媒咨询丨2021 年中国元宇宙行业用户行为分析热点报告》，艾媒网，2022 年 1 月 24 日，https：//www.iimedia.cn/c400/82999.html。

励元宇宙在公共服务、商务办公、社交娱乐、工业制造、安全生产、电子游戏等领域的应用"。对于国家治理，元宇宙相关技术则可以应用到方方面面，例如将社区治理实践与线上数据有机地结合起来进行实时更新，就能有效调配各类资源、响应居民需求、优化城市管理和民生服务，实现物联网可视化的智慧城市、智慧园区、智能工厂、智能汽车等，产生极大的便利。区块链技术产业是"十四五"规划的七大数字经济重点产业之一，中央网信办等政府相关部门已经开展国家区块链创新应用试点行动，联合印发《关于组织申报区块链创新应用试点的通知》。该通知提出，"到 2023 年底，在实体经济、社会治理、民生服务、金融科技等重点领域形成一批可复制、可推广的区块链创新应用典型案例和做法经验"。① 努力坚持把数字经济作为转型发展的关键增量、实现我国产业基础高级化与产业链现代化的重要途径，推动数字经济与实体经济深度融合。

---

① 《区块链上升为国家战略两周年：数字经济信任基础设施地位凸显　区块链赋能实体加速》，光明网，2021 年 10 月 25 日，https：//m.gmw.cn/baijia/2021-10/25/35258142.html。

七　总结与反思

从积极方面来看，新冠肺炎疫情事件是促发互联网等线上技术迅猛发展的直接因素。为了规避被病毒感染的风险，越来越多的不必要的线下会面被改为了线上。但是线上的虚拟局限性促使人们想要追求类似于线下的社会交往沉浸感，甚至是突破封城限制改变周遭环境的真实感。在这个大的市场需求下，各类线上科技产品的销量以及用户群体显著扩大，这就导致元宇宙应运而生。

从消极方面来看，扎克伯格的 YouTube 视频下很多人评论表示对此技术的恐惧，毕竟在《头号玩家》里面，游戏公司主宰了整个世界。在《黑客帝国》里面，人类也只不过是机器们的电池，意识被矩阵（Matrix）所掠夺，还有人表示对此技术的担忧，这将会令人类越来越与真实的生活世界脱轨。其中还有监管安全隐患。如果元宇宙世界已经建构好了，且宣称将是去中心化的、面对所有用户都能够开放创造的世界，那么它最终实质上的拥有者与管理者会是谁？是微软公司的盖茨吗？是 Meta 公司的扎克伯格吗？是谷歌公司的总裁皮柴（Sundar Pichai）吗？例如，最近的俄乌冲突，25000 个俄罗斯用户钱包被封，证明号称去中心化的比特币也并未如曾经宣传的那般自由。[①] 毫无疑问，未来元宇宙的各类数据监管问题也将对现在真实物理世界中的任何一个主权国家的政治经济安全等方面产生隐患。始于 2003 年的开放性沙盘式社交网游《第二人生》（Second Life），被视为最低配版的元宇宙游戏，其游戏内部的金融系统也已经暴露出了因银行自我监管不足、信用破产而被挤兑倒闭的问题。[②] 元宇宙六大核心技术之一的人工智能技术，

---

① 《25000 个俄罗斯用户钱包被封！比特币脸都被打肿了……》，搜狐网，2022 年 3 月 13 日，https://www.sohu.com/a/529467842_121119003。

② 在 2007 年，《第二人生》（Second Life）游戏中银行荒谬的高利率以及游戏货币与真实美金挂钩导致银行信用破产而出现用户挤兑的局面，详见 https://www.technologyreview.com/2007/08/08/224424/money-trouble-in-second-life/。2008 年国际金融危机后，经济学家宣称不应该仅仅把《第二人生》当成游戏，应该从《第二人生》游戏中的经济危机中学到教训，详见 https://www.nbcnews.com/id/wbna27846252。

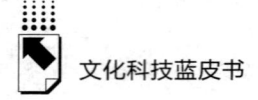

本质就是AI根据海量大数据、积累的经验模型进行自主活动。在美剧《西部世界》（Westworld）中，这样的一个人工智能机器人世界原本是供真实人类玩乐的世界。但后来随着人们的多次访问，系统拥有的每个人的行为习性数据越来越完整，以至于后来某些人工智能机器人（已经根据数据记录进化出来的机器人）已经完全取代了原本真实的人类。

总之，未来的元宇宙将走向何方，我们拭目以待。

B.7
NFT加密艺术的概念成因、平台商业模式及影响分析报告

朱格成[*]

摘　要： NFT加密艺术以前所未有的速度引起了一股淘金热，其不断增长的市场交易引发全世界的关注。在高回报的诱惑下，尽管人们对NFT加密艺术的概念定义与他们之间的关系仍然相对模糊，但这并不能阻碍后来者的狂热入场。本报告通过文献综述、案例比较分析以及SWOT分析研究这种交易的商业模式，得出NFT艺术品在创作低门槛、可追溯的版税分成等方面具有改变艺术品市场动态的潜力。尽管当前加密技术还相对薄弱，使得NFT存在较高被盗窃的风险性，但是随着技术的不断完善，可以预估NFT改变市场的潜力将再次被激发出来，艺术家、消费者的数量将不断增长。

关键词： NFT　加密艺术　平台商业模式　数字艺术

一　引言

在加密货币与区块链技术的支持下，非同质化代币（Non-Fungible Token，NFT）与加密艺术（CryptoArt）获得蓬勃发展。NFT加密艺术以不断增长的市场所带来的千百倍回报，吸引了全世界的广泛关注，其商业模式也颠覆了

---

[*] 朱格成，澳门理工大学跨领域艺术硕士，研究方向为艺术管理、数字创新产业。

以往数字艺术的交易方式及弊端。尽管这些创新变化给文化创意产业市场与各个利益相关者带来影响，然而，目前NFT市场生态系统还处于初级阶段，各方对它的概念定义还相对模糊。比如，人们没有办法区分NFT与加密艺术之间的关系，有人认为NFT是一件艺术品，有人则认为它是一种加密货币。而参与者们对NFT的商业模式也不够明晰，高市场回报率的诱惑很容易使得新来的参与者迷失于市场狂热之中。因此，本报告将提出一个研究问题，即NFT艺术品交易在哪些方面具有改变艺术品市场动态的潜力。本报告将按照以下结构对问题进行解答分析，首先通过文献综述的方式，探讨NFT与加密艺术各自的概念与两者之间的关系；其次通过案例比较并结合SWOT分析，研究加密艺术平台的商业模式；最后将讨论与展望NFT加密艺术商业模式对市场利益相关者的影响。

二 NFT加密艺术的概念成因

（一）非同质化代币

NFT全称又译为非同质化代币，是一种加密货币[①]，也是一种口令密码，是一种具备不可替代性的虚拟代币。NFT区别于以往现实生活中常使用的货币、股票或债券等代币（Fungible Token）。无论人们对这些代币进行多少次交换或拆分成多小的货币面值进行交易，这些行为都不会影响代币的价值。然而假设NFT的价值为1，它却无法像代币一样进行同类交换或拆分[②]，如同艺术品或房地产一样不能被分割和替换。NFT最早被运用在加密艺术的交易场景之中，人们之所以会将NFT视为艺术品的原因大概是，NFT具备如每件传统艺术品一样独一无二且不可替换的特性。NFT应用范围很

---

① J. A. T. Fairfield,"Tokenized: The Law of Non-Fungible Tokens and Unique Digital Property," *Indiana Law Journal* 97（2022）：1261.
② Q. Wang, R. Li, Q. Wang, et al.,"Non-fungible Token（NFT）：Overview, Evaluation, Opportunities and Challenges," arXiv preprint arXiv：2105.07447, 2021.

广，可以涵盖虚拟游戏资产、数字艺术品和软件许可证，以及物理资产，例如奢侈品和汽车等领域①。并且，NFT 还可以应用于音乐、视频、门票、房地产等各个行业。因此，将 NFT 视作艺术品，是一种不全面、不完整的认知概念。

（二）加密艺术

目前数字艺术界的收藏家与艺术家们对加密艺术的定义仍未明晰。但可以肯定的是，加密艺术一是指作品主题为"加密货币"或"区块链"等实体或虚拟的艺术作品；二是指以非同质化代币的形式直接发布到区块链上的数字艺术品。现有学者们大多数基于第二种定义对加密艺术进行解读，认为加密艺术是一股新艺术浪潮，它以加密电子货币结合数字艺术品的形式推动了艺术创作的传播与交易模式的创新。② 加密艺术运动的诞生离不开当下艺术创作拒绝艺术市场上传统模式和规则以及"非物质化艺术"的观念影响。加密艺术可以看作"限量版的数字艺术品"，用一个令牌在区块链上进行加密标记。③ 加密艺术是非同质化代币的一个应用场景，人们使用 NFT 在区块链上购买的限量数字艺术品被称为加密艺术品。④ 中央美术学院博士杨嘎认为，NFT 艺术是一种依托数字金融背景快速发展的艺术交易方式和平台。⑤ 综上所述，NFT 与加密艺术关系紧密、相互依存。NFT 是一种加密货币，它的特点在一定程度上与艺术品相似。但 NFT 不完全等于数字艺术品，它还可以作为音乐、视频、游戏等其他形式的代表，而

---

① M. Butcher, "What Next? Oh Yes, Turning a Luxury Car into a Non-fungible Token," Retrieved from https://tcrn.ch/2uPJuJf, 2018; J. Griffin, "Software Licences as Non-fungible Tokens," Retrieved from https://medium.com/collabsio/software-licences-as-non-fungible-tokens-1f0635913e41, 2018.

② M. Franceschet, G. Colavizza, T. Smith, et al., "Crypto Art: A Decentralized View," *Leonardo* 54 (2021): 402–405.

③ S. Kampakis, "Is Blockchain Part of the Future of Art?," *The Journal of the British Blockchain Association* (2019): 10237.

④ S. Chevet, "Blockchain Technology and Non-fungible Tokens: Reshaping Value Chains in Creative Industries," *Available at SSRN* (2018): 3212662.

⑤ L. J. Trautman, "Virtual Art and Non-fungible Tokens," *Available at SSRN* (2021): 3814087.

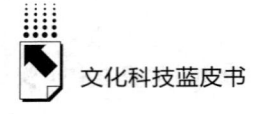

加密艺术亦不完全等于NFT，也有以"加密"为主题的现实实体艺术品。本报告将在下文着重分析两者相互交织所形成的数字艺术品的交易模式（见图1）。

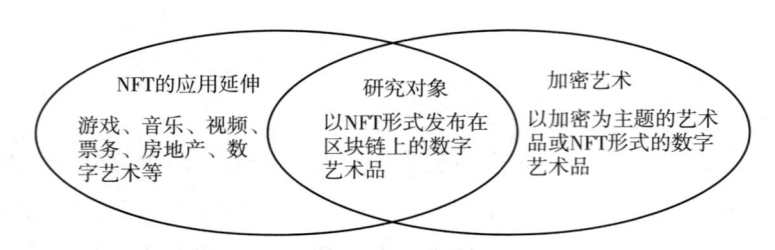

图1 NFT与加密艺术的交易模式

三 加密艺术的平台商业模式分析

（一）案例比较分析

加密艺术平台是一种通过区块链技术链接艺术家作品，再向消费者传播数字艺术作品的一种新型交易平台。平台主要通过区块链技术为作品提供安全标签认证以及可追溯性，这些作品通常为数字图片、视频与音频甚至可以是域名网址等。加密艺术平台的赢利主要来自第二市场销售的佣金抽成。目前国外建立的加密艺术平台主要有OpenSea、SuperRare、KnownOrigin、Async Art、MakersPlace、Nifty Gateway、Rarible等，而国内近期也涌现出一大波来自画廊、科技互联网公司等组织成立的平台。国外平台各有各的定位特点，比如OpenSea与KnownOrigin两者都是一个多格式、多媒介的NFT集合平台，它的商品除了加密艺术品外，还涵盖虚拟物品、虚拟土地、数字卡牌甚至网站域名等。Nifty Gateway的特点则是在早期客户购买商品的门槛相对较低，可以直接使用银行卡购买商品来达成交易。同时，该平台还见证了"火出圈"的加密艺术家Beeple的《THE COMPLETE MF COLLECTION》成功拍卖。SuperRare业务功能则相对比较全面综合，是一个以销售加密艺术品为主的平台。Async Art 则与其他交易平台有所区别，该平台主打"可编程的艺术品"概念。其出售的商品并非传统的静态电子图片，而是由若干个图层叠加组成，这使得持有者可以随时变换图层。MakersPlace 与其他平台相比，早期则较为注重对艺术家的维护与引进。而国内的加密艺术平台由于还处在如雨后春笋一般疯狂增长的阶段，就目前情况来说普通消费者很难判断项目是否具有稳定的竞争优势、是否适合进行投资。而国外加密艺术平台由于模式较早被市场接受，国内消费者不可避免也会优先接触到国外加密艺术平台。因此，本报告将挑选 MakersPlace 与 SuperRare 两个国外加密艺术交易平台进行案例比较分析，这是由于两者的相似性。首先，它们均属于七大交易平台且专注于数字艺术作品的交易，不像 OpenSea 是 NFT 的综合交易平台（涵盖音乐、视频、游戏等）；其次，它们都重视艺术家的 IP 运营，在艺术家引进与维护上都花费大量的心思；再次，它们都是以销售限量版 NFT 作为获利方式；最后，它们都希望打造一个社交平台而不是交易平台。

1. MakersPlace

MakersPlace 成立于 2016 年，通过桌面研究可以观察到该平台与其他交易平台的不同在于，该平台在早期较注重维护与艺术家们的关系。这一区别可以从平台对艺术家的邀请与审核、对作品质量的把控以及建立创作者与受众的互动社区等行为中观察得出。除此以外，该平台还增添社区帖子的社交互动功能，如"点赞数""关注""浏览量"界面。这样，创作者们除了可以观察作品的销售情况，还可以上述功能来判断该平台的用户是否喜欢他们的作品。

2. SuperRare

SuperRare 成立于 2017 年，该平台同样也是一个主打社交的平台，并且，其销售的产品也是非常单一的，只销售独特和唯一版本的数字艺术作品。SuperRare 十分重视加密艺术品评论区的功能构建。它特别推出了评论板块，为利益相关者们提供一起讨论的场域，人们可以随意地抒发自己对某些作品与艺术家的想法。评论区是一个开放的空间，一些创作者与作品拥

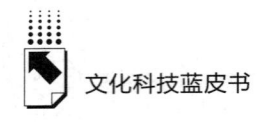

者也能看到相应的评论反馈，从而洞察利益相关者们的所思所想、行为模式。这一功能构建对加密艺术的发展是极为有利的。

3. 比较分析

本报告通过考察两个平台官网销售政策包括首次销售费用、二级销售费用以及每次成交后给予艺术家的版税、Twitter上的关注人数，总结出两者区别（见表1）。之所以将Twitter关注人数作为潜在粉丝，是因为Twitter作为最广泛的传播地，是加密艺术家的必争之地。可以观察到有些加密艺术家基于Twitter的传播特性，考虑到大部分受众都是普通人，没有太深厚的艺术修养。因此，他们创作的作品就相对简单，目的是能让粉丝从单幅作品中看到一些不一样的东西，给粉丝留下深刻印象。更重要的是，这些艺术作品在内容上有足够强的社区传播互动性，激发了粉丝们在评论区畅所欲言的热情，随着越来越多的人参与讨论，这将吸引并刺激更多拥有雄厚资金的消费者进行购买。

表1 MakersPlace 和 SuperRare 数据对比

平台	Twitter关注人数（万人）	首次销售费用（%）	二次销售费用（%）	版税（%）
MakersPlace	约8.1	15	15	5
SuperRare	约18.21	15	不明	3

注：数据截至2021年10月29日。
资料来源：MakersPlace 和 SuperRare 的 Twitter 官网。

MakersPlace 会提供相对较多的版税，或许更能吸引艺术家或投资者的入驻。然而，目前在 SuperRare 平台上可以更轻松地创建、售卖和收集稀有的数字艺术品，并且它支持24小时交易。与之相比 MakersPlace 平台服务还不够完善。更重要的是，消费者们对平台的认知差异也会影响他们使用平台的习惯，比如 MakersPlace 提供的加密艺术品十分多样但最终售出价不高，这是由于该平台的作品混杂，且质量参差不齐。而 SuperRare 的加密艺术品相对具有更高的艺术鉴赏价值，尽管普通人常常谦虚地说他们不懂艺术，但在他们求学十余年期间，音乐与美术课堂潜移默化的审美培养早已让消费者们拥有对艺术真善美的基本判断力。艺术家与投资者选择 SuperRare 或许还有一个原因，在该平台上艺术品的最终成交价格大多比较高，证明其平台消费者群体具备较强消费能力。最后，结合更多人在 Twitter 上关注 SuperRare 的实际情况，它具有更高的传播影响力，因此，SuperRare 更能吸引艺术家与投资者的参与。

（二）加密艺术平台的 SWOT 分析

1. 优势

加密艺术平台具备以下优势：解决了传统艺术市场真假难题与价格不透明问题；透明清晰的交易记录，使得每次转售创作者都可以获得利润分成；在传统艺术品交易中，艺术品的运输往往要耗费一段时间，而钱款汇到艺术家或画廊账号时则要等待买家确认，加密艺术则不存在艺术运输的等待时间；加密艺术的创作避免了现实生活中由打印器械的限制导致的颜色失真；多平台的蓬勃发展提供了更低的艺术创作门槛；各个平台对艺术家的扶持与推广能缩短新人艺术家成长时间。

2. 劣势

加密艺术平台具备以下劣势：购买者只是获得加密艺术品在某平台上的专有权而非版权；传统市场中具有较高购买力的艺术品买家普遍年龄较大，他们很难熟练地运用以太网与 NFT 交易模式[①]；目前各个平台交易速度都呈现延迟的情况，由于 NFT 是由区块链技术支持的，所以区块链技术不成熟也会体现在 NFT 交易平台上。比如 Visa 每秒能处理 20000 个订单，而比特币只能处理 7 个，以太网只能处理 20 个。[②] 对普通人来说，NFT 交易平台用户体验感差，买、存、换代币都是又慢又难的；NFT 具有高交易成本，与现有交易模式相比，它需要更多的计算机进行运作，这将导致更多能源消耗并排出废气；当存储节点丢失、损坏或处于不可访问状态时，用户将无法证

---

① 陈婧：《比特币与加密艺术的崛起》，《IT 经理世界》2018 年第 Z4 期，第 43~48 页。
② 余彩霞：《"加密艺术"是艺术市场新来的搅局者？》，《收藏·拍卖》2021 年第 2 期，第 28~31 页。

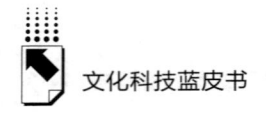

明自己拥有NFT；用户对加密艺术缺乏真正的所有权。并且，加密艺术是否真的可以称为艺术，还是需要打上一个问号。

3. 机遇

加密艺术平台具备以下机遇：艺术品不再是传统的物质实体，人人都可以参与创作；加密艺术销售的是概念与知识产权；加密艺术使得创作者们在电脑上便可以进行创作，他们可以不断调换颜色与修改，而在传统创作之中，不断调换颜色的结果是导致更多的画纸与颜料被浪费；加密艺术品可以在世界范围内销售，不受海关与运输限制。

4. 威胁

加密艺术平台具备以下威胁：任何人都无法阻止自己的作品被别人上传到网络上进行销售（无论是艺术家还是普通人），NFT已呈现一种万物皆可卖的趋势，只要消费者愿意接受并付费购买，他们不会关心NFT的真正创作者是谁；用户的不完全隐私保护，由于NFT交易依赖以太网平台，而现有隐私保护的解决方案并没有在NFT上应用，因此，用户在公开地址下所有活动都是可观察的；NFT涉及各个国家货币兑换的法律与政策限制，尤其是印度与中国，加密货币受价格大幅波动影响，若缺乏管控，很容易在几周之内发生较大价格变化。面对这些威胁，普通人是否愿意接受加密货币依然是个难题。

综上，加密艺术平台的SWOT分析结果见表2。

表2 加密艺术平台的SWOT分析结果

优势	劣势
解决版税的分成难题	购买者只是获得某平台NFT专有权而非版权
解决艺术品真假难题	NFT交易模式艰难
解决艺术品运输问题	NFT交易速度延迟
数字艺术确认收货速度快于传统方式	NFT交易将会产生更多的能量消耗
加密艺术避免现实打印中颜色失真	当存储节点处于不可访问状态时，用户将无法证明自己拥有NFT
多平台提供更低的艺术创作参与门槛	人们对加密艺术品缺乏真正所有权
多平台提供更多的资源扶持艺术家	人们怀疑加密艺术品是否真的为艺术

续表

机遇	威胁
艺术品不再是传统的物质实体 加密艺术销售的是概念与知识产权 支持在电脑上更快速地创作并多次修改 可以在世界范围内销售而不受海关与运输限制	作品侵权 不完全的隐私保护 各国货币兑换的法律限制 加密货币兑换价格不稳定 各国法律政策打击"挖矿"行为 普通人是否愿意接受加密货币这一形式

四 加密艺术平台对市场利益相关者的影响

（一）艺术家

1. 版税分成

NFT给予艺术家最大的贡献便是对艺术品转授权的保护，欧盟和英国有专门法律规定艺术作品每次的成功销售，创作者都可以获得一定利润的分成。然而，由于传统艺术市场之中私人交易行为往往难以被监督，保障界限也相对模糊，所以，在传统市场中很容易出现艺术品转售而创作者分不到利润的情况。但由于区块链技术使得人们可以透明地查阅网络上艺术作品的交易记录，所以，NFT有机会成为一个有前途的知识产权保护解决方案。

2. 曝光率

有学者认为加密艺术平台的出现对新兴艺术家来说是个契机，在平台上他们更容易得到曝光从而获得收入，让他们在早期获得足够的收入支撑他们继续创作。因为在传统艺术界中他们面临着对新人的偏见。新兴艺术家必须在一个漫长的通常是多年的过程中，通过较小的展览和活动来建立自己的声誉，直到他们开始被更大、更受欢迎的活动接受。但根据以往多年学习与接触艺术市场的经验，尽管加密平台能帮助新人更快地获得成功，但是这也很容易让新人忘记创作初心。他们可能会迎合平台消费者生产更多的艺术品，

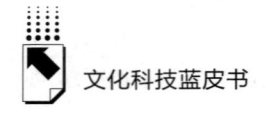

或者突然大赚一笔之后再也不从事创作工作。在传统市场中投资者之所以不太愿意购买新人艺术作品，是因为他们不确定这位新人艺术家的创作生命周期，假如这位新人艺术家只短短创作数个作品便不再从事创作事业，那么投资家早前购买的其作品便一文不值。

（二）消费者

区块链技术运用到加密艺术之中，导致加密艺术市场更加透明，在一定程度上消除了中介，使昂贵的艺术品更容易获得。并且，消费者们还可以更快速地转让与赠送他们购买的NFT加密艺术品。但是，由于加密艺术是基于区块链技术，所以对于没有技术背景的人来说，购买和持有NFT是非常困难的。更重要的是，消费者们购买的加密艺术品是依存在网络上，而过去没落的游戏与博客给人们敲响了警钟。当这些网络平台面临倒闭，服务器永久关闭之时，人们就再也不能从互联网中找到他们在那些平台上记载过的信息。NFT是否会存在这种问题？企业家当然会承诺这样的情况不会发生。但是，目前只要当存储NFT的节点处于不可访问状态时，消费者便没有任何办法证明自己拥有NFT或艺术品。

（三）收藏家

大部分收藏家希望得到的回报应该是他们购买的东西会增值。目前，对于加密艺术家和加密艺术品暂时没有一个可以评判价值的标准，在传统艺术市场之中，收藏家往往是从知名的画廊、拍卖行或者艺术家、其他收藏家手中购买作品。他们拥有更高的艺术鉴赏水平与投资眼光。但在加密艺术之中，质量不一的爆炸式作品与新兴艺术家的出现使得以往的投资收藏机制可能会不太适用。然而，部分收藏家认为其拥有的早期著名加密艺术品，最终就像稀有的第一版书籍或价值连城的画作一样，因此也是值得投资的。[①]

[①] 贺玮、王甜：《加密艺术，是数字时代的艺术革命吗？》，《美术报》2021年4月5日，第9版。

（四）画廊、拍卖行

传统艺术交易会被划分为一级市场与二级市场。每个画廊与拍卖行根据自己的价值评估机制从艺术家手中购买艺术品，最终综合考虑艺术创作的成本、艺术家的名声和人脉、消费者偏好与能力等因素出价，这是一级市场。随后，他们以拍卖或画展的形式进行销售，目的是通过该艺术品获得利益的最大化，这是二级市场。但在加密艺术之中，目前它仍然主要处于一级市场，由于平台的低参与门槛，市场上充满成百上千件加密艺术品且每件都是独一无二的，转售的情况不太容易发生。更重要的是，转售的最终价格也是根据隔着电脑屏幕的出价者自身对艺术品的期待价值决定的，因此，任何人都很难保证他们销售出来的东西能真正实现利益最大化。有人认为透明化的交易信息会消除画廊、拍卖行这些中介的作用，然而，笔者认为平台与透明化信息只是一种功能与服务的提供，画廊与拍卖行依然可以通过自身在传统艺术市场上积累的口碑与经验，在数字平台上继续为加密艺术消费者提供中介服务。

（五）投资者

投身于加密艺术的狂潮不单单只有艺术家与消费者，还有一部分只购买NFT这一类型代币、而不用NFT购买任何艺术品的投资人员。他们看中的是代币本身的价值以及相对应的服务，正如前文曾提到，代币本身受价格市场影响较大，因此他们只希望更多不同角色参与进来，让市场更加蓬勃发展，让代币变得更有价值。

（六）创作团队

创建和管理平台网络的团队通过创建第一批代币赚了第一桶金。假设他们创建了1000个NFT代币，并以一定价格向公众销售500个。如果平台销售成功，NFT的价值将会增加，考虑到创作团队在平台中持有大量股份，他们将从中受益匪浅。此外，开发商在交易平台上强制收取10%~15%的交易服务费以及插播广告费等，从而实现收入来源的多样化。

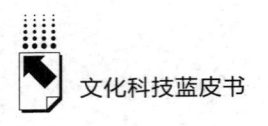

五 结语

加密艺术是加密货币结合数字艺术的一股新型艺术潮流,它跳脱出传统艺术市场的局限给各个利益相关者带来不同的影响。要理解并研究这个领域需要结合艺术史、计算机、管理学、经济学甚至是法学等背景知识。目前,由区块链与NFT技术的不成熟导致的问题,确实为市场增加了一定的不确定性,但考虑到区块链技术与NFT的发展将越来越受欢迎,各大交易平台功能亦会越来越完善,可以预计在未来几年加密艺术品将会增加,消费者比例将会成倍提高。

参考文献

M. Bal,Caitlin Ner,"NFTracer:A Non-Fungible Token Tracking Proof-of-Concept Using Hyperledger Fabric," arXiv preprint arXiv:1905.04795,2019.

B.8
从移植游戏到跨平台游戏：
游戏研发新趋势分析报告

裴一宁[*]

摘　要： 全球游戏市场在今时今日随着手机游戏市场的扩大和手机性能的提升，"跨平台游戏"的热度不断攀升，越来越多的游戏厂商选择将过去只在PC平台发售的游戏"手游化"。国内游戏市场同样欢迎"跨平台游戏"，不仅2021年TapTap的"年度游戏大赏"最佳游戏奖由电脑平台移植游戏《泰拉瑞亚》获得，众多优质的移植游戏开始为手游玩家们提供更高品质的游戏体验。另外，玩家们更青睐跨平台游戏所具备的多场景游玩带来的社交属性。本报告将梳理移植游戏自20世纪70年代电子游戏诞生以来的发展，以及游戏移植的不同方式。在此基础上，对跨平台游戏和移植游戏的概念进行区分，并基于政策层面探讨"跨平台游戏"对游戏研发者的意义，以期对中国游戏研发趋势做出有价值的探讨。

关键词： 移植游戏　跨平台游戏　游戏平台　重制游戏

作为国内最大的移动平台游戏社区，TapTap每年都以"年度游戏大赏"的形式，评选出本年度最好玩、最值得被记住的手机游戏。2022年1月15日，"TapTap 2021年度游戏大赏"的最终评选结果出炉（见表1）。本届大赏共邀请40位包括游戏开发者、游戏媒体、游戏主播在内的专业评委进行

---

[*] 裴一宁，华东师范大学人类学硕士，长期关注游戏行业。

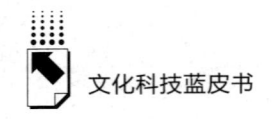

评选，最终共7个专业奖项由评委选出，而"最受玩家喜爱奖"和"最佳持续运营奖"2个奖项由玩家投票选出。

表1　TapTap 2021年度游戏大赏获奖名单

奖项	游戏名
最佳游戏奖	《泰拉瑞亚》
最佳视觉奖	《哈利波特:魔法觉醒》
最佳叙事奖	《露西她所期望的一切》
最佳音乐音效奖	《尼尔:Re[in]carnation》
最佳动作奖	《重生细胞》
最佳玩法奖	《Baba Is You》
最佳独立游戏奖	《Baba Is You》
最受玩家喜爱奖	《重生细胞》
最佳持续运营奖	《原神》

资料来源：《TapTap年度游戏大赏》，参见https://www.taptap.com/game-awards2021。

奖项由多位权威的行业内人士评选得出，具有一定的公平和专业性，体现出对当代手游审美的引导。

有趣的是，作为一个手机游戏平台，最终评选出的9个奖项中，除了《哈利波特：魔法觉醒》《原神》《尼尔：Re［in］carnation》三款原生平台即包含手机平台等移动端的游戏以外，其余均为移植游戏。如《泰拉瑞亚》《重生细胞》《Baba Is You》《露西她所期望的一切》原本在其他游戏平台上就已屡获殊荣，作为移植游戏同样表现出色。电脑平台移植游戏《泰拉瑞亚》获得TapTap 2021年度最佳游戏奖（见图1）。《尼尔：Re［in］carnation》是以主机游戏平台的热门IP为蓝本制作的改编游戏，《原神》和《哈利波特：魔法觉醒》则是跨平台游戏。

获奖的几乎没有单移动平台的游戏，而移植游戏与跨平台游戏又大同小异，这或许意味着一个正在移动游戏平台发生的变革：我们即将在移动平台迎来移植游戏与跨平台游戏时代。

无独有偶，游戏行业研究机构Newzoo在2022年发布的游戏市场预测中

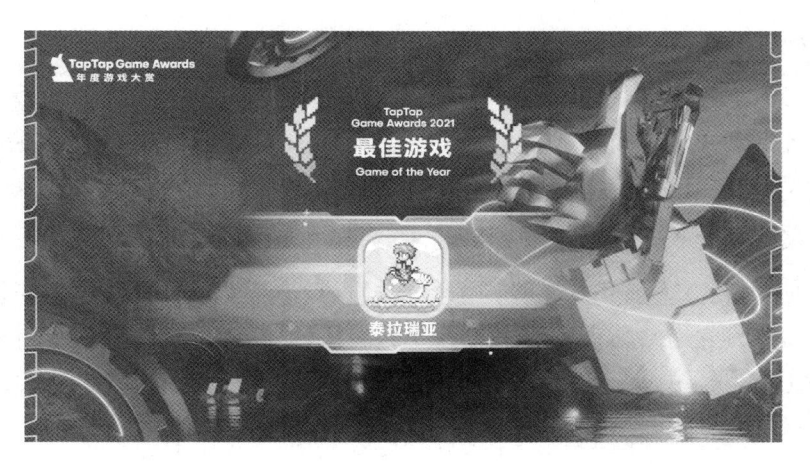

从移植游戏到跨平台游戏：游戏研发新趋势分析报告

图 1　《泰拉瑞亚》获得 TapTap 2021 年度最佳游戏奖

也认为随着技术的发展以及疫情导致的游戏研发速度的放缓，未来全球游戏市场增长点将主要在移动端游戏和主机端游戏领域。显著增长的移动游戏市场将令一些以主机游戏和 PC 游戏为主的公司着手将旗下的知名大作移植至移动游戏平台，手机游戏本身也会变得越来越复杂和真实，这也将吸引主机和 PC 玩家的加入。①

一　移植游戏的历史

何为移植游戏？简单地说，把一个平台的游戏转移到另一个游戏平台上即为游戏移植。游戏平台主要和硬件有关，除了现在普及的个人电脑、安卓系统、iOS 系统外，不同游戏机也代表着不同的游戏平台，比如街机、家用机、掌机。即便同属 PlayStation 系列，比如 PS1、PS2、PS3、PS4、PS5，因其构成的硬件配置差异也属于不同的平台。不同游戏平台不同，其移植难度也不同。不仅仅是平台涉及的底层技术代码的差别，更包括平台的操作逻辑和不同游戏平台的限制。比如 PC 游戏移植至手机平台就需要考虑手机本

---

① 《〈生化危机 4〉到底登陆了多少个平台？》，机核网，2019 年 5 月 21 日，https：//www.gcores.com/articles/109952。

123

身的硬件性能和操作方式。

移植游戏早已不是新概念了。早在20世纪70年代人们就开始尝试将不同平台的游戏向同时代游戏平台移植，比如被视为最早的电子游戏的《PONG》，最初发布于奥德赛游戏机上，于1972年才由雅达利公司移植到其自家游戏机平台上。

而游戏史上被移植最多的游戏莫过于由知名游戏公司Capcom开发的《生化危机4》，它一共登陆了超过10个平台。从最早2005年1月首发于任天堂的NGC游戏机开始，到同年10月移植至PS2平台发布，后于2007年发布PC平台版本和Wii平台版本，此后该游戏被移植到各游戏平台上（见图2）。

二 游戏移植的两种不同方向

游戏的移植可以根据原生平台性能和被移植平台性能区分为向下兼容和向上兼容。

（一）向下兼容

在20世纪70~90年代，早期个人电脑和家用机都受限于性能问题，游戏呈现画面远不如街机，因此当时能呈现最佳画面效果的街机游戏极为盛行。一些游戏厂商便开始着手将街机游戏移植到其他游戏平台，包括家用机平台和PC平台。

不过早期街机游戏都是由厂商单独为定制的机板开发的，若要移植到其他游戏平台，基于当时性能有限的主流处理器，在移植的时候往往需要压缩画质来降低所需要占用的ROM。这也是所有高性能平台向低性能平台移植的通病。

游戏移植在高级语言和跨平台游戏引擎兴起之前，工作量相当大。因为早期游戏开发往往基于不同硬件运行规则设计，导致一些游戏项目如果要移植到其他使用不同硬件的游戏平台上可能需要从底层逻辑开始完全重新编写代码，甚至图像也需要重新绘制。20世纪八九十年代的游戏在移植过程中

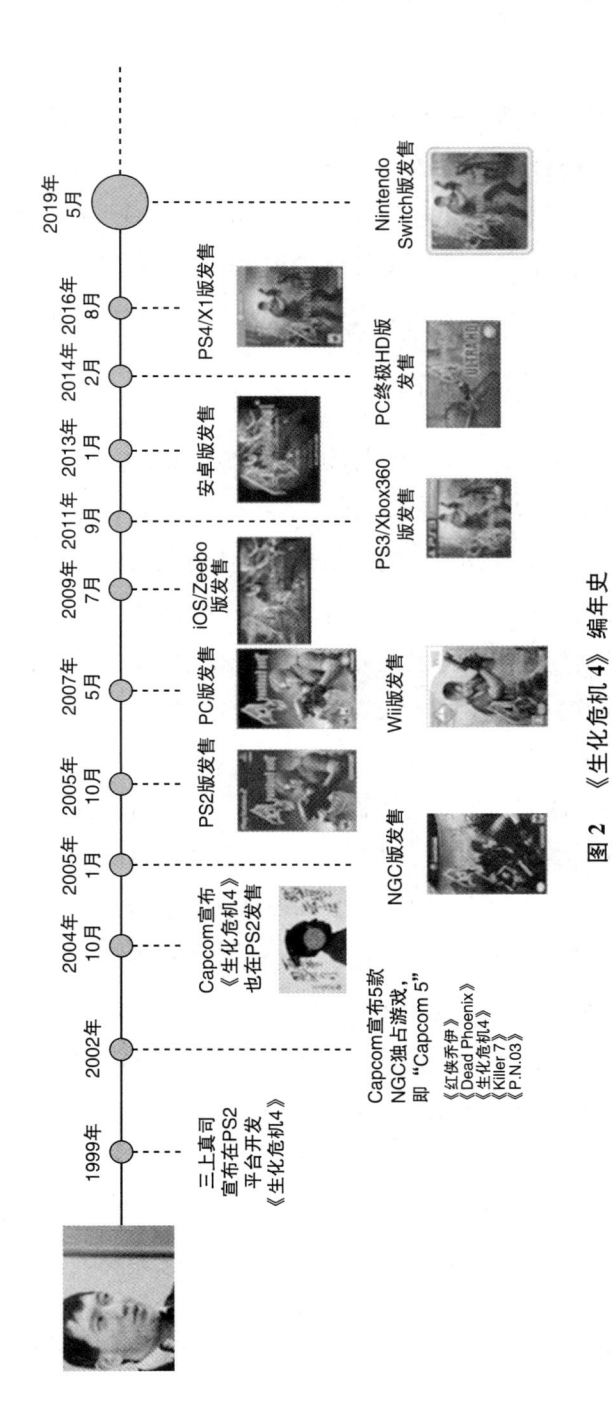

从移植游戏到跨平台游戏：游戏研发新趋势分析报告

图 2 《生化危机 4》编年史

资料来源：《〈生化危机 4〉到底登陆了多少个平台？》，机核网，2019 年 5 月 21 日，https://www.gcores.com/articles/109952。

125

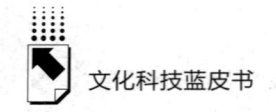

往往被改得面目全非。1984年，《炸弹人》开发商Hudson与任天堂合作，负责将几款FC上的作品搬到家用电脑PC-8801和夏普X1上，其中不少游戏经移植后已经完全变样，这种改变甚至深入核心的设计部分。①

如今大部分游戏在x86架构下使用高级语言和游戏引擎开发，而且家用机和电脑性能差别并没有很大，因此能够减少移植时的工作量。一些游戏甚至一开始就决定在多平台发售，开发时直接选用兼容不同平台的游戏引擎。

（二）向上兼容

20世纪90年代末期出现了一大批街机游戏模拟器，比如最为知名的MAME模拟器（见图3），人们可以通过该模拟器在个人电脑上玩街机游戏。在后来人们也开发出了对应不同主机的模拟器。模拟器就等同于虚拟机，原理是通过计算机程序模拟不同游戏平台硬件参数和主机架构以达到在PC端运行其他平台游戏的目的。游戏开发商们无须重新编写游戏程序的代码，这样就省去了重新开发移植的麻烦，索尼甚至在PSV上内置了一款PSP模拟器以实现向下兼容，即使用PSV玩上一代掌机PSP游戏。

那么既然有了模拟器人们为什么还要移植游戏呢？有两方面原因，一方面，游戏要在模拟器上完美的运行，对安装模拟器的设备处理器性能有一定的要求，除非是官方模拟器，否则逆向工程的模拟器需要占用大量处理器性能，要完美运行模拟器甚至需要电脑CPU性能数倍于模拟器。目前能完美运行的游戏模拟器也基本上是2010年以前的主机，而2005年发售的PS3以其独有的CELL架构变得更难以模拟，这也导致索尼过去可以在PS3上模拟PS2环境运行游戏，而到了任天堂以PowerPC架构的PS4上就只能通过重制来呈现，这也推动了一波游戏行业的"重制潮"。

而另一方面，随着近20年游戏图形技术的发展和硬件设备的不断升级，早期3D游戏的画质已经不能满足现在4K时代的画面精度要求，同时，对

---

① 《不是延期就是崩盘，游戏移植到底有多难？》，游戏时光网，2018年11月24日，https：//www.vgtime.com/topic/1041204.jhtml。

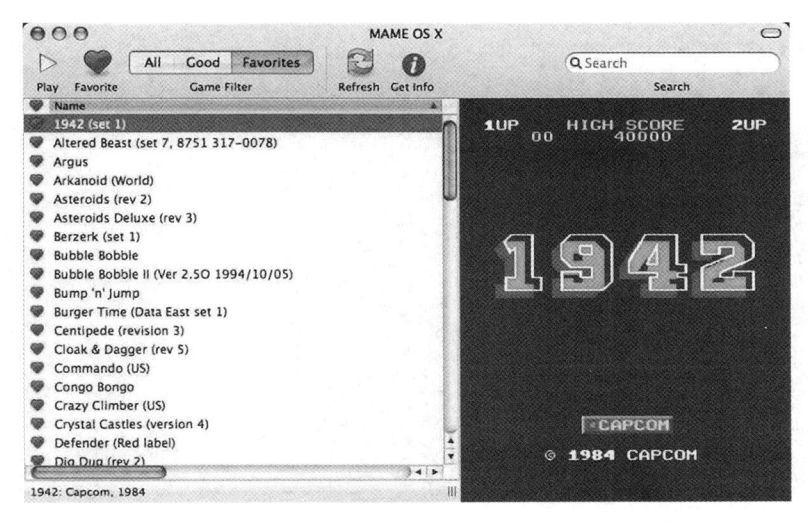

从移植游戏到跨平台游戏：游戏研发新趋势分析报告

图3 MAME模拟器界面

比开发新游戏需要冒着销量风险投入大量人力、物力，游戏制作商也乐意将过去获得不俗销量的老游戏重新制作高清版本后再次发售。当然，从更现实的层面上说，即便不存在画质提升或游戏性的提升，游戏厂商将原本单平台独占的游戏移植到其他平台发售，覆盖更多游戏玩家，进而提高游戏销量。这样对游戏进行优化升级的移植通常是从老平台向更高性能的新平台移植。

这类老游戏推出新版本的时候，往往会给产品增加一些标识以和老版本进行区分，通常有HD、Remaster、Remake和Definitive四类，翻译为中文通常是高清版、重制版和终极版，有时候还翻译为复刻版。通常带HD、Remaster的高清版游戏是将过去的游戏画面通过技术优化提高分辨率，再适配性能更强的平台机提高帧数，有的还会将过去发售的可下载内容（DLC）合并发售。Remake则更倾向于完全的重制，包括素材的重新制作，并且还会加入新的内容。PS4/Xbox One世代（2013~2020年），每年都有相当重量级的重制作品（Remake），以及大量的高清移植作品（HD）。

比如《最终幻想7》于2019年推出的重制版本中除了对1997年发售的原版动画、人物、场景、演出、特效全部重新制作外，还在游戏的战斗系统和故事内容方面做了扩张，甚至增加了地图场景的可探索功能（见图4）。

127

文化科技蓝皮书

图4 《最终幻想7：重制版》及最早版本画面对比

资料来源：《最终幻想7：重制版》官方网站，https：//ffvii-remake-intergrade. square-enix-games.com/en-us/?_ga=2.207772372.719159888.1648966852-139370 2005.1648966852。

三 不可忽视的游戏移植创新开发趋势：跨平台游戏

跨平台（cross-play）游戏并不是简单的移植游戏，而是比移植更进一步。我们经常在中文网络讨论中看到人们将"跨平台"和"多平台"混淆，事实上"多平台"游戏和移植游戏一样，玩家们只不过多了可选择的游戏平台。而在人们将社交场景向网络转移的今天，过去多平台移植游戏但不能跨平台联机的游戏已不能满足玩家的需求，玩家们真正期待的"跨平台"其实包含了"跨平台联机"和"跨平台进行游戏"两种功能。

"跨平台联机"是指一款游戏支持玩家与其他平台玩家共同进行，比如《我的世界》支持iOS、安卓、Oculus Rift、HTC Vive、PC、Xbox One以及任天堂Switch的玩家一起联机。

"跨平台进行游戏"则是指一款游戏可以在电脑、手机、主机端无缝切换，游戏数据互通，在任何平台上都可以继承同一个账号在其他平台的游戏进度。这一功能在非跨平台游戏上可通过模拟器或云游戏串流实现。通常由一台高性能主机作为游戏运行端，通过云数据串流方式将游戏画面传输到用户操作终端，再接收用户从终端下达的操作指令并在游戏运行端进行操作交互。由于云游戏对用户的操作端性能不做太多要求，只对网络通信速度有要求，所以云游戏的形式非常适合面向低性能设备，比如大部分智能手机或平板电脑。

随着技术的进步和开发环境的趋同，主机之间的跨平台游戏其实从技术上说并不难实现。微软在 2007 年 6 月推出 Games for Windows-LIVE[①] 服务以支持 PC 和 Xbox 360 联机（见图 5）。尽管微软在 2014 年关闭了这项服务，但正如微软旗下 Xbox 负责人 Phil Spencer 在 2015 年所提出的"以玩家为中心"，他明白玩家对跨平台的需求，这些年他也在努力模糊 Xbox 游戏和 PC

图 5　Games for Windows-LIVE 页面

资料来源：Matt Peckham，"Games For Windows Live 3.0 Debuts with In-Game Marketplace，" Accessed August 6，2018，https：//www.pcworld.com/article/524767/gfw_ live_ 3_ download.html。

---

① "Games for Windows-LIVE，" https：//www.pcgamingwiki.com/wiki/Games_ for_ Windows_ -_ LIVE。

游戏的界限，试图把 Xbox 打造成 Windows 生态系统的一环。索尼也从 PS2 时期起就推出了支持跨平台联机的游戏，2004 年《最终幻想 11》就可以让 PS2 平台的玩家和 PC 平台的玩家进行跨平台联机游玩，这部游戏也被认为是主机游戏史上最早支持跨平台联机的游戏之一。①

与国外高主机拥有率的情况不同，根据中国互联网络信息中心发布的《第 49 次中国互联网络发展状况统计报告》②，截至 2021 年 12 月，我国手机网民规模达 10.29 亿，较 2020 年 12 月增长 4373 万，网民使用手机上网的比例为 99.7%，其中我国网络游戏用户规模达 5.54 亿，较 2020 年 12 月增加 3561 万，占网民整体的 53.6%。这足以说明我国的网络游戏用户规模之大。而据艾瑞咨询发布的《硬核联盟白皮书：中国移动游戏趋势洞察报告》，移动游戏用户在手机网民中的渗透率已达 72.3%。③ 2021 年中国移动游戏用户规模约为 7.3 亿人，同比增长 2.8%（见图 6）。使用手机玩移动游戏，已成为中国网民最普遍的在线娱乐方式之一（见图 7）。对于我国游戏玩家来说，跨移动端和 PC 端的游戏是其最主流的需求。

艾瑞咨询在 2022 年 3 月发布的《硬核联盟白皮书：中国移动游戏趋势洞察报告》中也认为在技术持续发展和用户游戏场景多样化后，在过去海内外已有数款成功的跨平台游戏珠玉在前的情况下，研发跨平台游戏将成为中国移动游戏研发的新趋势。

我国移动游戏市场上曾掀起过一阵电脑平台多人在线角色扮演游戏手游化的热潮，如《梦幻西游》《剑侠情缘》《完美世界》等游戏都以"情怀"为卖点，在手游平台推出手游版本。这些移动版游戏尽管有着类似端游版的玩法和 IP，但由于电脑端和手游端无法联机也并不互通数据，仍无法将这些 IP 改编类的游戏视为一款真正的跨平台游戏。

---

① 《当聊到跨平台联机的时候，他们其实都在想什么？》，游戏时光网，2017 年 9 月 6 日，http：//www.vgtime.com/topic/798708.jhtml。
② 中国互联网络信息中心：《第 49 次中国互联网络发展状况统计报告》，2022 年 2 月，http：//www.cnnic.cn/hlwfzyj/hlwxzbg/hlwtjbg/202202/P020220318335949959545.pdf。
③ 《硬核联盟白皮书：中国移动游戏趋势洞察报告》，艾瑞网，2022 年 3 月，https：//report.iresearch.cn/report_pdf.aspx?id=3953。

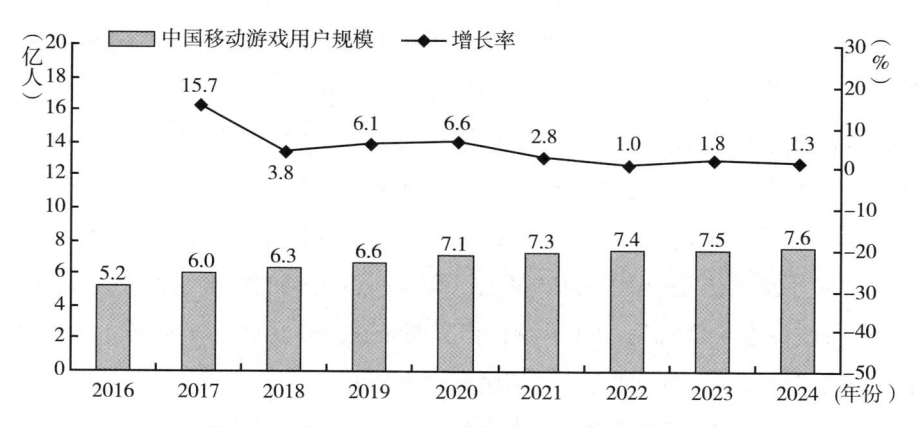

图 6　2016~2024 年中国移动游戏用户规模及预测

注：中国移动游戏用户规模统计包括中国大陆地区移动游戏用户总数量。
资料来源：《硬核联盟白皮书：中国移动游戏趋势洞察报告》，艾瑞网，2022 年 3 月，https：//report.iresearch.cn/report_pdf.aspx?id=3953。

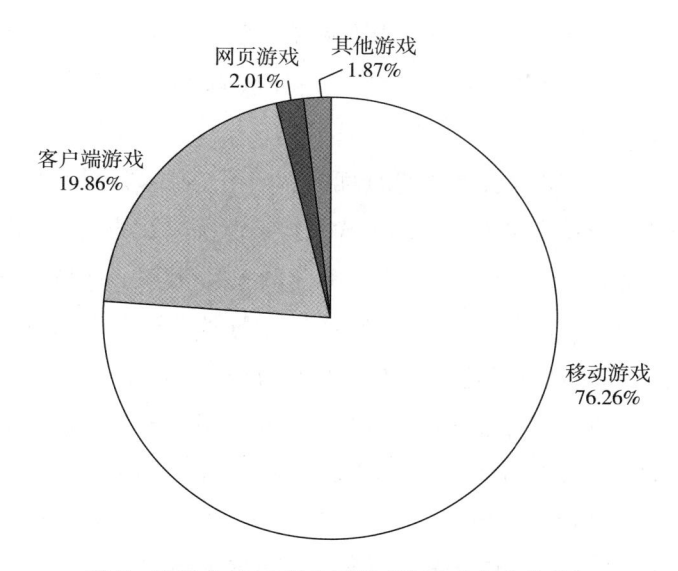

图 7　2021 年 1~6 月中国游戏细分市场占比状况

资料来源：《跨平台游戏报告发布：市场规模超 700 亿元　切入五成以上用户潜在需求》，知乎官网，2021 年 9 月 27 日，https：//zhuanlan.zhihu.com/p/414524098。

一部分玩家认为，多平台游戏和单手机平台游戏代表着两种不同的内容质量。手游除少部分精品外，大多是核心玩法简单的卡牌类手游，以抽卡为营利点，在内容方面并不用心；而以买断制为主且游戏类型更丰富多元的主机和PC平台常常被视为游戏品质的"天花板"，许多游戏史上的经典游戏均诞生在主机和PC平台。由于跨平台游戏向下兼容的特性，跨平台游戏势必需要在开发之初便在内容和质量上以高于手机平台的标准制作。因此尽管《原神》被许多玩家视为一款手游，但其具有的PC平台和PS4平台制作水准使其在手机平台上与同类产品相比有碾压之势。

随着技术的进步和创新，过去手游和端游泾渭分明的情况发生了改变。在海外游戏市场上，早有类似的游戏产品，比如2017年Epic Games推出的《堡垒之夜》（*Fortnite*）①这款游戏，早已登陆PS4、Xbox One、Nintendo Switch、PC、iOS、Android平台，不同平台的玩家可以同时进行游戏。在世界范围内火爆的《原神》，玩家可以在家用电脑或主机上玩，在外用手机上玩，而且《原神》可以提供适合PC端的4K60帧超清画面，而这是手游模拟器给不了的。

其实一直以来挡在跨平台游戏前面的从来不是技术方面的问题，而是不同平台上主要从事游戏分发工作的游戏发行渠道所涉及的利益问题。一些渠道本身代表了游戏平台，比如索尼和任天堂的主机/掌机。就像索尼电脑娱乐（SCE）全球工作室主席吉田修平2016年说的②，Xbox LIVE 和 Playstation Network 跨平台链接的问题比起技术方面的困难，政策和商业反而才是最大的障碍。比如移动平台需要给应用商店的充值分成就让账号数据互通十分困难，因为不同定价策略可能会导致玩家更倾向于某一充值比例更低的平台，对其他平台可能造成不良的竞争影响。针对这一问题，一些跨平台游戏比如《堡垒之夜》采取的措施是给游戏内充值货币增加限制，使其只能在充值平台使用；而另一些游戏则选择将分成比例高或者难以协调的游戏分发渠道独

---

① 《堡垒之夜》官方网站，https：//store.epicgames.com/zh-CN/p/fortnite。
② 《吉田修平：XB1和PS4联机最大困难不在技术》，游戏时光网，2016年3月18日，https：//www.vgtime.com/topic/6085.jhtml。

立出来，采用"部分跨平台"的策略，比如安卓这边不同的游戏分发渠道。但如今在TapTap等游戏社区的影响下，游戏玩家们从官方网站下载游戏安装包已经开始成为另一种心照不宣的共识：如果希望获得跨平台的体验，与不同平台的朋友一起进行游戏，那么从官方网站下载是最佳的选择。

另外，各平台游戏环境差别较大。主机平台是相对封闭的平台，而PC平台是一个更为开放的平台，这就导致外挂滥用，使竞技类、对抗类游戏的玩家体验非常差。跨平台后如何保证主机平台玩家的游戏体验也是需要考虑的问题。

四 结语

版号管控和未成年人防沉迷系统无疑极大地影响了游戏行业的营收。根据中国音数协游戏工委和中国游戏产业研究院发布的《2021年中国游戏产业报告》，自2018年版号寒冬开始，中国游戏市场的增长率便持续低迷，直到2020年才恢复，而2021年7月开始暂停发放版号，又使得游戏市场收入增长率再次下降（见图8）。全球游戏市场研究公司Newzoo认为，受到版号发放和未成年人防沉迷系统的管控影响，2022年美国游戏收入将超过中国。

图8 2014~2021年中国游戏市场实际销售收入及增长率

资料来源：中国音数协游戏工委、中国游戏产业研究院2021年12月发布的《2021年中国游戏产业报告》。

2022年4月国家新闻出版署重新启动版号发放，日趋严格的版号审批亦释放出一个信号，从严的版号发放政策将引导游戏厂商们推出更多生命力强大的游戏来代替过去的"换皮手游"，为市场提供更多优质游戏。需要经受更为"挑剔"的游戏玩家考验的主机和PC平台游戏无疑能给市场更好的游戏内容。

游戏厂商在申请版号时也可以多端同时申请审核，比如2021年7月拿到版号的《海沙风云》和《军师大时代》均为双端过审游戏。对于厂商来说完全可以同时申请。除了版号申请之外，对于尚在等待版号的游戏产品，在TapTap平台上也可以通过预约和发布试玩版提前与玩家见面。

其实就像20世纪70~90年代街机游戏盛行的时候一样，人们希望能在不同场景下玩到好玩的游戏，当时的家用机喊出的口号也是"把街机游戏带回家"。如今50年过去了，在游戏质量越发精良的当下，玩家们开始希望在外出时能在手机上玩到过去只能在PC平台、主机平台上才能玩到的优秀作品。再回顾TapTap 2021年由专业人士和玩家共同评选出的年度游戏，我们或许可以感受到业界与游戏玩家们多么希望在移动平台上玩到与电脑同等品质的游戏。

2022年2月任天堂发布公告，宣布将于2023年3月下旬关闭Wii U和3DS的eShop商店，这意味着玩家将无法购买和拥有经典的任天堂游戏。或许这些即将退出历史舞台的电子游戏也可以通过移植在新游戏平台焕发新生。

而在元宇宙概念火爆的今时今日，各平台对"跨平台"的态度逐渐放开，相信未来会出现更多真正的跨平台游戏。不过真正能推动电子游戏全面跨平台化，还是和游戏开发商有关。近年来真正能实现主机平台、PC平台、移动平台跨平台游戏的均有着庞大的用户量，如《我的世界》靠全球超过1.41亿的玩家体量才拥有了跨全平台的底气（除了PS4平台）（见图9），而《堡垒之夜》2020年全球共有3.5亿玩家，现在《原神》全球每月活跃玩家总数超过6000万。

移动端平台市场在硬件能力提升后急需优质游戏来充实内容，而在许多

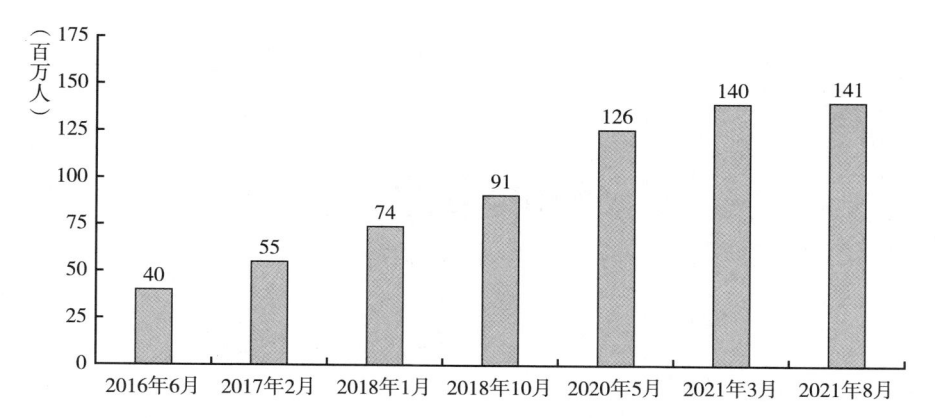

图 9　截至 2021 年 8 月《我的世界》全球月活跃玩家数量统计

资料来源：J. Clement, "Number of monthly active players of Minecraft worldwide as of August 2021," Accessed August 2, 2022, https：//www.statista.com/statistics/680139/minecraft-active-players-worldwide/。

优质 PC 游戏纷纷移植到移动平台的当下，可以预见的是移动端和 PC 端的距离会越来越近，移植难度开始降低。而在元宇宙概念的包装下，跨平台本就是未来的趋势，或许中国游戏开发者应当在立项之初便以多平台开发为目标，从而更大程度地获得玩家和业界的青睐。

参考文献

李瑞森编著《游戏专业概论（第 2 版）》，清华大学出版社，2015。

《重制虽然"可耻"但非常有用》，游戏时光网，2020 年 11 月 4 日，https：//www.vgtime.com/topic/1102859.jhtml。

《时评：PC 独占已过时　网游跨平台或成趋势》，Gamelook 官网，2011 年 6 月 20 日，http：//www.gamelook.com.cn/2011/06/43322。

《我的世界也支持跨平台联机了　为何跟进者这么少？》，知乎专栏，2017 年 6 月 13 日，https：//zhuanlan.zhihu.com/p/27371744。

Tom Phillips, "Genshin Impact comes to Epic Game Store next week," Accessed June 2, 2021, https：//www.eurogamer.net/articles/2021-06-02-genshin-impact-comes-to-epic-game-store-next-week。

产业实践篇
Industrial Practice Reports

B.9
当代中国青年基于网络空间的"吃播"文化分析报告[*]

李丹舟　陈丽霏[**]

摘　要： "吃播"不仅是时下网络直播的一股热潮，也是日常生活审美化的一种文化实践。将稀松平常的一日三餐搬上直播平台，反映了现代城市文明与消费主义浪潮对孕育于中国传统社会结构的"吃饭"所产生的深刻影响。基于经验研究和文本分析，本报告认为当代中国青年运用网络空间构建的"吃播"文化是新媒体环境下的视觉文化、颠覆传统身体审美的"反操演"话语实践、具有青少年亚文化风格的象征符号体系，也是数字创意产业时代下涌现出来的新的大众文化现象。流行于青年群体间的"吃播"文化揭示出这一群体的诸种心理防御机制：拒斥全球一体化导致

---

[*] 本报告系国家社会科学基金艺术学重大项目"习近平总书记关于文化建设重要论述研究"（项目编号：18ZD01）的阶段性成果。

[**] 李丹舟，深圳大学美学与文艺批评研究院副研究员、硕士生导师，研究方向为文化研究与文化治理；陈丽霏，深圳大学文化产业研究院硕士研究生，研究方向为文化研究与青年亚文化。

的食物标准化，纾解快速城市化带来的个体疏离感，追求个人的心灵抚慰与自我认同。

关键词： "吃播"　网络空间　亚文化　治愈系

一　问题的提出

在时下方兴未艾的网络直播热潮中出现了一种特殊的现象：与以唱歌、美妆、母婴、生活妙招、搞笑等为主题的直播不同，这类直播往往是由造型各异的男女主播坐在摄像头前，或用极尽夸张的肢体动作，或用风趣幽默的语言解说，向观众实时表演"吃饭"这一再寻常不过的日常生活仪式，人们将其称为"吃播"。"吃饭"与"直播"的结合，意味着吃饭不再是孤独的"一人食"或小范围内的家庭、朋友聚餐，而是借由网络平台和媒介技术使满屏飘来"食物的气味"，在日趋原子化的陌生人社会中相互交换与食物有关的原初味道、进食感受和情感记忆。本报告认为，观看"吃播"绝不仅仅是隔着屏幕围观吃饭的热闹感，集主播个性化表演、互联网数字经济和全球创意景观于一体的"吃播"现象本质上应当概念化为一种日常生活的文化实践。"日常生活审美化"（the aestheticization of everyday life）指的是消解艺术与生活之间的边界，强调将生活转化为艺术，是深深渗透到生活之中、由消费文化所塑造的新审美符号和新文化潮流。[1] "吃播"是将吃饭的生活行为"美学化"为当代文化经验的符号表征，印证了伯明翰学派视"文化"为不同符号单元之间相互运作的表意系统的观点，由此可管窥"社会系统得以沟通、再生产、经验和探索"[2] 的变迁过程。本报告的写作目的在于对当代中国青年基于网络空间的"吃播"现象进行理论化分析，说明此日常生活文化

---

[1] 陆扬：《费瑟斯通论日常生活审美化》，《文艺研究》2009年第11期，第18~26页。

[2] Williams Raymond, *Culture* (London: Fontana, 1981), p.13.

实践的概念内涵，探讨其生成原因及话语机制，借由部分典型案例梳理中国青年如何在全球"吃播"景观下构建自身的创意版图并进行符码与身体的文化实践，进一步揭示"吃播"文化的表征意涵及其社会指涉。

民以食为天，吃饭是男女老少每天必做的事情，但"吃播"现象的产生、传播和消费群体则相对限定于青年。依据中共中央、国务院颁布的《中长期青年发展规划（2016—2025年）》，青年的年龄范围界定为14~35周岁。与此同时，腾讯研究院基于搜索指数趋势和地域分布的调查报告显示，"吃播"的主力受众群体是20~39岁的都市女性，尤其是生活在北京、上海等一线城市和经济相对发达的省会城市的年轻新住民[1]——这些群体经历了快速城镇化所形塑的现代城市文明、市场化改革所催生的消费主义浪潮的双重冲击，促使孕育于中国传统社会结构的"吃饭"需要面对快餐化、媒介化、全球化的深刻影响而生产新的日常生活文化。因此，聚焦当代中国青年基于互联网空间的"吃播"文化实践，有助于透过"吃饭"在新时代的文化表征去理解社会结构的诸种动态变化。

本报告以经验研究（empirical studies）为主要方法，选取受到当代中国青年热捧的"吃播"平台及其相关文化实践作为案例来源。这些文化实践包括部分"网红"主播的表演、仪式和解说，也有观众针对"吃播"行为发表的评论。本报告主要以文化研究和传播学为理论框架：文化研究将"文化"从美学、精英等固有范畴中解脱出来，取而代之的是以政治经济学、协商的场域来表征社会的生产意义——文化是"社会、经济和政治力量及发展进程的主谋，而不仅仅是这些力量和进程的单纯反映"[2]。借鉴文化研究的思路，本报告旨在考察当代中国青年如何透过"吃播"的系列文化实践构建新的符码和身体风格，探讨这一具有强烈亚文化特质的网络现象与社会转型之间的内在关联。与此同时，本报告也立足传播学的视角，将"吃

---

[1] 《吃播，是怎样凭借一己之胃"征服"世界的?》，36Kr官网，2018年8月1日，https://36kr.com/p/5146058。

[2] Dikovitskaya Margaret, *Visual Culture: The Study of the Visual after the Cultural Turn*（MIT Press, 2005），p. 48.

播"文化视作一种独特的"用户生成内容"（User Generated Content，UGC）进行分析，揭示其非专业化生产的创意特质，尤其是探究亚文化的"草根式"参与和文化创新生态的逻辑关系。

二 "吃播"的现象勾勒与理论阐释

（一）"吃播"的全球版图

顾名思义，"吃播"是"吃饭+直播"的简称。将吃饭搬上网络的虚拟世界，最早出现在2014年的韩国互联网平台上。主播朴舒妍使用网名"Diva"在直播平台AfreecaTV上注册为"直播骑士"（Broadcast Jockeys），当一个面容精致、身材纤细的女孩在摄像头前一口气吃掉12个汉堡、3份牛肉汤、3碗拉面、5份炸鸡、1份蔬菜沙拉、一整盒蟹腿和12个煎鸡蛋时，大量涌入平台的观众纷纷被她惊人的胃口惊呆了，同时也被这个可爱又豪爽的姑娘吸引，陆续成为她的粉丝并成立应援团体。朴舒妍将上班族的固定工作辞去，转身投入"吃播"的职业舞台，制作并播出了一系列吃饭秀的视频及直播，累计观看人数超过1亿人次，这便是"吃播"现象的开端。由此，"吃播"甫一出现便带有东亚新兴文化的特点，这体现在其英文名上——"Mukbang"是韩语的"吃饭"（meokneun）和"直播"（bangsong）的结合。继朴舒妍之后，能吃下100个烤肉串又保持健美身材的"奔驰小哥"、从纤瘦男孩吃成微胖欧巴的"MBRO"、特别能吃辣的"dorothy"等网红博主及直播节目如井喷般涌现。仅在2015年，AfreecaTV的"吃播"主播多达3000多人，每天吸引超过4万名网友在线观看和互动，可供订阅的美食直播频道有数百个。

受韩流文化的影响，"吃播"在日本一时蔚为风尚。事实上，"大胃王"在日本有较深厚的历史渊源，人们往往认为能吃是一种超凡的个人能力而对此予以相当程度的尊重。自20世纪80年代开始，日本各级电视台便热衷于制作以"大胃王"PK比赛、女性"大胃王"旅行等为主题的娱乐节目。以小林尊为代表的知名"大胃王"明星为例,他在2000年首次参加日本国内的"大胃王"比赛便以吃掉16碗拉面的战绩一举成名。之后小林尊在中国香港、中国台湾、新加坡、美国等世界多地参加美食大赛,特别是2001~2006年连续获得美国吃热狗大赛的冠军而在日本家喻户晓。另有频繁在电视综艺节目曝光的豪迈大口吞食女子选手"俄罗斯佐藤"、擅长搞怪卖萌的"正司女王"、胃容量惊人的"molly"等"大胃王"明星,使"吃饭"行为日趋表演化、娱乐化和大众化。因此,与韩国"吃播"博主在直播平台出道有所不同,日本的"吃播"博主大多是从线下电视综艺节目转战线上美食频道。其中,木下佑香最具代表性:她连续参加2009年、2010年和2013年的"元祖!大胃王决定战"比赛并取得优异成绩,她可爱活泼、不落俗套的清新形象备受好评,被粉丝称为"佑晔酱""大胃的小恶魔""大胃天才佑晔"等。自2014年首次在YouTube上发布自己吃牛角包的美食视频,木下佑香的个人频道订阅人数超过400万,累计观看次数多达14亿,来自全球各国的粉丝还为木下的视频制作英语、中文等多国语言字幕。

随着韩国与日本的热门"吃播"视频的广泛流传,自2015年起,英语世界也逐渐掀起"Mukbang"的文化风潮。以美国最负盛名的"网红"主播Trisha Paytas为例,出身洛杉矶普通家庭的她在现实生活中屡屡碰壁,却在互联网的虚拟世界闯出一片天——胃口惊人、大快朵颐、妙语如珠,这些特质吸引了超过280万网民订阅她的YouTube个人频道,累计观看次数超过12亿。诸如Nikocado Avocado、Baddie Madi等当红主播在这场东亚传来的流行文化浪潮中使尽浑身解数,透过具有美式风格的进食表演和脱口秀,为来自全世界各地的网民呈现饕餮盛宴。

论及"吃播"在中国的传播,不能不提到以A站(Acfun)、B站(Bilibili)、C站(吐槽)、D站(我萌)等为代表的弹幕网站,负责上传视频的"UP主"和负责翻译制作的"字幕组"可以说是最早一批将韩日网络"吃播"节目搬运到中国的群体。2016年投身"吃播"行业的"大胃王密子君"成为中国"吃播"的代表。她与日本的木下佑香类似,最早通过一系列网络吃饭比赛出道并积累了相当的人气,特别是在16分20秒内吃光

10桶火鸡面而一战成名。更重要的是,她食量巨大、吃相豪迈,面对美食来者不拒,在B站的订阅粉丝达到130万,播放次数更是超过1.8亿。2017年以来,随着网络直播的风生水起和直播平台竞争逐渐白热化,"吃播"的类型也趋于多元化:斗鱼直播多推送"女神+吃播"来吸引注意力;花椒直播别出心裁地透过"明星+吃播"的方式吸引特定粉丝群体观赏;快手直播立足"草根"路线,将"农村+吃播"的土味路线发挥到极致;抖音直播极大地发挥"吃播"的营销动能,"吃什么""怎么吃"一度成为网红美食、网红餐馆甚至网红城市的助推器。拥有220多万粉丝的"猫妹妹"、爱吃牛蛙和串串的"朵一"、身材瘦小却是名副其实大吃货的"mini"等中国主播在"吃播"的全球化推广中扮演着独具风格的角色。

(二)"吃播"文化的理论化

如英国伯明翰学派的代表人物雷蒙·威廉斯所言:"文化可能是英语中两到三个最为复杂的词语之一。"[1] 之所以将"吃播"视作一种文化,是因为"吃饭+直播"的耦合已超出一日三餐的生活行为范畴,而是通过美食符码、身体表演、创意产业、全球青少年文化等多个意义符码为"吃饭"这一稀松平常的生活方式赋予新的表征内涵。所谓"文化本是平常事""文化是整体的生活方式","吃播"的兴起恰恰印证了"新文化史"[2] 对"文化"的理论解释:"文化"是一种象征符号体系及其解释[3]。下文将对"吃播"的文化意义及其社会指涉进行梳理。

1. 吃饭的符号化与身体的"反操演化"

打开任意一个"吃播"视频节目,扑面而来的首先是满屏的食物,如炸鸡块、拉面、烤串、海鲜、咖喱饭、炭烤猪蹄、比萨、牛排、麻辣小龙虾

---

[1] Jackson Peter, *Maps of Meaning: An Introduction to Cultural Geography* (London: Unwin Hyman, 1989), p. xi.

[2] Hunt Lynn, et al., *The New Cultural History*, Berkeley (Los Angeles and London: University of California Press, 1989), p. 9.

[3] Burke Peter, *What Is Cultural History?* (Polity Press, 2008), pp. 51-52.

等。当金黄酥脆、肥美多汁、热气腾腾等知觉感受透过视频画面清晰传达时，这些诱人的美食构成一个个显著的视觉符号。作为一门研究符号的本质、变化和意义的学说，符号学的核心观点为符号是任意的（arbitrary）。这也是语言学家索绪尔所论述的符号由能指（signifier，多为声音或形象）和所指（signified，概念）构成，但能指与所指之间的关系往往受制于约定俗成的规则而非自然而然的。美国符号学家皮尔斯进一步把符号分为三种类型：①相似符号指的是符号与指涉之物之间的相似性；②指示符号指的是符号与指涉对象之间存在的某种联想关系；③规约符号指的是符号与对象之间的关系及其意义由社会规约所限制。皮尔斯所说的第三种规约符号与索绪尔所说的"任意/武断"符号相近，均将符号理解为一种再现系统，即透过符号在特定文化脉络中约定俗成的使用而衍生出新的意义。由此，符号化的过程是文化实践的过程，符号的意义延伸意味着文化的动态生成。法国哲学家罗兰·巴特在1964年出版的《图像修辞学》中深入剖析了视觉符号的特点，认为较之文字符号的可知性，视觉符号更多的是拥有一种不稳定性，因为图像的细枝末节往往潜藏着一种隐喻式的扩展力量，或多或少能勾起观者某种潜在的东西（如回忆、情感、感觉等莫可名状的经验）。可以说，符号学帮助我们更好地解释搬上网络直播平台的美食，它们不仅指涉现实生活中的具体食物，也透过香喷喷、热乎乎等视觉符码向观众传达饥饿感或饱腹感；更重要的是通过丰盛的"眼球大餐"，令网友在观看进食的同时，也会因为桌上摆放的某种食物、食物的某种做法、主播的某句解说词等细节而产生"怀念那一口家乡味""胖子的罪恶感""一个人也要好好吃饭"等社会—文化层面的意涵。因此"吃播"不仅仅是简单罗列或展示生活中的食物，而是将食物作为符号进行排序，继而把食物本身的颜色、形状、味道与更为庞杂的社会语境连接，由此"吃饭"成为一种新媒体环境下生产出来的视觉文化。

各路主播的实时直播进一步通过形形色色的表演行为，将"吃饭"形塑为一种话语实践。话语（discourse）原意为文本或言说形成的一种有意义的解释。但文化研究深受福柯论述的影响，把话语界定拓展为语言与实践的结合，认为必须通过语言在特定物质和历史条件下的知识生产来赋予事物意义。因此，话语并非语言意义的单纯反映，更多地强调社会实践中不同权力的运作是如何构成论述活动，又如何透过这种知识生产使物质性客体和社会实践获得意义。将"吃饭"直播化，其本质是透过主播的身体表演来生产一种关于"吃饭"的另类想象。原本语言学层面的操演（performativity）用来指称社会规范或惯习是如何透过认同论述来为对象命名，但"吃播"的话语实践却有"反操演"之操演的意味：主播们往往吃一些人们生活中不敢大快朵颐的高油、高脂、高热量食物，"要做微胖界的人生赢家"此类说法意在颠覆"以瘦为美"的身体审美标准；摄像头前的主播大多一见美食就两眼放光，或得意忘形，或手舞足蹈，此种不顾及形象的大口吞咽和暴饮暴食旨在挑战优雅进食的礼仪束缚；除了饱受诟病的快餐食物，不少"吃播"节目也把天妇罗（日本）、麻辣兔头（中国）等充满异域风情的本土饮食发扬光大，意在质疑以麦当劳、可口可乐等美式食物的全球化扩张导致的味觉同质化。

总的来说，对身体审美、餐桌礼仪和食物选择的去魅与重构，使"吃播"透过对吃饭规范的拟仿（parody）不断地去除原本的操演特质。身体的片刻解放在虚拟世界中得到实现，反而成为一种兼具感觉性和实践性的行动因子，达到抵抗"美的标准""优雅的餐桌礼仪""我就喜欢麦当劳"等言语霸权的"反操演"效果。此种话语实践深刻地说明"吃播"是以一种具有强烈反叛特点的仪式化风格对"吃饭"的社会规约进行抵抗。这些搞笑逗趣的节目往往被制作为一日三餐的"麻烦制造者"，以风格化的象征行为颠覆主流文化定义下的"吃饭"而获得属于自身的生存空间。

2. 非正式性的全球"草根式"参与

与广邀名厨或明星、善于呈现食物之精美的传统美食节目相比，"吃播"节目显得相对不拘小节、幽默搞笑、古灵精怪、平民化、接地气、无厘头……一般由一个主播或其搭档在摄像头前表演进食，他（她）吃下的食物大多为路边摊、大排档等平价美食。无论从呈现的内容还是形式上看，"吃播"远远算不上正式，不仅缺少对刀工、火候、搭配和营养的讲究，也没有制作精良的米其林美食或高级餐厅加持，往往被认为是"土味儿""糙风格""野路子"。

　　从传播学的角度看，媒介研究在全球"文化转向"的整体语境下出现了一种理论新视角——"用户生成内容"，该理论主张数字技术推动了传播内容、媒介载体和参与社群的革新，对社会发展产生不可估量的影响。作为一种游走于边界的新生事物，"用户生成内容"的最大特征在于"非正式性"（informal），该特征使其与那些被专业机构或公共媒体掌握的专业生产内容相区分，推动媒介工业出现一股兼具颠覆性和创造性的生产力量，完全与专业化的媒介相对立。有学者进一步将依托数字技术进行个性化表达的力量界定为"媒介工业内在的循环动力"[1]，认为文化的创意性恰恰来自这些持续改变中的力量。"用户生成内容"理论恰好可以解释新媒体环境下"吃播"现象的一体两面：既是后现代消费文化的创意源头（文化属性），又是媒介技术和商业资本流通下的文化商品（经济属性）。

　　"吃播"的非正式性首先体现在将仪式风格转化为文化创意。"用户生成内容"理论认为，传播内容转变的关键就在于得到数字技术赋权的使用者在新旧媒体之间占据一个高度自治的空间，新的文化生态得以萌芽。"吃播"节目的制作团队和受众群体大多倾向于年轻化，有趣的解说、动听的BGM（背景音乐）、用专业数字设备拍摄与制作的视频均使这一类型的直播烙印上青少年文化（youth culture）的印记。深受流行文化的影响，该理论认为青少年独特的音乐、时尚、舞蹈、语言和休闲娱乐等风格元素构成了空间、仪式、风格、品味、媒介、消费等社会文化实践及其意义[2]，本质上是后现代社会以戏仿和拼贴为主旨的创意资源，不仅是一种由消费主义而兴起的商品文化，而且从风格、品味、仪式和使用媒介上皆呈现特定的元素。青少年文化的基本观点与亚文化（sub-culture）相近，多用来意指一种与"父辈文化"（parent culture）相区分的生活方式和意义版图。亚文化之"亚"

---

[1] Lobato Ramon, Thomas Julian, Hunter Dan, "Histories of User-Generated Content: Between Formal and Informal Media Economies," *International Journal of Communication* 5 (2011): 899.

[2] 〔英〕Chris Barker：《文化研究智典》，许梦芸译，韦伯文化国际出版有限公司，2007，第232页。

当代中国青年基于网络空间的"吃播"文化分析报告

体现在这种文化由共享特定价值与规范的团体所构成,尽管这些价值与规范被认为不同于主流社会之价值,但又可以让社群成员透过另类的生活经验和虚拟空间来认识世界。亚文化理论主张意义符号的要素具有独特的风格,包括音乐形式、时尚品位、休闲娱乐乃至语言的选择,这些表意实践的组合便形成了主流文化之外独特的文化经验。"吃播"之所以受到"佛系青年""丧系青年"群体的欢迎,主要是因为耳目一新的制播方式、节目主题、主播个人风格和畅所欲言的互动交流所展现的极大创意性,同时也呈现与主流"吃饭"文化不尽相同的另类减压方式。其游走于主流与非主流之间的边界特点也是伯明翰学派所强调的介入"抵抗"与"收编"中间地带的动态过程,故而兼具青少年文化和亚文化的特质。

"吃播"的非正式性还体现在把使用者转化为创意阶层。网络文化在一定程度上可视作一种参与式文化,因为大量"草根"个体抓住技术机遇,灵活运用新媒体技术,在全新的数字环境中拓展了内容表达的范畴,并以此来呈现多元化的创造力。[①] 作为通过现代传播技术进行跨国输出的全球性文化景观,"吃播"的观看者不仅局限于普通受众,这些网络用户群体的身份更趋近于积极活跃的贡献者或消费者,因而具备内容生产、消费行为和数据生产三方面的能动性,推动以生产信息和内容等文化商品为己任的创意阶层的涌现。

在消费社会学范畴里,"生产消费者"(prosumer)的概念进一步指出,与大批量生产时代下生产与消费的分离不同,后福特主义的经济需要持续地将消费者整合进生产环节。"吃播"的用户介于专业生产者和文化消费者两极之间,其身份更像是"共同创造者"(co-creator)。在现实生活中,"吃播"用户的参与行为是极其丰富的,包括内容的创造者、直播平台的浏览者或不活跃的观众,形形色色的互联网小组、社群中也包含了不同的"吃播"用户。正是因为用户在数字技术的驱动下具有强大的生产力,倡导平

---

① Jose van Dijck, "Users Like You? Theorizing Agency in User-Generated Content," *Media Culture & Society* 31 (2009): 58.

等共享价值观的共创理念正在改变传统观念下的消费观,鼓励用户积极参与社群、改变世界并享受乐趣。例如早期"吃播"主播的赢利模式在很大程度上为粉丝打赏,受众掌握付费的按钮,一旦心仪吃饭直播秀便会付钱送上爱心、气球等打赏物,但如果不满意主播的表演则会迅速离开,导致流量和收入的锐减。因此,一方面,"吃播"的 UP 主必须以用户需求为中心进行吃饭表演;另一方面,用户的多样化参与模式也说明消费活动正在转向生产活动。用户不仅仅是内容使用者,对广告商和新媒体平台来说更是潜在的数据提供者——通过追踪他(她)们的行为和活动来进行大数据计算并制作和发布个性化影音内容,进而改变媒介工业和广告公司的商业行为。例如"吃播"的知名博主一旦积累了人气,各大直播网站便会依据大数据邀约他(她)入驻平台,以此吸引粉丝打赏并赚取流量;相应地,人气主播也需要依托大型平台,通过开设特色频道为自己增加曝光度。由此,"吃播"背后的文化经济逻辑就是以互联网为媒介载体的创意活动,这揭示了形形色色的用户活动并不是简单的"阅过即焚",而是被纳入算法技术和大数据企业所操纵的全球文化产业。

(三)"吃播"文化的概念化

依据上文所述,本报告将当代中国青年基于网络空间的"吃播"文化现象概括为以下四点:①它是一种将美食不断编码的符号生成过程,通过对性状、气味等指涉对象进行视觉再现,动态地生产多层肌理的文化意义;②它是一种挑战传统审美、餐桌礼仪和健康标准等言语霸权的"反操演"话语实践,目的在于实现对"吃饭"既定规则的拟仿和戏谑,形成另类的反叛风格;③它是一种具有青少年文化及亚文化特点的象征符号体系,"吃什么""怎么吃""谁来吃""谁在看"均体现出特定青年群体对特定仪式、品位等表意系统的创意诉求;④它是新自由主义背景下文化生产趋于消费化、共享化和媒介化的显性表征,无论是"流量经济"还是"平台进驻",都体现出数字创意产业对流行文化生成机制的深刻影响。

三 研究方法

本报告主要采纳个案研究和话语分析方法，其中的分析案例源自当代中国青年常用的直播网站，涵盖 B 站、抖音、快手、斗鱼直播等大型平台。根据青瓜传媒所做的《B 站产品分析报告（2019 年）》，B 站的使用群体大部分集中在 30 岁以下，多数为 30 岁以下的学生或年轻白领，其中 24 岁及以下用户占比为 38.51%，25~30 岁用户占比为 33.75%，31 岁及以上用户呈现随年龄增大占比递减的分布趋势。[①] 另有企鹅智库的调查报告显示，24 岁及以下使用抖音短视频的用户占比为 75.5%，25~30 岁的抖音用户占比为 17.5%，31 岁及以上的用户整体占比仅为 7.0%；快手的用户年龄分布与抖音相似，24 岁及以下用户占比为 66.6%，25~30 岁用户占比为 19.6%，31 岁及以上用户所占比例则为 13.8%。[②] 斗鱼产品分析报告也显示，25~35 岁的用户构成斗鱼直播的主力军，以初入职场的普通年轻男性为主要特征。[③] 上述四个直播平台的用户群体特点与本报告的研究对象相吻合，故以此作为经验研究的数据来源。首先，针对美食的符号化再现及对传统"吃饭"标准的表演性颠覆，B 站的大胃王密子君、斗鱼直播的大胃王朵一的直播秀具有一定代表性，本报告将选取特定节目进行文本分析。其次，快手擅长的"土味吃播"和抖音推送的"网红吃播"是带有青少年亚文化特质的象征符号实践，本报告将筛选具有标志性特点的视频案例展开讨论，并聚焦"吃播"所形成的亚文化创意产业链和运行机制。最后，本报告也深入探究"吃播"文化的后现代主义症候，考察其对以"麦当劳化"为特征的全球标准化"吃饭"所构成的反叛。

[①]《B 站产品分析报告！（2019）》，青瓜传媒官网，2019 年 3 月 20 日，http：//www.opp2.com/123589.html。
[②]《企鹅智库｜快手＆抖音用户研究报告》，网易，2018 年 11 月 18 日，http：//dy.163.com/v2/article/detail/DVUNUFJK0511BHI0.html。
[③]《斗鱼产品分析报告：直播的底线与边界》，搜狐网，2018 年 8 月 6 日，https：//www.sohu.com/a/245517645_114819。

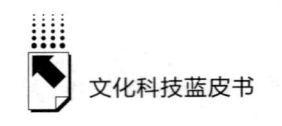

四 美食与快乐齐飞

"吃播"最为直观的特点是"辣眼睛"的满满食物,搭配主播们夸张的进食表演。在带给观众无数的快乐与欢笑之余,将"吃饭"直播化意味着一种以美食为核心的视觉文化正在新媒体环境下逐渐成形。主播的直播秀则有打破"吃饭"既定社会规约的意味,以其不拘一格的风格化表演质疑社会对身体审美或健康的诸多标准。

(一)食物的视觉盛宴

美食的图像化并非新鲜事,但"吃播"的视觉传播形式却有其独到之处:与静态的平面照片相比,直播使食物的呈现更为动态化和立体化;与纪录写实的《舌尖上的中国》、传授做饭方法和心得体会的《天天饮食》、明星分享美食诀窍的《锋味》、中外大厨比拼的《厨王争霸》等美食节目不同,"吃播"的主播大多为普通人,不以高档食材、大牌加持取胜,也较少进行做饭"教学",而是用摄像头直观地呈现色味俱佳、诱人的"平民"美食,拍摄背景也较为生活化,常取景于出租屋内、夜市、路边食肆等地方。饕餮盛宴令人垂涎三尺,直播的场景接地气,再搭配上主播或轻松或幽默的表演及脱口秀,往往吸引了屏幕前无数双眼睛的注意力,试图在这些食物中寻觅人生的况味。

密子君在 B 站的"大胃王密子君"频道拥有 179 万粉丝,因其可爱活泼的外貌和狼吞虎咽的风格广受好评,也因此被评为 2018 年度百大 UP 主、知名 UP 主。视频《以身试毒千万次,只为吃一口甜皮鸭》介绍的是四川乐山的甜皮鸭,甫一打开视频看到的即是满桌子的食物,坐在桌前的密子君用手拿起鸭肉便津津有味地啃了起来,酥脆香口的鸭皮、爽滑酥嫩的鸭肉呈现得精美绝伦,吸引涌入的粉丝发射"这个一看就很正宗很好吃""这个巨好吃""也许我能吃掉一只""甜皮鸭超好吃,而且热热的更好吃"等弹幕评论,这说明"吃播"可以直观清晰地呈现现实生活中的美食。视频《100 吨的小龙虾要拿什么锅来煮?》制作精良,密子君把潜江的精品油焖虾、蒜蓉虾、蒸虾、卤虾、爽口鱼皮等特色美食呈现得精致可口。网友纷纷留下"隔着屏幕都能闻到香味""看饿了""留下了贫穷的口水""好想吃"等弹幕评论,这又说明视频画面通过将食物的形状进行视觉编码,生动地向观众传递共通的感受。《大胃王密子君:你们武汉人真的好 hào 吃!》《居然美食领域也有黄牛票!长沙的朋友是真的吗》《我的家乡重庆,进击磁器口,我们未完待续》等实地取景的直播节目,以活泼逗趣的方式展现一道道富有特色的地域美食,引来"武汉人在此""壮哉我大武汉""长沙人路过""在我大长沙了""我重庆的""重庆人来了"等弹幕评论刷一波家乡情结与食物记忆。值得注意的是,密子君也制作了"一人食"的系列"吃播"视频,诸如《一人寂寞的吃九宫格火锅》《一人吃米饭》《一人吃帝王蟹》等节目牢牢地抓住了那些漂泊在外、经常一个人吃饭的年轻人心理,纷纷围绕着食物味道、地域吃法、背景音乐、密子君身材等议题进行评论,以达到解压安抚的效果。

密子君的案例说明"吃播"不仅仅是食物的视觉化,更重要的是透过丰富多元的视觉再现各种美食而生产出一种趋于直观化、通俗化、大众化的当代视觉文化,其本质不过是后现代消费主义时代下的快感文化,也就是试图通过"吃"的符号化影像中介来重构人与人之间的社会关系。

(二)身体的解禁狂欢

文化学者周宪认为"身体是我们最直接又最具体的物质性存在,是我们交往、劳动、闲暇甚至思考的载体"①,这说明身体绝非血肉之躯的生理性存在,更是受到社会制约或塑造的社会性存在。美与丑、胖与瘦、健康与病态等符号意涵深刻地指出身体的社会文化功能。如福柯"驯顺的身体"(docile body)所强调的身体被操纵、被改造和被规训均意味着一种新的知识形式的产生,较之以明星或大厨为主体的美食综艺节目所打造的"理想化的身体",以纯粹吃饭为乐的"吃播"想要挑战的是社会施以身体的种种

① 周宪:《视觉文化的转向》,北京大学出版社,2008,第 324 页。

标准。因为这些主播往往带有不怕胖、不怕吃相难看、属于天生的"吃货"等标签;所选取的食物也未必是符合健康标准的,反而有不少是快餐、火锅、串串、烧烤等看上去不那么健康的食物;主播们吃饭的目的也很简单,开心就好是最高准则。概括而言,"吃播"是以一种反常的话语实践来颠覆社会关于身体的权力话语和真理知识,进而实现身体的反审美化生产。

斗鱼直播的朵一是名副其实的大胃王,她爱吃的往往是类似火锅、炸鸡、烤肉等高油高脂高盐的垃圾食品。《过完年依然要大口吃,带上弟弟一起吃烤肉!》呈现的是满屏幕的韩国烤肉,长达五分钟的视频里只见朵一和弟弟不停地夹肉、放入烧烤盘、盛出后大口咀嚼。网友评论"真羡慕她吃那么多还不胖",朵一肆无忌惮地吃肉意图证明身材胖瘦的标准不重要,重要的是开心地吃饭与开心地过年。《吃货的日常·我的周末被自助火锅和牛排做了》视频中出现了至少二十几碟自助火锅的配菜和蘸料,尽管朵一长相甜美、妆容精致,但她的"吃饭"行为却与身体的美大相径庭,胡吃海喝、狼吞虎咽传递了这个主播姐姐快乐的周末日常生活。在《登了岳麓山,恰了易烊千玺学校旁的美食街》中,朵一边玩边吃,让观众在饱览长沙美景的同时也尽赏可口的食物。有趣的是,朵一实时呈现了美食街的各种美食,如臭豆腐、麻辣烫、糖油粑粑、米粉、鸡爪、烤串串。朵一选取的都是平时不入主流的路边摊,这些在营养词典里被列为不健康的食物,她吃得津津有味,这实际上是利用自己的表演反对传统身体美与健康标准的文化霸权,并向他人传递一种拒斥"理想自我"的风格化话语实践。

五 "吃饭"的亚文化风格

"风格(style)是由青少年次文化的表意实践所构成,包括意义符码透过商品转换为文化符号。"① 一旦这些意义符码借由行为、活动甚至态度进

---

① 〔英〕Chris Barker:《文化研究智典》,许梦芸译,韦伯文化国际出版有限公司,2007,第232页。

行拼贴组装，与主流文化相区分的、差异化的文化认同得以形塑。作为后现代消费文化的创意拼装主体，青少年亚文化被认为是最具有反抗话语霸权的风格化载体，这在以青少年为主要受众群体的"吃播"文化中尤为突出。当"女神风、乡村风、宿舍风……"等标签贴在"吃播"视频上时，这些节目无疑正通过各具特点的制作手段和主播表演，形成富有特色的个性化风格。以下选取"土味吃播"和"网红吃播"两种直播形式分析其风格特征。

（一）"土味吃播"

以"土味"著称的"吃播"节目可分为两种类型。

一是原生态的乡村田园风格，讲究就地取材，集烹饪和吃饭于一体，充满野趣野乐。快手主播野食小哥在户外表演吃饭，他以返璞归真、回归自然形成标识性的个人风格。《找个山洞随便吃点》视频中，只见他一身户外装扮，溯溪进入一个幽静的山洞，在漫过膝盖的山泉水中支起小桌子，用便携式燃气灶煮上一碗蔬菜速食面，佐上泉水冰镇过的饮料，好不惬意的一人食！这则视频引来超过13万次的播放量，粉丝评价"美哉美哉""看得我羡慕嫉妒恨""行到水穷处、坐看云起时"，纷纷认为淳朴的食物代表了内心所向往的生活。《神仙搭配》的主题是酸辣鱼配蘸水，野食小哥亲力亲为，捞鱼、杀鱼、配菜、做饭、吃鱼全部由自己完成，恬静的乡村风光、清新的背景音乐，令网友感叹"好安逸的生活""主播是一个特别懂得生活的男人"。实际上，这类山野生活题材的"吃播"将吃饭回到最本真的自然状态，反映了现代都市年轻人渴望暂时抛弃工作的压力、在乡土生活中寻觅宁静和闲适的迫切心情。

二是以"风格野、路子糙"为标志的"死亡魔幻风吃播"，往往烙印上猎奇、高能慎入等印记。生吞墨鱼、吃下一整筐泡面、暴虐式吃辣椒、宠物陪吃饭等卖丑式"吃播"层出不穷地出现在这类夺人眼球的吃饭秀视频中。《一分钟不加速吃吃吃》表演的是在一分钟以内吃掉一整盘的辣椒拌丝瓜；《新品饮料要靠绝活喝》表演的是一口气喝光两瓶新上市的汽水；《七天没吃饭了》的主播坐在海边，吃下一整锅的扇贝和龙虾；《全网首个吸虾的老

151

娘们》则表演了与一般吃虾不同的生吞活剥吸虾方法；《小哥一人吃掉一整筐油条》播出的是某年轻男子把早餐店刚出炉的二十几根油条一口气吃光——素人出镜、夸张搞怪甚至带有一定"自虐"倾向，此种"土味吃播"在引来流量和打赏的同时也饱受诟病，成为快手平台监管和治理的重点对象。卡思数据的用户分析报告显示，"土味吃播"博主"海边妍妹"的用户分布虽然与"大胃王密子君"略有不同，但6~30岁的年龄层用户整体占比超过70%。[①] 这说明青年在网络世界追求猎奇的本能和欲望，观看日常生活中难以见到的画面往往能够满足其好奇心，使其暂时甩开学习或工作的烦闷。

（二）"网红吃播"

网络红人简称"网红"，指的是在网络媒介环境下因特定事件、行为或知识传播一炮而红的人。作为抖音平台的一大亮点，"网红"与"吃播"的"联姻"意味着打造以"网红主播+餐馆+城市"的品牌营销为载体的创意产业链，并以其浓厚的互联网特质与其他营销手段相区分。基于个性化的传播内容和多样化的媒介载体，独特的仪式风格和丰富的文化指涉成为"网红吃播"的标志。例如抖音公众号"探店魔都"制作的《夏天就要吃【0°冰火锅】》，通过可爱的主播姐姐推荐汤底结冰的牦牛火锅，让观众了解隐藏在上海巷弄的特色美食。这则短视频是抖音在2019年4月发起的"抖 in City 城市美好生活节"的一个缩影：取代千篇一律的城市宣传片，追求碎片化和即时性的直播有助于深度挖掘城市的多个特色和亮点。其中，"网红吃播"通过主播在网红地标打卡及其潮流"吃饭"体验秀，实时传递城市韵味，成为城市品牌的营销增长点。诸如重庆的酸辣粉、西安的羊肉泡馍、成都的蛋烘糕……主播们走入城市的街头巷尾吃吃喝喝，欢声笑语之余也将食物的味道、场景的记忆和用户的情感相连接，城市的美好生活由此成为无数

[①] 《疯狂的土味吃播》，搜狐网，2019年6月19日，https://www.sohu.com/a/321689605_100117963。

个用户生成内容的创意源头，更能贴近年轻用户的内心世界与生活体验，实现与广大青年群体的价值共鸣。与此同时，基于媒介技术的易取得性（accessible），抖音的使用者不再是被动的接受者，而是扮演丰富角色的参与者。正因为主播既是美食的消费者，又是视频的生产者；用户既是短视频的消费者，又是城市新兴文化的共创者；平台在专业性和观众性之间发挥了中介作用——抖音"吃播"的文化经济学充分说明，消费社会下的风格和品味能够借助现代传播科技构建文化商品、意义及认同，亚文化的本真性、抵抗性和地域性正趋于混杂化、资本化和全球化。

事实上，从韩国、日本和美国的"吃播"全球景观可窥见亚文化的创造力是如何收编成一种文化资本或创意性消费的。例如，韩国"吃播"的职业化仰赖创客平台 MCN（Multi-Channel Network）、非政府组织 SBA（Seoul Business Agency）的合力推动，前者孵化的 Sandbox 为大量业余爱好者提供创意策划、视频剪辑制作、传播和运营等系列服务，后者则为线上创作团队提供资金补助和相关课程指导。日本的创新平台 UUUM 注重网络造星，主要是通过个性化地塑造"吃播"主播品牌，打通线上与线下、明星与粉丝、商业合作与品牌推广等渠道，使木下佑香这样的"吃播"流量网红成为网络空间的耀眼明星。美国的模式则是依托成熟的网络平台打造"吃播"的全产业链，涵盖谷歌的大数据、YouTube 的技术支持、游戏直播网站的平台支持，成功塑造了一个个流量红人。可以说，在杂糅"草根精神"和业余文化的虚拟世界里，强调自由、情感性和文化内容生产的业余或半职业化创意阶层大量出现，恰恰适应了主打"数字经济""集体智慧""长尾理论"等概念的新自由主义的时代背景。这些年轻的面孔既是媒介研究定义下的"积极的观众"[1]，也意味着标榜高度自治、创造力和玩乐的日常生活变成了工作的全部[2]。

---

[1] M. Andrejevic, "Watching Television without Pity," *Television & New Media* 9 (2008): 25.

[2] D. Hesmondhalgh, "User-generated Content, Free Labor and the Cultural Industries," *Ephemera: Theory and Politics in Organization* 10 (2010): 271.

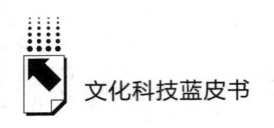

六 "麦当劳化"遇上治愈系吃饭

社会学家乔治·里茨尔（George Ritzer）在《社会的麦当劳化》一书中以美国知名连锁快餐店麦当劳为例，将此种模式的社会文化特点概括为流水线生产、技术化管理、官僚主义，尤其指涉了福特主义社会讲究效率、计算和可控性的理性化过程。[①] 作为现代化的显性表征，"麦当劳化"的观点提醒我们："吃"不再是本真性的话语实践，而是日常生活趋于工具理性化的有力印证。当一日三餐的温情味道逐渐被快餐店标准化作业生产下的套餐模式所取代，当身处不同城市却品尝同样的汉堡可乐，这才发现"吃饭"早已深深嵌入全球化和城市化的理性化进程之中，成为快速、便捷和廉价的代名词。由此，"吃饭"不光是为了温饱，还是为适应生活节奏高速运转的社会性产物。

宣扬快乐至上，反对同一性和标准化，渴望回归自然，拒绝一成不变，寻找高度自治的文化自留地……"吃播"的出现，在某种程度上意味着后现代主义对"吃饭"的现代性话语进行消解。它杂糅互文、拼贴、组装、嘲讽、拟仿、戏谑等多种手段，试图重构"吃饭"的既定社会规则，一个个碎片化的短视频深刻地捕捉到现代生活急速运作脉络下的断裂性、模糊性及不确定性。这一围绕"吃饭"之偶然性所构建的感觉结构，不仅强调符号和身体的视觉导向，更旨在瓦解有关"吃"的历史、"吃"的高雅文化、"吃"的美学、"吃"的艺术等概念范畴之间的界限，通过打造一种含混的超真实来建立与日常生活的密切关联。瞧瞧吧，我们就是这样吃饭的！——这既是身为"吃播"主要用户群体的青年宣言，也揭示了意义符号个性化拼贴的先锋特质，以及拒斥理性化"吃饭"的语言游戏。

兴盛于中日韩的东亚文化圈，"吃播"的位置性（positionality）进一步说明这种汇聚了各种本土的、多元的及异质的后现代知识生产总是处于一定

[①] George Ritzer, *The McDonaldization of Society* (Pine Forge Press, 1996), pp. 32-33.

的时空环境和社会关系架构之中，笔者将其概括为治愈系的吃饭。从词源学层面追溯，"治愈"一词源自德语的"hale""heilen""heil"，原意指的是通过宗教活动的驱魔行为或治疗动作使人恢复健康。日本在1990年开启了"治愈系"的现代用法，特指以艺术文化为手段疗愈精神疲劳和情绪压力，坂本龙一的音乐、宫崎骏的动漫被认为是无攻击性且平和无争的治愈物。"治愈系"之所以成为一种文化，是因为其反映出处在恐慌、害怕、不确定性等焦虑下的人们渴求安定与平稳的心态。相关的治愈文化商品也主张更多地关注内心世界，树立个人风格，与主流文化保持一定的反叛性，这在"吃"文化领域尤以倡导"一人食"的深夜食堂系列为典型案例。因此，"吃播"的治愈特点在多条短视频节目的弹幕评论中可见一斑，"疗愈了我的胃""好治愈呀""好满足"，如此种种。如前文所述，生活在大城市的青年女性构成"吃播"数目最为庞大的受众群体，这些窥视屏幕的一张张孤独脸庞，真正想要的是在食物的丰富与身体的解放中治愈漂泊他乡的不安全感。当此种存在性焦虑难以在现实世界得到满足时，虚拟的网络世界无疑提供了一个可以安放的表演空间，令无数青年借由符号编码、创意拼贴和影像流动来探索自我认同的正当性，抵抗世俗生活的种种束缚，在"吃饭"的即刻快乐中诠释自我意识的复杂异质性。

七 结论与讨论

"吃播"是日常生活审美化的一种文化实践。本报告通过勾勒"吃播"的现象源起和全球发展，立足于文化研究的理论视角透视"吃播"的表征意涵及其背后的逻辑关系，以经验研究和文本分析为方法重点考察当代中国青年如何运用网络空间构建"吃播"的文化实践，进而探讨青年如何利用后现代主义的话语狂欢挑战工具理性及全球同质化的话语霸权。

基于此，本报告认为，"吃播"文化是透过现代媒介技术将稀松平常的"吃饭"形塑为消费主义语境下的象征符号体系、身体话语实践、亚文化风格及数字创意产业链。首先，"吃播"是新媒体环境下的一种视觉文化，通过对食物进行持续的符号编码和动态呈现来生成丰富的文化意涵。其次，"吃播"是一种颠覆传统身体审美的"反操演"话语实践，胖姐姐、洋快餐、狼吞虎咽等现象均在反叛有关"吃饭"约定俗成的社会规则。再次，不管是"土味吃播"的逃离都市、猎奇心理，或是"网红吃播"的地标打卡、把玩乐变现为流量，"吃播"体现出强烈的青少年亚文化风格。最后，"吃播"是数字创意产业时代下涌现出来的一种新的流行文化，兼具网络文化自下而上的"草根式"参与特点和新自由主义经济以用户需求为导向的创意生产逻辑。

进一步分析，发生在虚拟世界中的"吃播"文化实践，折射出当代中国青年的诸种心理防御机制。一是拒斥全球一体化导致的食物标准化，尽管快餐连锁店、便利店带来方便快捷的生活，但同质化的食物也使生活变得索然无味，观看吃饭、参与打卡成为反思工具理性和追求个性化认同的有效手段。二是纾解快速城市化带来的个体疏离感，"一个人吃饭"往往成为外漂群体的生活常态，隐身屏幕背后窥视主播们快乐地吃饭成为解压利器，也能够通过某一种食物、某一个场景、某一首背景歌曲勾起他（她）们对家乡味道及过往时空的记忆。三是追求个人的心灵抚慰与自我认同，学习、工作和生活的各种压力让青年们猝不及防，网络空间自然而然地成为探索理想自我、寻觅本真生活的文化场域，因为在这里可以透过富有创造性的表演行为形塑混杂的身份认同，获得心灵深处的抚慰。

不可否认的是，新媒介传播环境下涌现的"吃播"本质上是一种兼具青少年亚文化和大众文化特点的消费文化，其娱乐属性和商业属性决定了它对于粉丝数、关注度、播放量等量化指标的追求，导致不少博人眼球、浪费粮食等乱象频出。2016年，习近平总书记在网络安全和信息化工作座谈会上的讲话指出，要"培育积极健康、向上向善的网络文化，用社会主义核心价值观和人类优秀文明成果滋养人心、滋养社会，做到正能量充沛、主旋律高昂，为广大网民特别是青少年营造一个风清气正的网络空间"。为破解"一切向钱看"的价值偏差、"流量担当"的娱乐导向等系列症结，应加强"吃播"内容建设，坚持"风清气正"的价值引领，推动网络直播与主流价值观深度融合，使"吃播"成为扩大地域特色美食与城市品牌影响力、"讲好中华美食故事"的新载体。

参考文献

王斌：《体验式数字部落："吃播"的群聚效应及其理论反思》，《中国青年研究》2019年第8期。

张波、陈曦：《网络空间中文化治理的维度与策略》，《社会科学战线》2019年第2期。

张洪生：《"十四五"规划背景下网络文化安全与文化建设问题》，《现代传播（中国传媒大学学报）》2021年第6期。

周昕：《快感与意义：网络吃播的大众文化解读》，《新闻研究导刊》2019年第21期。

B.10
数字消费场景、消费观与代际沟通：
对直播带货受众家庭的分析报告

潘道远　苏可晴*

摘　要： 本报告通过对广东地区大学生家庭的抽样调查发现，比起没看过直播带货的家庭，有直播带货消费习惯的家庭沟通有效性更强，其中消费观发挥了部分中介作用。研究表明，直播带货的娱乐性功能增加了代际沟通话题，数字消费场景提升了享受性消费需求，直播带货通过消费观融合提升了家庭代际沟通效果。研究还得出拓展数字消费的场景建设以缩小数字鸿沟、重视数字消费媒介对价值观的塑造以规制数字消费发展方向等启示。

关键词： 数字消费场景　直播带货　代际沟通　消费观

一　直播带货作为场景消费的二重性

布希亚和大塚英志分别提出了符号消费[①]和物语消费[②]两种消费模式，分别关注消费交换的逻辑和背后的叙事。与此不同的是，近年来有学者关注到直播带货式消费作为媒介场景的含义。这种媒介场景既不是物的场，也不

---

* 潘道远，经济学博士，广东金融学院财经与新媒体学院讲师、文化经济研究中心副主任，研究方向为数字经济、文化产业；苏可晴，广东金融学院文化产业管理专业本科生。
① 〔法〕尚·布希亚：《物体系》，林志明译，上海人民出版社，2001。
② 黎杨全：《从物语消费到数字消费：新媒介文艺消费逻辑的演进》，《江苏大学学报》（社会科学版）2021年第1期。

数字消费场景、消费观与代际沟通：对直播带货受众家庭的分析报告

是故事内容的场，而是人与人连接的场。如周丽和范建华就把直播带货的框架类型划分为主播私人场景、购物临场场景和生产溯源场景三种模式，并且注意到情感消费在场景中的关键作用。①王佳航和张帅男也指出，直播带货的场景影响力体现在建构用户的情感动员机制、塑造新时空关系以及推动虚拟社群的连接三个方面。②关于情感动员机制，梁爽和喻国明做了更深入的分析，"进入虚拟直播间的观众以'身体在线'的形式参与直播间的互动活动，在与主播、其他观众的虚拟社交过程中，不断强化其正、负面的情感体现，产生包括信任/质疑、接纳/拒绝、依赖/疏离等情感内容"。③这种虚拟现实的场景以消费物交换为目标，却维系了多方的关系纽带，进而又可以在这样的消费过程中发现第二重消费——物的消费是交换双方的表征消费，以金钱和商品物的价值交割为现实基础。另外，物的消费背后又隐含了身体价值、人际关系和情感的消费，主播营造的场景正是为这种二重消费提供一个合理的伸展空间。二重消费的特质在一些研究中得到印证，例如对于网络消费，"感知有用性、信任、服务质量、交互信息、社交"等因素具有正向的影响功能④，这些均来自消费者对第二重消费场景内容而非消费物自身的考量。本报告进行的社会调查也发现，体验过直播带货的家庭中，以"明星信任"作为消费选择基础的占多数，证明了二重消费的存在性。

关于二重消费作为场景维系顾客关系的第一意义毋庸赘述，除此之外，作为场景提供一定的场内活动以联结非"售—买"关系参与者，似乎更能体现场景的媒介意义。这种场内活动的媒介作用在一些研究中被发现，例如

---

① 周丽、范建华：《形塑信任：网络电商直播的场景框架与情感逻辑》，《西南民族大学学报》（人文社会科学版）2021年第2期。
② 王佳航、张帅男：《营销模式迁移：场景传播视角下的直播带货》，《新闻与写作》2020年第9期。
③ 梁爽、喻国明：《移动直播"新景观"：样态演进、情感价值与关系连接》，《苏州大学学报》（哲学社会科学版）2021年第4期。
④ 朱逸：《网络消费行为影响要素的回溯性研究——基于Meta-Analysis的分析策略》，《兰州学刊》2021年第4期。

关于电视的媒介研究指出，电视提供了一种陪伴场景，电视的场景内"话外活动"促进了家庭的交流，"电视里传达的信息并不重要，关键的是电视'就在那里'"①。从这个角度来理解直播带货，家庭中的直播带货购买参与行为至少包含了三种不同的主体。按照哈贝马斯的交往行为和策略行为划分，主播与顾客之间的互动是目的论式的策略行为，而家庭中的参与方互相可能"并不试图仅仅实现他们自己的个人目的，而是面向达成相互理解"，是一种交往行为，"不同于策略行为，交往行为发挥着社会融合的职能"②。因此有理由相信，在直播带货的场内活动中，家庭成员之间能形成某些沟通。

二 消费观：二重场景内的"话外沟通"桥梁

近十年来，由信息技术引起的代际信息结构和知识技能差异加剧了代沟的分裂，相关研究逐步从传统的文化代沟转移到家庭中的数字鸿沟。周晓虹曾指出产生数字鸿沟的根本原因是传统的器物文明代际传承方式发生转变，而导致这种转变的一个重要前提是新生代子女成为家庭的消费中心，进而带来类似食品知识这样的重要意义认知逆向传递。③ 这种观点联系了玛格丽特·米德关于代沟的"技术-文化"论和消费主义理论两种思路，把消费行为作为一种影响代沟的直接因素，更贴近现代中国社会家庭代沟产生的过程。与此同时，在消费行为研究领域中，消费与代际沟通之间的关系更加明确，消费观念、行为模式和品牌偏好被认为能影响反向代际沟通。④ 除了传统的消费观随着代际总体价值观正向传承，"子女在新型产品、新技术应用等方面拥有绝对的'话语权'，当涉及此类商品或服务的消费

---

① 金玉萍：《作为物、技术与媒介的电视——托台村维吾尔族电视使用研究》，《新闻大学》2012年第3期。
② 〔美〕芭芭拉·福尔特纳编《哈贝马斯：关键概念》，赵超译，重庆大学出版社，2016。
③ 周晓虹：《文化反哺与器物文明的代际传承》，《中国社会科学》2011年第6期。
④ 何佳讯、秦翕嫣、才源源：《中国文化背景下消费行为的反向代际影响：一种新的品牌资产来源及结构》，《南开管理评论》2012年第4期。

数字消费场景、消费观与代际沟通：对直播带货受众家庭的分析报告

时，父辈更多的是受到子女的影响，在长期互动中，子女潜移默化地改变着父辈的消费观、价值观"。① 由此可见，代际沟通过程中消费行为可视作一条必要通道，在这条通道中，消费观的靠拢与融合使亲代和子代达成更多的一致性理解。

借助消费行为，无论是正向还是反向的沟通，总要与家庭互动的方式和程度联系起来。过往的研究指出，子代单方面的观察学习、亲代与子代的互动和遗传作用是影响消费态度和行为在代际传递的三种机制②；结合信息技术使用差异和数字反哺的现实景象，可认为两代之间的互动行为机制在三者中的作用居首。互动的方式和成效由沟通范式决定，在妥协取向和对话取向两种家庭沟通范式中③，妥协取向对应着传统消费时代价值观、生活知识正向传递的经验模式，对话取向则反映了数字消费时代文化反哺、两代协商的主流模式。如周晓虹描述的，消费从器物文明向数字文明转变时，传统经验的失灵令子代很难在消费中向上一代达成妥协，只有对话取向才能实现沟通。④

在对话取向的范式下，对话的场景、对话的语言、对话的形式就成为影响代际沟通的重要因素，这又联系了前文二重性消费的论述。由数字化原生消费场景衍生出的二重场景，在消费行为这条代际沟通路径中，发挥了积极的影响力。消费原生场景中的"话内沟通"来自消费者与主播，沟通目的是理解商品特质、达成购买意向甚至是满足品牌（或主播个人）宣传，是集中化、目标化和在场化的。二重场景中的"话外沟通"则来自家庭成员，目的可能是分享信息、实现娱乐甚至是提供社交话题，它是对原生场景的一种延伸，是分散化、碎片化甚至缺场化的。它与传统的电视娱乐、新闻报道

---

① 肖代柏：《消费行为的反向代际影响——基于母女互动关系的实证研究》，山东大学出版社，2019。
② 郭苹苹、辛自强：《经济态度和行为的代际传递现象及机制》，《心理科学进展》2020年第7期。
③ Q. Zhang, "Family Communication Patterns and Conflict Styles in Chinese Parent-child Relationships," *Communication Quarterly* 55 (2007): 113-128.
④ 周晓虹：《文化反哺与器物文明的代际传承》，《中国社会科学》2011年第6期。

又有所不同，不仅提供沟通话题，而且紧密围绕着消费这种重要的日常活动进行，既满足对话取向的家庭沟通范式，又利用了消费行为这条代际沟通渠道，所以是数字时代背景下的一种特有方式。为此，可以认为家庭对直播带货的观看/使用，通过消费观的通道/桥梁，会对家庭代际沟通的有效性产生影响。

三 对大学生家庭的实证调查

在具有代际沟通能力的家庭中，大学生家庭具有一定的典型性。一是大学生具备较完备的信息运用能力和较高的受教育水平，能实现主动的互动；二是大学生具有相对独立的消费意识，同时又因为经济原因必须在某些消费项目中与父母实现沟通。因此本报告选取广东地区大学生家庭为研究对象，通过线上和线下问卷的方式，对同一家庭内亲代和子代同时进行抽样调查。

（一）变量设计

结合过往文献，本报告把直播带货的消费功能划分为两个测量维度，即使用频度和场景功能。后者的测量参考殷宏宏对直播带货功能的分类：娱乐化成分、高参与性与互动性以及社交性。① 由于高参与性与直播带货的使用频度、互动性和社交性都有高度关联，为了避免变量的共线性，最终分为三个测量维度：娱乐性功能、互动性功能与社交性功能。

消费观测度设计参考 Chaudhuri 和 Morris 的分类标准，即实用性价值观和享受性价值观。② 这样的分类标准对应着两类消费群体：拥有"实用性价值观"的群体在消费时更加注重产品或服务是否具有满足自身需要的功能；拥有"享受性价值观"的群体更偏向于追求享受与乐趣，而不是完全遵循

---

① 殷宏宏：《传播仪式观下的电商直播研究》，《视听界》2020年第6期。
② A. Chaudhuri, B. H. Morris, "The Chain of Effects Frombrand Trust and Brand Affect to Rand Performance: Therole of Brand Loyalty," *Journal of Marketing* 65 (2006): 8193.

实用性的任务式购买行为。

从传播效果的角度看，有效沟通是指以准确的信息交换为基础，达成双方观念的相互理解、情感的充分交流，并产生所期望的行为反应的过程。[①] 因此可选取信息交换、情感融合、观点认同作为沟通有效性的测量维度。各因素及其代理变量之间的关系见表1。

表1 各因素的测量维度划分

变量类型	因素	一级代理变量	二级代理变量
自变量	直播带货	使用频度	
		场景功能	娱乐性 互动性 社交性
中介变量	消费观		实用性 享受性
因变量	沟通有效性		信息交换 情感融合 观点认同

（二）信度与效度检验

问卷设计采用李克特量表的形式，除去基础信息一共设置了30道测量题，其中包含直播带货的场景功能因素6个问题、消费观因素8个问题以及沟通有效性因素10个问题。[②] 调查回收子女版问卷线上与线下共252份，剔除无效问卷，回收有效样本240份，有效率为95%，其中看过直播带货的样本数为180份；回收父母版问卷线上与线下共256份，剔除无效问卷，回收有效样本247份，有效率为96%，其中看过直播带货

[①] 周永乐：《高校辅导员情绪劳动、师生沟通有效性与师生关系的关系研究》，硕士学位论文，沈阳师范大学，2018

[②] 由于篇幅问题，具体问题设置不在文中展示，留存备索。

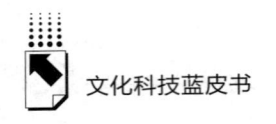

的样本数129份。经统计分析，各因素信度系数均介于0.765和0.905之间。在信度检验的基础上进行验证性因子分析。两套问卷中同一载荷量较大因子所包含的问题相似，所以可以推定问卷设计具有一定的科学性。

消费观可以提取两个因子。因子一载荷量较大的问题有A1、A2、A3、A4，这些问题都是围绕商品或服务的实际使用价值，如"您在线上购物中会认同能节省购物时间与决策成本的消费模式"，符合前文的"实用性"因子设定；因子二载荷量较大的问题有A5、A6、A7、A8，这些问题都是关于线上消费体验方面的问题，可以命名为"享受性"。使用这两个因子的方差贡献率加权可以得到消费观的得分。

沟通有效性可以提取三个因子。因子一载荷量较大的问题有B1、B2、B3、B4，都提及了在沟通中可以交换信息，所以能够命名为"信息交换"；因子二载荷量较大的问题有B5、B6，由于这两个问题都偏向于亲子双方的情感共鸣，所以可以命名为"情感融合"；因子三载荷量较大的问题有B7、B8、B9、B10，如"如果在您购物时，子女向您发送链接邀请您在直播间观看主播的讲解以深入了解商品，您会接受"和"在与子女交流中，您更能理解情景式与沉浸式消费"，这几个都是关于是否认同对方的问题，可以命名为"观点认同"。使用这三个因子的方差贡献率加权可以得到沟通有效性的得分。

直播带货的场景功能可以提取三个因子。因子一载荷量较大的问题有C1，这个问题主要提及了直播带货的娱乐性；因子二载荷量较大的问题有C2、C3，都是涉及与主播互动的情景问题；因子三载荷量较大的问题有C4、C5、C6，而这些问题都围绕与他人的分享展开，如"如果看到子女喜欢的主播正在直播，您会分享其直播间给子女"，符合"社交性功能"的因子设定。使用这三个因子的方差贡献率加权可以得到直播带货场景功能的得分。

各问题的统计结果见表2。

表 2　信度与效度检验结果

变量		题目	子女		父母	
			因子载荷	方差贡献率(%)	因子载荷	方差贡献率(%)
直播带货的场景功能	娱乐性功能	C1	0.614	19.46	0.927	18.13
	互动性功能	C2	0.634	23.39	0.852	22.04
		C3	0.660		0.651	
	社交性功能	C4	0.896	29.16	0.785	41.27
		C5	0.852		0.867	
		C6	0.904		0.836	
	总体统计量		子女:KMO 值 = 0.835;显著性概率 = 0.000;累计方差贡献率 = 72.01%,量表信度 = 0.774 父母:KMO 值 = 0.850;显著性概率 = 0.000;累计方差贡献率 = 81.44%,量表信度 = 0.850			
消费观	实用性	A1	0.665	37.22	0.622	35.02
		A2	0.831		0.780	
		A3	0.595		0.733	
		A4	0.548		0.769	
	享受性	A5	0.650	34.48	0.711	35.42
		A6	0.751		0.600	
		A7	0.559		0.823	
		A8	0.532		0.828	
	总体统计量		子女:KMO 值 = 0.824;显著性概率 = 0.000;累计方差贡献率 = 71.70%,量表信度 = 0.765 父母:KMO 值 = 0.918;显著性概率 = 0.000;累计方差贡献率 = 70.44%,量表信度 = 0.905			
沟通有效性	信息交换	B1	0.599	24.88	0.733	25.78
		B2	0.689		0.783	
		B3	0.760		0.698	
		B4	0.635		0.576	
	情感融合	B5	0.719	21.74	0.876	19.39
		B6	0.607		0.796	
	观点认同	B7	0.803	24.30	0.735	27.69
		B8	0.643		0.673	
		B9	0.771		0.780	
		B10	0.672		0.733	
	总体统计量		子女:KMO 值 = 0.884;显著性概率 = 0.000;累计方差贡献率 = 70.92%,量表信度 = 0.855 父母:KMO 值 = 0.868;显著性概率 = 0.000;累计方差贡献率 = 72.86%,量表信度 = 0.883			

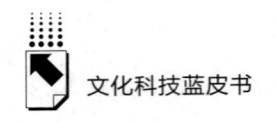

（三）控制变量

统计发现，亲代三个学历组别（"初中及以下""高中及中专""本科及以上"）中的消费观及沟通有效性存在显著差异。其中本科及以上学历的亲代在沟通有效性层面的均值最大。其他如亲子代性别、年龄、居住地、交流频率因素以及使用手机时间在沟通有效性层面的差异不显著。子代的学校组别差异（包括"双一流"及985/211大学、普通本科高校、大专及职业院校以及境外院校）导致的消费观及沟通有效性差异不显著，因此，在下文分析中，将以亲代的学历因素作为控制变量。

（四）分析结果

就"是否有观看直播带货的习惯"的问题把所有样本分为两组，进行沟通有效性的 t 检验。由表3可知，观看过直播带货的家庭与未观看过直播带货的家庭存在显著差异性，观看过直播带货的家庭中两代间的信息交换、情感融合、观点认同程度更高，因此可认为观看过直播带货的家庭中两代的沟通更有效率。

表3　沟通有效性的 t 检验

变量	子代 是否有观看直播带货的习惯 是(N=180)	子代 是否有观看直播带货的习惯 否(N=60)	t值	亲代 是否有观看直播带货的习惯 是(N=129)	亲代 是否有观看直播带货的习惯 否(N=87)	t值
沟通有效性	3.84±0.604	2.957±0.251	15.909***	4.003±0.687	3.146±0.569	9.618***
信息交换	3.883±0.66	2.967±0.423	12.468***	3.984±0.818	3.121±0.659	8.215***
情感融合	3.906±0.767	2.925±0.519	11.127***	4.093±0.826	3.201±0.701	8.261***
观点认同	3.732±0.655	2.979±0.425	10.246***	3.93±0.798	3.115±0.613	8.057***

注：*表示 p 值小于0.1，**表示 p 值小于0.05，***表示 p 值小于0.01，下同。

进一步地，在观看过直播带货的样本中，采用含中介变量的回归模型进行分析，回归结果见表4。

表4 中介分析结果

模型	变量	子代		亲代			
		标准化系数	R^2	标准化系数			R^2
				总体	控制变量		
					初中及以下	高中及中专	
方程（1）	X	0.704***	0.157	0.529***	−0.166*	0.004	0.343
方程（2）	X	0.533***	0.271	0.432***	0.003	−0.069	0.345
方程（3）	M	0.406***	0.219	0.308***	0.083	0.029	0.309
	X	0.488**		0.396***			

通过对方程（1）中变量的相关性分析可得，亲子两代的沟通有效性与直播带货的场景功能显著相关，与直播带货的使用频度无显著相关性。进一步地，以直播带货的场景功能作为自变量，以沟通有效性作为因变量进行回归分析，并在亲代的回归中加入学历因素作为控制变量。亲子两组回归的自变量系数均通过了1%的显著性检验。在控制变量中以本科及以上组为基准，初中及以下学历的回归系数为负值，且通过了10%的显著性检验，说明初中及以下学历的家长在使用直播带货后带来的沟通有效性改善显著低于本科及以上学历家长的家庭。分析表明，无论从哪一代的角度来看，直播带货的场景功能均会对两代间的沟通有效性产生正向影响。

方程（2）中，通过相关分析可知，消费观与直播带货的场景功能显著相关，与直播带货的使用频度无显著相关性。进一步地，以直播带货的场景功能作为自变量进行回归分析，亲子两组回归的自变量系数均通过了1%的显著性检验，控制组之间的差异不明显，表明不同学历的亲代家庭中直播带货的场景功能对亲代消费观影响的差异不明显。结果表明，无论从哪一代的角度来看，直播带货的场景功能均会对两代的消费观产生正向影响。

方程（3）的中介效应检验中，两组样本的系数都通过了1%的显著性检验，亲子两代中均存在着消费观的中介效应。其中子代直接效应的系数为0.488，通过了5%的显著性检验，故而为部分中介效应，子代消费观的中

167

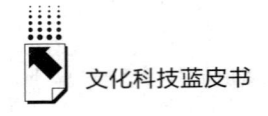

介效应对总效应的贡献率为30.7%；同样，亲代样本中也为消费观的部分中介效应，贡献率为25.2%。

（五）深入探讨

1. 直播带货的娱乐功能增加代际沟通话题

上文统计结果表明，变量"娱乐性功能"对"信息交换"具有正向的影响，可认为直播带货的娱乐性功能是通过增加话题这一途径来促进沟通的。亲代在接触直播带货的新型购买方式之前，较多在线下门店进行购物。主播在直播间构建了贴近真实的购物环境，借助数字媒介为用户打造真实感较强的虚拟购物环境，迎合了亲代的传统购物观念。与传统的消费模式相比，直播带货的开展需凭借电子屏幕，直播间虽然构建了贴近真实的购物环境，但在页面中存在着许多带有视觉刺激感的元素，如红包雨、动态贴纸、花体优惠提示语等，该类元素具有较强的娱乐性。直播间通过娱乐性互动活动与视觉元素的结合，积极鼓励用户参与到直播带货的娱乐环节当中。例如，在主播团队设计的游戏和限时抽奖等互动环节中，用户能够以玩游戏的心态在直播间获得更多的愉悦感与趣味性，并在游戏后与家人分享交流相关感受，为两代在家庭中增加沟通话题，使亲代更加了解新鲜事物，促进双方的信息交流，提高沟通有效性。子代较亲代更为熟悉直播带货中的娱乐性功能，并且能够为亲代提供操作上的帮助、指引，双方就直播带货消费进行的交流更多是一种娱乐性话题交流，直播带货的第二重场景得到充分展现。

2. 数字消费场景提升享受性消费需求

一方面，统计分析中变量"娱乐性功能"对两代的消费观起正向作用。直播带货中的一些娱乐化场景，如贴纸、红包雨，或者是背景音乐、游戏互动环节、限时抽奖环节等，使用户在消费的过程中感到愉快，并获得刺激感，提升了消费体验，逐渐让消费者在购物时提高对消费体验尤其是娱乐趣味性的要求。除了传统消费的物质满足感，消费者还追求愉悦身心的精神满足。例如在调研中，无论是子代还是亲代分组，均有不小比例的人对"我不喜欢观看没有游戏环节的直播带货"问题选择肯定答案，这种娱乐式体验会对消费观的偏向造成影响。

另一方面,娱乐性消费观的传播受到了场景中的社交功能影响。直播间打造了一个能够让消费者自由发表意见的情境,用户可以在观看直播带货时自由交流,还可以与主播进行即时的问答。每一位消费者都能够以实时聊天、互加好友的方式与其他消费者进行交流,拓宽了交际渠道,认识了更多具有相同消费偏好的人。这一功能使直播间成为一个社交场所,是直播带货第二场景的延伸。除此之外,消费者还可以分享直播间的链接给家人朋友,实时传达自己的看法,充分表明自身的消费意愿,从而增强了个人参与感。直播带货为他们在消费中提供寻找相同爱好与购买意愿的圈层,让他们在表达中进行参与,从中获得归属感与认同感,从而使他们喜欢上这种购物方式,进而提高对享受性的消费要求。

3.直播带货通过消费观融合提升沟通效果

在观看直播带货的过程中,子代表现出注重实用性的消费观,并且由于数字场景的虚拟性,他们比在传统消费中更注重避免不实用的消费。子代在实用性消费价值观影响下所表现出的消费行为更加符合年长一代过往的消费习惯,使得子代在与亲代交流时更容易获得亲代的认同,减少家庭中关于消费的沟通矛盾,增强了他们之间的沟通有效性。

子代与亲代均表现出注重享受性的消费观,在观看直播带货时,他们能够从直播间里获得愉悦感与享受感。因此,在他们对此进行沟通时,双方能够理解对方想要表达的意思,加强了信息的交换,改变了以往子代说起新兴事物时亲代完全不了解与搭不上话的情况。另外,亲子双方对直播间抢购、领券环节的激烈气氛进行交流时,能够从中获得情感上的共鸣,感受到对方的热情。因此,直播带货作为一种媒介进入家庭后,改变了亲子双方的消费观,使他们能对消费情形进行更加有效的沟通讨论。

四 结论与启示

综上所述,子代可以利用直播带货的社交性功能与亲代进行联系交流,增加家庭内日常联系交流的频率，并且两代均可以利用直播带货获取信息，增加联系交流的实质性内容。同时，直播带货的娱乐性功能可以给观众带来愉悦感，互动性功能可以让观众参与其中。由直播带货带来的新视听体验使得亲子两代可以享受消费过程，对亲子两代的消费观产生潜移默化的影响。子代在观看直播带货过程中有实用性这一消费倾向，符合亲代"量入为出""节约光荣"的消费观念；亲子两代在观看直播带货的过程中均有注重享受性这一消费倾向，享受性消费观能激发两代在消费过程中的情感共鸣，有利于规避由代沟产生的对话障碍、理解偏差等，促进子代与亲代更有效沟通。

本报告的研究可以得到如下两条启示。

1. 拓展数字消费的场景建设

本报告的研究结论在明确直播带货这种数字化消费作为二重性消费场景，能影响家庭代际沟通的效率之外，还带来另一种延伸思考，即要解决当下的数字鸿沟问题，是否要更多地提供数字消费场景？除了直播带货这种形式之外，还有数字博物馆、数字旅游、数字教育等一系列的数字消费场景模式可开发，它们在转化了传统消费的同时，又提供了传统消费缺失的沟通渠道，通过附着在消费过程中的娱乐性、互动性和社交性等功能，实质地展现了一个个隐性的沟通场景。把日常生活搬进数字平台的同时，本身也是把生活语言数字化和把数字语言生活化，这种消费场景的媒介作用以及如何最大限度地发挥它们的媒介作用是研究数字鸿沟时值得重视的问题。

2. 重视数字消费媒介对价值观的塑造

直播带货作为一种新型的媒介场景，是通过消费观的中介作用，对代际沟通产生影响。这表明数字消费媒介能在某种程度上塑造人们的消费观，进而带来某些价值观的改变。例如本报告描述的直播带货的娱乐性功能对享乐性消费观的作用，有可能导致主播的个人特质（外观、穿着、表达）等对消费者的影响过大，进而引发浮华奢侈、享乐主义、"饭圈文化"等不良社会价值观的流行。这些看似由文化传播导致的社会现象可能有其背后的消费逻辑，而且随着数字反哺的加强，通过消费行为逐渐影响代际价值观呈现。这是在发展数字消费时应该引导和规制的问题。

B.11 "三农短视频"乡村文化新业态发展分析报告

涂 浩*

摘 要： "三农短视频"是一种网络视频新业态，也是一种乡村文化新业态，丰富了乡村文化创新发展的方式。然而，在发展中"三农短视频"显示出创作、变现和分发等方面的困境。这些发展问题受到创新观念不足、专业人才短缺和算法机制限制等文化生产因素，"流量至上"观念错误诱导、平台定位限制和消费者猎奇心理等市场需求因素，政策法规不完善、行业组织自律效力不足、创作主体规范意识不强等政策治理因素的共同影响。要实现"三农短视频"的高质量发展，需要在利益分配、专业技能、内容创新和协同治理等方面持续发力，创新运营思维和变现方式，加大内容扶持力度，完善制度保障，实现多元主体的利益协同。

关键词： "三农短视频" 乡村文化新业态 乡村文化发展

2019 年，对"李子柒是不是文化输出"的讨论既关乎中华优秀传统文化的对外传播形式，又关乎"草根"对乡村生活和乡村文化的网络创作，实质上探讨的是乡村文化生活重焕新机的可能。而当我们把视角回溯到 2020 年初新冠肺炎疫情"笼罩"下的中国社会，长期以来与城市形成鲜明对比、自身封闭保守的乡村地区，"硬核标语""大喇叭喊话"等防疫方式

---

* 涂浩，深圳大学文化产业研究院 2022 级博士生。

成为内容要素在短视频平台上广泛传播,让全民见证了一个具有极强内生力的乡村图景。2021年底,社会大众围观"张同学",看到的不仅是20世纪八九十年代的东北农村生活,还是怀旧的、似曾相识的农村生活方式。[①] 当短视频成为"新农具",数据和流量成为"新农资",内容创作和直播带货成为"新农活",后工业社会中我国乡村建设因为数字化、网络化、智能化生产方式的融入而获得前所未有的创造、表达和输出能力,广大农民群体得以在公共舆论空间占有一席之地。关注进而研究后工业社会中的乡村文化业态,是当前促进乡村文化产业和乡村文化经济发展的必然,也是促进国内大循环背景下开拓乡村文化市场、释放乡村文化消费潜力的新诉求。

一 作为业态创新的"三农短视频"

(一)作为网络视频新业态的"三农短视频"

互联网开放包容的特性使其能够不断与各种业态实现融合发展。网络视频是互联网思维和内容传播载体相结合的时代产物,是互联网新媒体的构成形态之一,与传统视频业态具有时间、内涵和价值等方面的相对性。网络视频发展由萌芽时期技术限制下的"新闻及专题报道的附加表现形式"逐渐演变成数字信息技术应用不断突破浪潮下的"网络视频网站企业竞争",再到"资源资本竞争下的行业洗牌"和"产业市场多元差异化竞争"。[②] 网络视频产业趋于成熟的同时,移动互联网的普及和网络视频市场竞争的加剧促进了网络视频的业态创新发展,长视频、中视频、短视频等网络视频新类别、新产品不断分化和涌现。

根据中国互联网络信息中心(CNNIC)数据,截至2021年12月,我国

---

① 于力、孙仁斌、武江民:《围观"张同学",我们看到了啥》,《新华每日电讯》2021年12月16日,第12版。
② 田维钢、顾洁、杨蒙:《中国网络视频行业竞争现状与战略分析》,《当代传播》2015年第1期,第77~79页。

短视频用户规模已达9.34亿人,全体网民的短视频使用率达90.50%,占网络视频用户规模的95.80%。① 与2019年6月数据相比,短视频用户规模增加2.86亿人,在全体网民中的使用率增加14.70个百分点(见表1)。这意味着短视频作为一种更具普遍性的视频应用新形态已经实现社会化普及,其背后的短视频市场竞争也越发激烈。

表1 2019年6月至2021年12月短视频用户规模与短视频使用率

时间节点	2019年6月	2020年3月	2020年6月	2020年12月	2021年6月	2021年12月
短视频用户规模(亿人)	6.48	7.73	8.18	8.73	8.88	9.34
短视频使用率(%)	75.80	85.60	87.00	88.30	87.80	90.50

资料来源:根据中国互联网络信息中心第44~49次《中国互联网络发展状况统计报告》整理得到。

短视频的全面普及应用以及它作为一种新的文化生产生活方式与市场消费需求的相互满足,使其成为互联网的一种底层应用,并成为其他网络应用的基础性功能存在。同时,短视频市场的下沉特征显著。2019年我国城乡用户发布短视频的占比分别为65.5%和62.6%,城乡短视频用户基本持平,有44.9%的城市用户对乡村内容感兴趣,村镇用户成为短视频内容创作的生力军。② 抖音发布的《乡村数据报告》显示,在2021年2月至2022年2月期间,用户在抖音平台发布乡村相关视频3438万条,获得超35亿次点赞,有122万个村庄被打卡。③ 可见,一条乡村内容赛道在短视频内容领域被开拓出来。

(二)作为乡村文化新业态的"三农短视频"

传统乡村文化业态与当代文化生产供给和文化市场消费需求的不匹配

---

① 《第49次〈中国互联网络发展状况统计报告〉》,中国互联网络信息中心官网,2022年2月25日,http://www.cnnic.net.cn/hlwfzyj/hlwxzbg/hlwtjbg/202202/t20220225_71727.htm。
② 《重磅发布!2020内容产业年度报告》,微信公众平台,2020年1月6日,https://mp.weixin.qq.com/s/2tInJqxrNvQz8UYuu4aMyg。
③ 《乡村数据报告:生活和美食类短视频最受欢迎》,光明网,2022年2月14日,https://it.gmw.cn/2022-02/14/content_35516782.htm。

是乡村文化新业态产生的现实背景。一方面,乡村文化业态关乎乡村文化的呈现与继承,但由于行业监管不足、市场生产能力低下、村民精神素养欠缺等原因,乡村文化发展存在低俗、媚俗、庸俗等问题,致使传统乡村文化业态长期发展乏力,乡村文化产品单一,创新能力不足。另一方面,乡村文化长期以来作为城市文化的对立面存在,城乡二元结构下的传统乡村文化业态往往迎合城市文化市场的消费需求,缺乏自主积极性。"三农短视频"乡村文化新业态的出现为解决乡村文化业态的发展障碍提供了创新途径。

回顾既有研究,学界在"三农短视频"的定义、发展特征、产品形态和价值取向等方面取得了一定成果。在定义上,学界较为认可"三农短视频"是以农业生产、农村文化、原生态风景、农民生活为拍摄内容,以中国乡野农民为拍摄主体,通过应用平台在社交网络上传播的视频形态。[①] 在发展特征上,"三农短视频"是以乡村为本体、以农民为主体的乡村文化生产与传播形式,最终有望实现基于农民主体、内生性的乡村文化传播回归,具有鲜明的农民主体性与乡村烙印特征,在发展进程中呈现内容专业化倾向和渠道平台高依赖性,在功能上呈现沟通城乡文化的网络社交属性特征。[②] 在产品形态和价值取向上,"三农短视频"是在农耕文明和信息文明共存融合基础上所产生的一种推进乡村文化内容实现互联网重塑的新乡村文化产品,能够促成乡村文化价值在互联网时代的延展,能够促进城乡二元格局的文化沟通与破局,弥合城乡文化信息的数字鸿沟,并发挥乡村文化的经济价值。[③] 概言之,"三农短视频"是乡村文化内容在新媒体环境下依托短视频新技术的网络记录,为促进乡村文化建设和乡村振兴提供了现代化的乡村文化生产方式。

---

① 栾轶玫、苏悦:《"热呈现"与"冷遮蔽"——短视频中的中国新时代"三农"形象》,《编辑之友》2019年第10期,第38~48页。
② 韩春秒:《乡音 乡情 乡土气——管窥乡村原创短视频传播动向》,《电视研究》2019年第3期,第21~24页。
③ 涂浩:《生成、形态与定位——试论乡村振兴背景下的三农短视频文化产品》,《电视研究》2020年第5期,第62~65页。

"三农短视频"依赖乡村文化内容和视频采编技术的融合，在技术使用和内容价值呈现两个方面与传统乡村文化业态形成区别，充满了互联网的"融合创新"特性，具有符合自身生命运动的合理性。

一方面，"三农短视频"在乡村文化传播的技术手段上利用网络短视频这个新媒介实现了创新。技术手段的变革是新旧乡村文化业态对比的鲜明表现，依托网络短视频技术，乡村文化要素可以在生产、传播与经营等方面加速流动，进而调动和激活乡村文化活力。

另一方面，乡村文化得到数字化和网络化的价值重塑，实现了乡村文化精神内涵的时代转化，乡村文化的现代性、主体性、自觉性增强。乡村文化不是与城市相对的封闭存在，其现代化演变与乡村的生产生活方式紧密联系在一起，短视频平台为村民提供了自我表达的渠道，村民的主人翁意识被激发。

此外，在规模和市场关注程度上，"三农短视频"已经具备社会化特征。《2019年西瓜视频用户洞察报告》显示，与2018年同期相比，2019年西瓜视频"农人"领域作者数量增加273.8%，全平台粉丝量前10位作者中有1名"三农"领域创作者，"三农"领域百万粉丝作者数量位列平台总量第3位。[①] 克劳锐的数据进一步显示，作为西瓜视频特色内容频道的"农人"频道，在2020年上半年累计吸引超过5亿粉丝的拥趸量，视频日均播放量超过4亿次。[②] "三农短视频"在获得市场普遍关注的基础上，正成为乡村文化市场的下一个竞争对象。

二 "三农短视频"的发展困境分析

作为研究对象的"三农短视频"是乡村文化产品、商业变现途径及内

[①] 《〈西瓜视频用户洞察报告〉：移动视频大战中西瓜视频如何脱颖而出？》，微信公众平台，2019年9月19日，https：//mp.weixin.qq.com/s/Y-KER0SyhWTwqngQcmxVug。

[②] 《克劳锐带你走进2020上半年短视频内容江湖》，微信公众平台，2020年8月5日，https：//mp.weixin.qq.com/s/mRQ9hkFLhGNHIXf8VOb4vA。

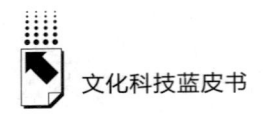

容传输渠道等要素及其组合的乡村文化服务方式的创新结果。从创作、变现和分发三个主要方面对"三农短视频"发展困境进行分析，有助于我们把握其发展症结所在。

（一）"三农短视频"的创作困境

1. 内容同质

内容同质是"三农短视频"发展到一定阶段后，伴随创作者体量膨胀而在内容产出上趋于一致的现象，其会形成庞大的"复制"内容，进而导致"三农短视频"市场竞争能力减弱，影响产业整体的可持续发展。这一问题的典型表现是当某一视频主题火爆后会有大量相同题材内容进入短视频市场之中，内容创作生产出现从众现象。这些主题一致的内容中既存在大量的优质内容，也有大量追求"热点"而产出的劣质内容。这些劣质内容制作粗糙、内容高度重合、漠视内容版权，使观众接受大量同质化的内容，造成"三农短视频"内容质量下滑的不良后果。此外，当"三农短视频"创作者在同一主题长期进行内容创作而不寻求变通时，也会产生因重复拍摄而带来的同质化，同样会造成观众的审美疲劳，导致内容吸引力下降。

从2017年开始，"新农人川子""老四赶海""渔人阿锋"等一批"三农短视频"创作者开始从事赶海领域的内容创作。2019年以来，赶海相关短视频在今日头条、B站、快手、西瓜视频等平台上掀起新的关注热潮，赶海领域创作者数量快速增长，仅在今日头条、西瓜视频中就涌现出"玉平锅""赶海怪才""赶海小章""大庆赶海""兄弟赶海""郭小锅赶海记"等粉丝数量在100万以上的创作者，此外还有不同粉丝数量层级的庞大的创作群体存在。大批量创作者的涌入为赶海领域的内容埋下了同质化的"隐疾"并逐渐成为其现实困境。又如2018年现象级农村网红"华农兄弟"，以"竹鼠"为内容创作核心，凭借"吃竹鼠的一百种理由""漂亮警告"等热点话题获得大众关注，但在2020年疫情影响下，野味话题遭到禁止，同一主题的创作不具备可持续的可能性，流量的快速衰减和创作的内容困境使"华农兄弟"面临着不转型就出局的生存挑战。

2. 价值偏移

内容低俗问题是"三农短视频"发展的一个"痼疾"。"野蛮生长"是"新农人"短视频发展的第一阶段,在对其进行"趋严监管"之后,才能走向"正能量导向增多"和"平台竞争白热化"阶段。[①] 初期部分视频内容严重误导"三农短视频"的发展价值取向,给"三农短视频"内容生态造成了威胁和破坏。

3. 版权争议

2018年9月,跨平台搬运侵犯短视频著作权案件在北京互联网法院公开宣判,系首个"15秒短视频"作品形式的诉讼案件[②];2019年4月,全国首例广告使用短视频侵害著作权案宣判[③]。短视频侵权事件逐渐暴露在公众视野之中。独创性是判别和保护作品著作权的关键。伴随"三农短视频"的快速发展,大量"三农"主题原创短视频作品在未获得创作者授权的情况下被转载搬运到其他平台,遭受随意剪辑或内容抄袭,原作者的著作权益受到恶意侵犯。这些侵权行为受到"三农短视频"创作者的严厉指责,但也因为大部分创作者法律意识淡薄或能力限制而无法采取有效手段予以遏制。西瓜视频中的"三农短视频"创作者"小英子和小萍子"就直言:"我拍视频很辛苦,很多平台把我的视频偷走了,我希望西瓜视频能帮我要一个说法。"她希望各家平台都能够踏实支持"三农"内容、帮助农民增收,"不要想着不劳而获"。[④]

---

① 刘晓雯:《"新农人"短视频发展分析》,《新媒体研究》2019年第13期,第35~38、41页。
② 《"短视频侵权第一案"搅起"著作权"之辩》,人民网,2018年9月25日,http://ip.people.com.cn/n1/2018/0925/c179663-30311847.html。
③ 《全国首例广告使用短视频侵害著作权案宣判 广告宣传擅用2分钟短视频被判赔50万》,中国法院网,2019年4月26日,https://www.chinacourt.org/article/detail/2019/04/id/3853431.shtml。
④ 《今日头条、西瓜视频联合启动"三农创作者维权计划"》,光明科技网,2019年4月24日,https://tech.gmw.cn/2019-04/24/content_32772481.htm。

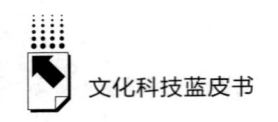

（二）"三农短视频"的变现困境

"三农短视频"的变现困境主要体现在变现手段较少、变现能力较弱以及创作者和平台之间利益分配机制不健全等方面。变现能力的强弱与变现手段的多寡之间相互制约。一般而言，"三农短视频"创作者的收益依赖平台流量的收益提成，流量的大小是影响"三农短视频"变现的直接因素，内容越具吸引力则流量越大、变现能力越强劲，缺乏流量或流量降低则变现能力低。在"三农短视频"领域的内容类型不断细分、市场不断丰富的同时，内容的吸引力不断被瓜分，对不同层级的创作者产生不同程度的影响。为提升内容吸引力，创作者往往会向陌生内容领域转型，但并不是所有的转型都会成功，部分创作者在转型中陷入错误价值陷阱，大肆抄袭和模仿，漠视他人的著作权益，只会造成自身流量的流失和变现能力的进一步弱化。此外，部分"三农短视频"创作者通过拓展直播、电商等形态来提升变现能力，但因为传统的运营思维和较大的人才空缺，最终成效不大。

平台分成体系是创作者与平台双方相互成就的一种变现形式，平台创作收益标准的不明晰或标准的过度复杂会造成创造者与平台之间的信息不对称，制约"三农短视频"创作者的积极性和自觉性。比如，西瓜视频中创作者的收益可大致分为基础收益和补贴收益两大部分，创作者收益即是基础收益、补贴收益以及其他收益之和。在计算创作者收益时首先统计获利播放量，再结合其他影响因素计算创作者分成收益，视频单价实行弹性制。[①] 西瓜视频平台虽然在"收益提现规则"中说明了获利播放量的统计范围，但对于分成收益的测算过程并未做出具体说明，主观性较强的视频广告价值、内容质量、原创性等因素的评判标准尚不明确，创作平台仅给出综合性收益数值，不免导致部分创作者关于平台利益分配的困惑，从而导致创作主动性受挫。

---

① 《收益提现规则》，西瓜创作百科，2022 年 2 月 21 日，https：//doc. toutiao. com/detail/12/44/138? enter_ from = shouyi。

（三）"三农短视频"的分发困境

"三农短视频"可选择的平台少。国内短视频头部平台基于市场竞争需要制定了不同的市场品牌定位。例如快手的"看见每一种生活"、抖音的"记录美好生活"，又如 Bilibili（简称 B 站）主打二次元和知识类短视频、西瓜视频的农人和影视综艺类内容较多。目前，"三农短视频"创作者主要分布在快手、今日头条、西瓜视频等对"三农"领域内容和信息扶持较大的平台。截至 2020 年 11 月，字节跳动公司数据显示，在过去的三年里，字节跳动全平台（今日头条、西瓜视频、火山小视频等）"三农"相关图文/视频内容总数为 4.64 亿条，字节跳动全平台万粉以上的"三农短视频"创作者达 5.96 万名，"三农"内容日均曝光 9.43 亿次。[①]"三农短视频"创作者侧重于选择快手平台以及字节跳动旗下平台与它们对"三农"信息内容的高接纳度相关，但也从侧面反映出"三农短视频"内容相对小众、冷门，在其他平台中的接纳度较低。

"三农短视频"缺乏专业化的传播平台。虽然快手是"乡村包围城市"的典型，其底层特征符合"三农短视频"的传播需要，但快手仍然是一个综合性的短视频平台，是社会大众记录和分享生活的平台，"三农短视频"是它重点扶持的内容领域但不是平台的全部。西瓜视频平台较早设置了专门化的"农人"频道，并且推出了多个针对"三农"的信息普惠项目和激励方案。但同快手一样，这种重视属于西瓜视频自身发展规划的结果，是利用技术和平台优势，助力乡村振兴以提升平台社会和经济双效益的选择。因此，"三农短视频"创作者仍面临缺少专业化传播平台的发展困境。

三 "三农短视频"发展的影响因素分析

从文化新业态动力机制上看，文化新业态产生于文化生产能力和文化消

[①]《关于过去三年的工作汇报》，微信公众平台，2020 年 12 月 28 日，https：//mp.weixin.qq.com/s/zWuoQUbz9clh9d7hqy7aAQ。

费需求之间的不匹配,在文化生产和文化消费之间的"不满足—满足—不满足"中实现文化发展的常态创新。"三农短视频"新业态的发展,建立在乡村文化生产能力相对滞后,传统乡村文化业态无法满足文化消费需求之上。但是,作为一种新兴业态,"三农短视频"的发展虽逐渐摆脱"野蛮"状态,文化生产能力的不足、针对文化市场的观念失当以及政策治理方面的欠缺仍在限制它的健康成长。

(一)文化生产因素

1. 视频创作过程缺乏创新观念引导

"三农短视频"创作者在创作过程中的观念创新不足是造成"三农短视频"内容同质化问题的直接根源所在,创新意识及创新能力的大小与创作者本身创新观念的运用相关,创作者越重视创新思维的运用就越容易达到内容创新效果,创作者创新观念运用不足则会导致内容与时代脱节。部分"三农短视频"创作者缺乏创新观念,在创新能力不足的情况下为了快速获取流量而选择紧跟热点、爆点进行内容生产,甚至全盘照搬他人视频内容,热点与个人创作内容融合程度低,最终导致"三农短视频"创作者个人短视频品牌特色并不凸显,内容区分度不够,无法形成和发挥乡村文化内容在短视频市场竞争中的比较优势。

2. 内容形式创新缺乏专业人才支撑

"三农短视频"在发展前期创新力的不足、价值判别的失当、内容的"简单复制"、版权意识的淡薄等问题都指向"三农短视频"创作者群体的专业技能缺失,即"三农短视频"创作群体中短视频制作与运营人才的缺乏。有学者将"农村视频媒体从业青年"定义为掌握现代移动视频拍摄和剪辑技术并在网络平台运营自媒体账号的返乡农民工、"农二代"大学生、土生土长的农民个体或自组织(团队或公司)。[①] 这一定义落脚在"青年"主体,但也显

---

① 共青团河北省委员会编《河北青年发展报告(2020)》,社会科学文献出版社,2020,第413页。

示出"三农短视频"创作者群体以返乡农民工和农民为主要构成部分，在短视频技能、互联网运营思维和短视频版权认知度等方面存在欠缺。

3. 算法推荐机制缺乏人为价值干预

短视频平台推崇算法推荐技术的工具价值，但这也意味着平台的推荐在一定程度上不受到人的主观影响，其推送结果有好有坏。对"三农短视频"感兴趣的受众可以持续接收相关内容，但同时那些对"三农短视频"兴趣较低或不感兴趣的受众接收"三农短视频"推送的次数就会递减，甚至到后期因为用户画像而完全接收不到"三农短视频"相关内容的推荐。由于算法以用户兴趣和流量大小为主要依据，"三农短视频"创作者要想扩大自己的推荐范围就必须进行流量的争夺，这就很容易在错误价值取向下生产出大量猎奇、低俗的内容。

（二）市场需求因素

1. "流量至上"观念的错误诱导

"流量至上"的价值观念背后折射出市场主体对经济效益的过度追求，进一步造成"三农短视频"内容生产的低俗化问题。低俗与同质存在区别。同质化问题的出现更多是"三农短视频"创作者为了确保在某一主题领域之内的流量获取或者对热点领域内的流量分割而进行内容的重复产出，它更多涉及创作的创新观念问题而较少上升为价值取向层面；内容低俗化问题则上升到发展价值观的问题，它拥有复杂的社会背景，在流量与经济变现获利相挂钩的关联之下，以对注意力的无序争夺为特征，是"流量至上"这一错误价值取向和"三农短视频"创作者急于寻求自我身份认同而采取过激表达手段的产物。

2. 平台定位限制内容"破圈"传播

不同的短视频平台有不同的平台定位，这是由它对目标市场的细分和构建市场竞争中的比较优势所决定的，在根本上是短视频平台为了占据更大的市场份额和获取更大的经济利益。为了有效且持久地实现目标受众与平台的"捆绑"，短视频平台必须在目标领域内持续深耕，在形成特色内容优势的同时，越来越主题化的平台生态将会限制其他类别的内容进入，以此来保障

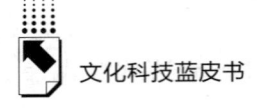

平台发展初期内容生态的统一性。"三农短视频"发展前期受众群体单一，创作者群体的能力差异较大，市场反响相对平淡，注意力吸引能力低，意味着其对平台流量的贡献程度不足，以营利为目的的短视频平台自然会降低对"三农短视频"的关注与扶持。

3. 消费者猎奇心理产生不良反应

"三农短视频"中那些低俗至极、道具粗糙的内容即使被央视点名批评、责令整改之后仍抵挡不住用户的观看[①]，很大程度是来自观众的猎奇心理和审丑观念。在这种心理作用下越低俗、越丑陋、越猎奇的内容反而越能激起观众的观看欲望，即使是带着严厉的批判的眼光去审视不良事件也会为它们带去旁观者流量。而短视频平台不会放弃这些由猎奇带来的流量。在更深层面上，部分"三农短视频"创作者之所以会选择迎合观众的猎奇和审丑心理，不仅是因为流量，还是因为借由审丑和猎奇的自我呈现来吸引大众的关注，通过特殊的符号互动方式来进行自我建构[②]，在满足观众猎奇心理的基础上获取自我存在感。

（三）政策治理因素

1. 政策法规完善程度不够

当前我国对短视频行业的治理主要参照中国网络视听节目服务协会于2019年发布的《网络短视频平台管理规范》和2021年修订更新的《网络短视频内容审核标准细则（2021）》，两部行业规定是在国家新闻出版广电总局发布的《互联网视听节目服务管理规定（2015修订）》、中国网络视听节目服务协会发布的《网络视听节目内容审核通则（2017）》以及国家相关法律法规基础上制定而成的。对于"三农短视频"而言，这些规章制度具有宏观层面的指导意义，但同时规范条文的普遍适用也与乡村内容的特殊性之间存在冲突，无法有针对性地指导"三农短视频"的发展实践，考虑

[①] 崔梦云：《涉农短视频社交软件传播研究》，硕士学位论文，郑州大学，2018。

[②] 杨萍：《赋权、审丑与后现代：互联网土味文化之解读与反思》，《中国青年研究》2019年第3期，第24~28页。

到当前"三农短视频"行业乱象，顶层设计层面仍缺乏专门政策文本予以规范，不同层级的政策需求有待满足。

2. 行业组织自律效力不足

"三农短视频"是短视频领域的新兴门类，但目前仍缺少来自行业内部的自我规范和协会监管。一方面，虽然短视频的行业规范由中国网络视听节目服务协会制定推出，但该协会下设组织机构中并没有专门的短视频分支；另一方面，在全国社会组织信用信息公示平台以"短视频"为检索词，检索发现与短视频相关的社会组织有10个，均属省市级别的短视频协会，并无"三农短视频"相关社会组织。因此，"三农短视频"行业集合体的建设是其发展中的一个关键问题。

3. 创作主体规范意识不强

"三农短视频"创作者自我规范意识淡薄和短视频平台监管意识不强是制约"三农短视频"健康发展的主观性因素。一方面，部分"三农短视频"创作者由于自身认知水平限制，在内容和产品的价值判断与取向上有高低之分，在利益驱动下很容易造成对相关规范的逾越。另一方面，"三农短视频"中猎奇和审丑内容带来的大规模流量，会使平台在既得流量和保障平台之中陷入两难境地，于是支持还是制止构成了平台的一组矛盾。如果平台没有正确的价值判断和完善的监管举措，又受限于对算法推荐的弱人工干预和人工审核能力的不足，将会对平台健康发展造成挑战。

四 "三农短视频"的发展路径探讨

妥善解决"三农短视频"发展困境是其高质量发展的需要，即要求对"三农短视频"在文化生产、市场需求和政策治理等方面的制约要素进行系统调整和优化。从利益分配、人才培养、内容创新和协同治理等方面入手，通过提升乡村文化生产能力，增强"三农短视频"创作者的文化生产能力和内容创新意识，借助多元主体参与的协同治理确保价值取向的合理性，促进"三农短视频"优质内容的持续性产出。

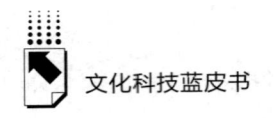

（一）调整利益分配，拓展变现方式

在协调"三农短视频"发展各要素的系统化过程中，既要注重整体利益，也要关注创作者的利益分配，在文化满足、经济获益和身份认同等多个方面提升"三农短视频"创作者的获得感。利益源自主体性需求，"三农短视频"发展中若干问题的根源在于创作者不同价值取向之下的利益需求满足程度。只有在合理的价值尺度之内形成多方力量来保证"三农短视频"创作者的利益需求，才能在"三农短视频"发展过程中充分发挥创作主体的积极性并引导行业的健康成长。这不仅需要平台细化和优化推荐算法规则，制定公平简明的利益分配条例，处理好平台与创作者之间的利益关联，而且需要平台针对不同体量、不同发展阶段的内容创作者采取不同的利益分配模式与平台激励措施，妥善处理好创作者利益分配的结构问题。在主体利益与价值观念上，也需要相关管理部门、平台与"三农短视频"行业协会或其他相关共同体等一同加强对"三农短视频"创作者利益观念的正确引导，适应现代市场发展要求。

"短视频+"为解决"三农短视频"创作者变现方式单一的问题提供了借鉴。时下，"短视频+"成为短视频产业中最主要的发展现象，"短视频+文旅""短视频+教育"等模式对经济、社会和人的思维产生了巨大影响。[1]在优质乡村文化内容支撑下，"三农短视频+"发展模式逐渐成形，它以乡村文化内容为核心，以"内容—流量—变现"为商业演变逻辑，以"三农短视频"为基本形态，以不同传播媒介形态作为短视频所呈现的乡村文化内容的延伸载体，如"三农短视频+直播""三农短视频+电商""三农短视频+乡村旅游"等形态的变现能力显著，在展现乡村文化内容的同时提升了乡村内容流量。

---

[1] 陈鹏主编《中国互联网视听行业发展报告（2020）》，社会科学文献出版社，2020，第194~203页。

（二）提升专业技能，创新运营思维

"互联网+"时代重塑农业的关键在于互联网平台助推下的信息加速流动，它既要求按照工业化思维来提高生产效率，也要求依循互联网的创新思维来改变传统经营观念。[①]"三农短视频"是互联网时代乡村文化业态的创新结果，是从传统乡村文化业态到乡村文化新业态的发展跨越。传统乡村文化业态和乡村文化新业态有着迥异的运作逻辑，需要在不同逻辑的转换中实现融通。"三农短视频"创作者或其运营团队必须具有互联网的创新思维，既要自主提升主体专业技能和创新运营思维，也要积极引入专业化的互联网运营人才。

以乡村美食领域创作者"滇西小哥"为例，截至2021年5月27日，其账号在微博、抖音、西瓜视频、B站平台分别有639.0万、279.9万、279.0万、89.0万粉丝，在B站、微博上有其淘宝店铺跳转链接，在抖音、西瓜视频上依托平台开拓电商业务，凭借多平台的运营布局获取多方流量来实现自身变现能力的最大化。这说明"三农短视频"的运营关键在于创作者或创作团队应具备互联网运营思维和跨界经营观念，完善"三农短视频+"衍生应具备的基础设施，形成贯通的产业生产和服务链条。"三农短视频"运营者在创作和剪辑制作过程中应针对不同平台特性提供具有普适性的乡村文化产品，大胆采取多平台运营策略，以获取更大的市场份额和更广泛的用户群体。此外，还可以在"乡村振兴"目标指引下，推动关注乡村文化建设的各行各业人才跨界投入"三农短视频"的发展中去，探讨专业人才融入"三农短视频"运营的实践可行性。

（三）推动内容创新，实施内容扶持

"三农短视频"持续的文化和经济产出有赖于创作者在创作观念和创作

[①] 张在一、毛学峰：《"互联网+"重塑中国农业：表征、机制与本质》，《改革》2020年第7期，第134~144页。

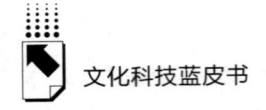

内容上的常态化创新，这种创新应贯穿"三农短视频"的文化生产全过程。即使是在同质化严重的经典话题领域进行创作，也要充分利用观念创新在文化内涵和表现形式上实现"老坛装新酒"的旧中出新效果。观念创新是"三农短视频"能够实现创新发展的根源，没有观念创新就没有"三农短视频"对传统乡村文化业态在运营模式和内容展现上的变革。观念创新的实现需要"三农短视频"创作者紧跟互联网时代的文化经济发展趋势，不断尝试新的媒介手段和新的内容表达形式，结合当代文化消费观念对传统乡村内容进行符号化、品牌化的内容再生产，并将互联网运营思维融会贯通；也需要"三农短视频"创作者运用长远眼光去探讨和实践"三农短视频"乡村文化新业态的更多可能性，不拘泥于一种乡村文化业态的微创新，而聚焦乡村文化业态整体创新和乡村文化振兴的实现。李子柒在自己的短视频中把城市人对乡村田园生活的向往转化成自己内容生产的核心观念，并将包含器物、货品、技术、思想、习惯及价值在内的日常生活通过这个"影像符号"予以系统性、历时性再现。[1] 李子柒在观念创新的基础上完成了乡村文化内容的创新呈现，通过乡村文化要素和现代文化生产方式的创新组合形成互联网时代纷杂内容中的乡村文化品牌比较优势，成为"三农短视频"创作者观念创新的重要典范。

短视频平台对"三农短视频"优质内容的扶持可以激发"三农短视频"创作者的创新活力，创作者活力的充分激发对创作者本身和短视频平台的发展都具有积极作用。目前短视频平台对"三农短视频"的扶持方案主要体现在流量扶持、技能培训、收入保障和版权保护等多个方面。今日头条早在2018年就启动了国内首个"互联网+三农信息"的"金稻穗奖"[2]，还联合浙江大学全球农商研究院等机构共同举办"乡村振兴千人计划"，以3年时

---

[1] 杜志红：《短视频传播中华文化的影像话语创新——从"李子柒现象"的讨论说起》，《中原文化研究》2020年第3期，第27~32页。
[2] 《今日头条正式启动金稻穗奖，寻找最佳三农创作者》，今日头条官网，2018年12月5日，https://www.toutiao.com/a6631348447997854215/。

间培育1000名新农人为目标，培养农人典型促进乡村振兴的实现[①]。西瓜视频则开设三农学院，实施三农"万元月薪"新人计划[②]，对"三农短视频"创作者实施薪酬激励。在"三农短视频"版权保护上，今日头条、西瓜视频于2019年4月正式启动"三农创作者维权计划"，加大对"三农短视频"创作者的法律支持力度，并承诺将所获赔偿全部转交给"三农短视频"创作者。[③]众多方面的扶持为"三农短视频"的创新发展提供了保障，但同时这些分散的激励措施缺乏统一的文本规范。因此，短视频平台可以联合"三农短视频"创作者群体与相关组织，共同提出"三农短视频发展规划"倡议，为"三农短视频"指明高质量发展道路。

（四）推进协同治理，完善制度保障

解决"三农短视频"当前发展过程中所面临的困境，实现"三农短视频"观念有创新、内容有质量、利益分配合理、政策统一规范、渠道多元畅通，需要建立起多元角色参与的协同治理体系，完善"三农短视频"的主体结构建设，发挥"三农短视频"创作者、短视频平台、"三农短视频"行业组织、政府、用户群体等角色的整体力量，促进各主体之间资源的合理配置与利用，共享由"三农短视频"发展带来的乡村文化创新成果。

在"三农短视频"创作者方面，在培养专业能力和创新观念的同时，应树立起社会效益优先的价值导向，了解和应用网络视频创作相关法律法规。同时，创作者们应自觉地联合起来，通过作者群体的相互评议来实现互相监督与共同进步。在平台方面，应加强对"三农短视频"的内容监管，确保在"三农短视频"内容领域做到算法推荐与人为价值判断的结合，对那些优质但流量小的"三农短视频"采取人为干预方式扩大它的受众范围，

---

① 《第六期"乡村振兴千人计划"新农人研修班开始报名啦》，今日头条官网，2019年10月11日，https://www.toutiao.com/a6746454481484923400/。
② 《三农"万元月薪"第21期获奖名单新鲜出炉，快来看看有没有你的名字吧》，今日头条官网，2020年1月17日，https://www.toutiao.com/a1655957153666055。
③ 《今日头条、西瓜视频联合启动"三农创作者维权计划"》，光明科技网，2019年4月24日，https://tech.gmw.cn/2019-04/24/content_32772481.htm。

促进潜在用户转换，而对于那些流量大但价值导向错误的内容予以平台规制和屏蔽下架等严肃处理。在行业方面，组建高级别的"三农短视频"行业协会或组织，制定"三农短视频"行业的通用标准，发挥行业协会的内部规范作用，使行业监督管理贯通"三农短视频"的内容生产、人才培养、产业实践、活动交流等各个方面。在政府方面，在现有网络视频及相关法律法规的基础之上，制定专门化的"三农短视频"政策规范，发挥政府的引领作用，建立"三农短视频"协同治理的综合性平台。在消费者方面，应坚持正确的消费价值观念，提高对"三农短视频"内容的辨别能力，积极采用平台、行业和政府部门的举报途径对"三农短视频"内容进行监管，为维护"三农短视频"内容生态贡献力量。

五 结语

"三农短视频"作为乡村文化业态的一个创新结果，实质上是以乡村文化内容为核心的乡村文化产品和乡村文化服务方式的创新产物。与传统的乡村文化业态相比，它以网络短视频为传播载体，以乡村文化网络短视频为新的产品表现形态，以满足大众乡村文化消费需求为目标，以乡村文化的现代化转化为根本，通过乡村文化产品和乡村文化服务的持续创新促进乡村文化的高质量发展。"三农短视频"在乡村文化生产力和乡村文化消费需求的动力机制中开启了自身的生命进程，在对创作、变现和分发等领域的困境解决中寻求自身的高质量发展道路。

"三农短视频"的发展是一个层级迭代的过程，以融合创新为驱动，在理想状态下遵循以"三农短视频"这一乡村文化新产品为基础的"产品—企业—行业—产业"[1]的演变逻辑，最终形成完善的"三农短视频"乡村文化产业价值链，实现乡村文化产业的创新发展。"三农短视频"领域中的企

---

[1] 吴亮芳：《中国网络文学新业态的诞生、迭代与模型：商业与艺术》，《现代传播（中国传媒大学学报）》2020年第5期，第118~122页。

业主体不断涌现，如"三农短视频"创作者"巧妇9妹"和"泥土的清香"背后分别是灵山县天御世纪文化传媒有限公司、河南泥土的清香文化传媒有限公司。伴随"三农短视频"创作者品牌意识的不断增强，"三农短视频"相关企业数量不断增长、企业规模不断扩大、企业带动效应不断增强，"三农短视频"企业新业态正在快速形成，"三农短视频"行业协会及相关行业规则也呼之欲出。这也就提出了"三农短视频"乡村文化新业态迭代发展的新问题，即"三农短视频"乡村文化新业态迭代模型的构建及其背后丰富的阶段性业态实践问题，需要在"三农短视频"的长期发展过程中对这个问题予以关注和回应。

B.12
VR电影发展现状分析报告

周小玲*

摘　要： 2016年被业界称为VR元年。Oculus Rift、Oculus Go和Gear VR三款虚拟现实头戴式显示器的推出和克里斯·米尔克一系列VR电影短片的制作，标志着VR技术应用于电影创作并为更多人所熟知。VR电影经过了6年的发展，已经呈现更多样的类型和特征，在沉浸性、交互性和仿真性上各有侧重和发展。本报告结合学界和电影界已有的分类，将2016年以来的VR电影类型归纳为不可交互和可交互两种。不可交互的VR电影以全景电影为主，可交互的VR电影细分为弱交互和强交互两种。弱交互与强交互的区别主要在于观影者是否具有触觉等身体感知、观看行为是否占据主导、观影者是否创造叙事。目前，全景电影已成为VR电影的主流，可交互电影仍面临着如何进一步实现互动性和沉浸性的平衡、电影叙事语言的革新、技术设备的开发等难题。

关键词： VR电影　全景电影　交互叙事

2016年，VR（Virtual Reality，VR）电影在VR技术和电影界的探索中为大众所熟知。经过6年的发展，越来越多的国家和地区参与到VR电影的制作中（见图1）。中国电影人也在VR电影领域紧跟行业步伐，其中《家

---

* 周小玲，深圳大学文化产业研究院，研究方向为电影叙事研究。

在兰若寺》（56分钟）、《拾梦老人》（12分钟）、《烈山氏》（9分钟）、《无主之城VR》（10分钟）和《地三仙》（7分钟，中美合作）都在威尼斯电影节受到关注。[①] VR电影的类型也越来越多，虚拟现实的互动性、真实性和沉浸性都在增强。VR电影已经不仅仅局限于观看，还走向互动。本报告将对VR电影已经发展出的类型进行归纳，以期了解VR电影的发展现状、困境和未来走向。

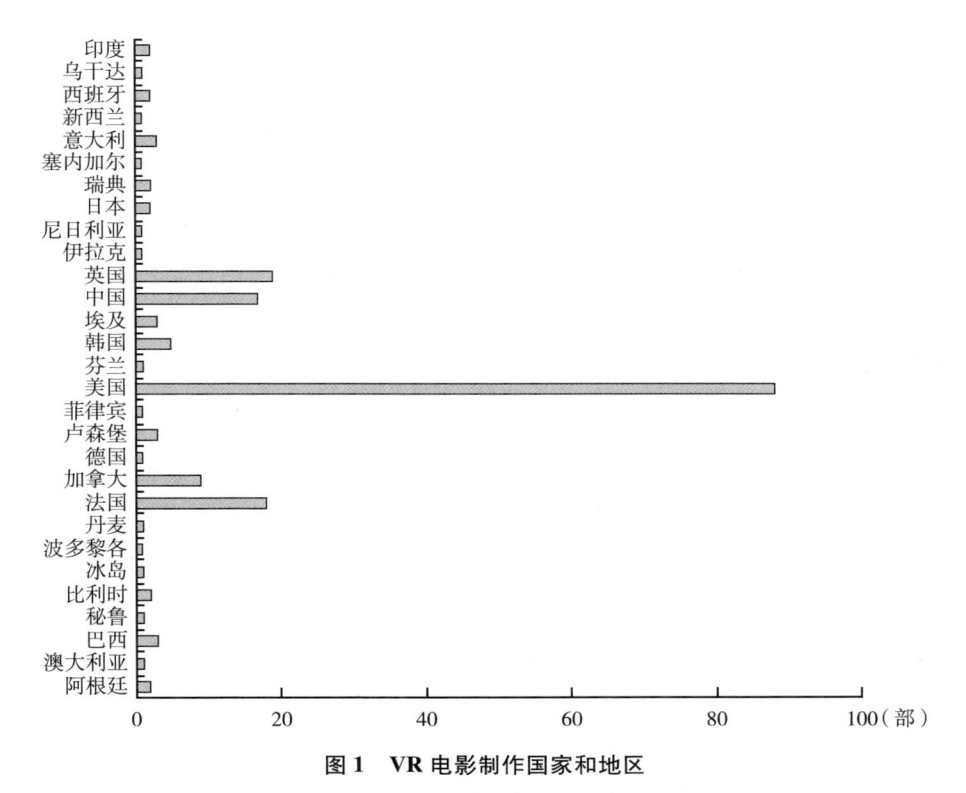

图1 VR电影制作国家和地区

资料来源：刘好、金世圆、汤清扬、刘茜《VR影视国际发展趋势观察（2016—2021年）》，《人工智能》2021年第1期，第16~28页。

[①] 意大利威尼斯电影节是最早认可VR电影并设立相关奖项的国际A级电影节。参见"Official Awards of the 75th Venice Film Festival," Accessed April 11, 2022, https://www.labiennale.org/en/news/official-awards-75th-venice-film-festival。

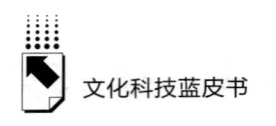

一 VR技术和VR电影的界定

VR技术一词已被广泛使用，也应用于各个领域，例如游戏、旅游、电影等。但是究竟什么是虚拟现实呢？布伦达·劳瑞尔（Brenda Laurel）认为，真正的VR是一种会让人沉浸在虚拟世界中，并可以在其中采取行动的技术。[①] 可见，VR技术具有沉浸性、仿真性和互动性。她围绕这三点，详细归纳了VR技术的核心特征：全包围环境；可提供深度感知和运动视差；空间化的声音（非立体声）；能够跟踪参与者运动方向；参与者的感官系统成为"摄像机"；自然的手势和动作；能够进行叙事化建构，参与者可在虚拟世界中采取行动。根据目前VR技术的应用现状，她认为VR技术在实现转场自然、动态捕捉和参与者双手参与方面有待改进。[②]

有论者在游戏和VR电影的对比中，划定VR电影的范畴，认为VR电影是以观看为主、交互为辅的电影；而游戏则是以交互为主的。在VR电影中，"观众处于客体位置，被事先预定的故事线索或情节引导"[③]。随着虚拟现实技术在电影中更成熟的运用，VR电影的含义有了变化，是"在VR技术支持下的电影艺术，通过将观影者置于全方位的虚拟奇观中，使观影者得到身临其境的感官体验"[④]。总的来说，VR电影就是通过"计算机视觉"，为观影者创造一个"看起来真实，听起来真实，甚至可感、可响应反馈的类真实环境"[⑤]。由此可见，VR电影的内涵随着VR技术的发展而发展。

---

① 〔美〕布伦达·劳瑞尔：《什么是虚拟现实技术》，车琳译，《世界电影》2020年第4期，第184页。
② 〔美〕布伦达·劳瑞尔：《什么是虚拟现实技术》，车琳译，《世界电影》2020年第4期，第184~188页。
③ 孙略：《VR、AR与电影》，《北京电影学院学报》2016年第3期，第15页。
④ 田杨、钱淑芳：《VR电影的空间叙事特征与方法》，《传媒》2022年第4期，第45~47页。
⑤ 《先睹为快！〈2021中国VR产业发展和消费者调查报告〉：VR影视国际发展趋势报告》微信公众平台，2021年11月30日，https://mp.weixin.qq.com/s/guFEK24acFipH_gsx2OMvQ。

二　目前 VR 电影的分类

最早的 VR 电影是林诣彬执导的 5 分钟全景剧情短片《救援》（*Help*, 2015 年）。这部短片实现了 360 度的全景包围。随后，关于 VR 电影的讨论、制作、电影奖项相继产生。VR 电影经过了 6 年的发展，数量和质量都有了显著提高，业界对 VR 电影的分类也越来越细化。

目前的 VR 电影主要分为以下几类：第一，从叙事结构来看，可以分为交互类（注重体验感）和线性叙事类（注重叙事）[1]；第二，从叙事的虚拟程度来看，可以分为真实的互动叙事、近似真实的互动叙事、虚拟形式的互动叙事[2]；第三，从设备运用来看，分为头转式 VR（Head-Turn VR）和漫步式 VR（Walk Around VR）[3]；第四，从制作流程来看，可以分为 380 度球幕和实时渲染影片[4]；第五，从交互程度来看，可分为全景式 VR 电影、交互式 VR 电影、动态捕捉 VR 电影[5]。本报告将在第五种分类（见表 1）的基础

表 1　各类 VR 电影的比较

类别	技术支撑	感知类型	体验	现状	难度
全景式 VR 电影	360 度全景摄像技术	视觉感知	一般沉浸	主流	易
交互式 VR 电影	3D 动画与交互技术	视觉感知、动作感知	较强沉浸	起步阶段	较难
动态捕捉 VR 电影	动态捕捉、空间定位与交互技术	视觉感知、动作感知、身体感知	强沉浸	实验阶段	难

资料来源：周剑《体验型消费刺激下的 VR 电影发展》，《出版广角》2019 年第 23 期，第 76~78 页。

---

[1] "Official Awards of the 75th Venice Film Festival," Accessed April 11, 2022, https://www.labiennale.org/en/news/official-awards-75th-venice-film-festival.
[2] 〔美〕玛丽-劳瑞·瑞恩：《作为叙事的虚拟现实》，徐亚萍译，《北京电影学院学报》2016 年第 3 期，第 28~36 页。
[3] 头转式和漫步式 VR 电影的划分方法是欧美国家较为普遍的划分方法。在头转式 VR 技术下，观众固定在座椅上观看，身体不能进行座位范围之外的活动，以观看为主；在漫步式 VR 技术下，观众可以行走甚至奔跑，以交互为主。
[4] 黄石：《传统电影语言在 VR 电影中的新运用》，《当代电影》2019 年第 10 期，第 136~140 页。
[5] 周剑：《体验型消费刺激下的 VR 电影发展》，《出版广角》2019 年第 23 期，第 76~78 页。

上，把VR电影分为不可交互和可交互两种，并对这两种VR电影的具体类型、技术支撑、感知类型、体验、叙事互动、现状、难度和局限进行分析（见表2）。

表2 VR电影分类

维度	不可交互	可交互	
		弱交互	强交互
具体类型	360度全景电影	交互式电影	动态捕捉电影
技术支撑	360度摄影技术	3D动画技术、交互技术	动态捕捉、空间定位、交互技术
感知类型	视觉、听觉	视听、动作、方向	视觉、听觉、触觉等身体感知
体验	观看	观看为主、互动为辅	互动为主
叙事互动	不参与叙事	不参与叙事	可以选择已有叙事
现状	主流	发展中	试验阶段
难度	容易	容易	难
局限	信息遗漏	交互不自然	未能全面数字化

（一）不可交互VR电影

不可交互VR电影属于360度全景式VR电影，结合3D立体技术和环幕，形成了更立体环绕的影像，也带来了最初级的虚拟现实感。在技术层面上，360度巨幕加上3D特效以及部分座椅特效，采用360度全景摄像技术（见图2）或广角镜头制作完成。在感官体验上，电影作用于人的视觉和听觉，带来沉浸感和视觉冲击。观众跟随既定叙事观看电影，不参与叙事。全景式VR电影是目前的主流，也是较容易实现的一种电影。其目前存在的缺陷如下：一是，观众能够在全景影像中获得更多信息，同时也可能因为屏幕提供的信息过多而遗漏部分重要信息，从而导致注意力减弱和观看效果不佳；二是，观众感官参与度较低，观众能沉浸在虚拟环境中，但是不能对其剧情走向产生影响、不能与剧中人物互动、不能更改叙事。例如在电影《拾梦老人》（见图3）中，观众在影院观看的时候，面对的是360度的巨幕，灯光会引导观众找到观看的重点；在线上观看的时候，可以根据屏幕上方的箭头指示调整观看的范围，但是除此之外，观众并不能进行更多操作。

图2　VR短片《救援》片头城市全景

资料来源：《【VR】HELP　世界最佳VR影片》，bilibili官网，2016年5月5日，https：//www.bilibili.com/video/BV1Ms411B7s1？share_source=copy_web。

图3　VR短片《拾梦老人》

资料来源：《【4K全景视频】威尼斯电影节入围　国产VR动画〈拾梦老人〉》，bilibili官网，2020年11月16日，https：//www.bilibili.com/video/BV17y4y167Mb？share_source=copy_web。

此外，中国台湾的VR短片《家在兰若寺》（2017年）采用了8K全景影像制作[①]，时长56分钟，这在目前以短片为主的VR电影中比较少见。同

① 《〈家在兰若寺〉：8KVR影片，听说过没有》，"光明日报"百家号，2019年4月22日，https：//baijiahao.baidu.com/s？id=1631521004284660980&wfr=spider&for=pc。

样由中国台湾制作的17分钟VR短片《病玫瑰》（2021年）则聚焦传统手工艺定格动画①，采用VR微距摄影系统，让定格动画在VR电影中焕发活力（见图4）。

图4 VR短片《病玫瑰》截图

资料来源：《看，这些才是真正的人类高质量"VR电影"》，微信公众平台，2021年9月3日，https://mp.weixin.qq.com/s/oTtQ45n2hR4dDY2RIKAmqQ。

（二）交互式VR电影

1. 弱交互

在交互式VR电影中，技术上除了使用360度摄影机拍摄、3D动画制作之外，还设置了一定的互动。观影者仍以视听沉浸式观影体验为主、单一互动为辅。这类交互式电影仍在持续探索中，实现难度随着技术的发展而降低。具体来说，观众可以在VR眼镜等设备的辅助下，用主观视角观看电影中的角色，进入角色所在的空间，可以自由选择观看的角度和位置。电影中的角色或物体会对观众的存在做出单一且微弱的响应。如23分钟的VR短片《库松达语》（Kusunda，2021年）需要观众说出库松达

---

① 定格动画：逐格拍摄木偶或者黏土偶，使之连贯成动画并放映，最具代表性的定格动画电影有《神笔马良》和《阿凡提》。

语言来推进剧情。① 这种互动实际上是单向的,而非双向的,所以互动的回应微弱,处理不当甚至会影响叙事的流畅性,显得不够自然。

首部获得美国艾美奖"优秀原创互动项目"的 VR 电影短片《亨利》(Henry,2015 年)是 Oculus Story Studio 的第二部 VR 短片,也制作了真正意义上的第一个 VR 电影角色。② 主角是一只叫 Henry 的小刺猬,它渴望交朋友,但是它满身的刺总会吓跑其他的小动物。电影使用 360 度全景影像技术,让观众感觉自己和 Henry 共处一室,感受它的情绪,同时设置了一种视觉上的交互,Henry 可以根据观众的位置,与观众产生目光交流(见图5)。③ 此外,这部短片视觉引导的手法相较于同期的其他 VR 影片自然流畅,

图 5　VR 短片《亨利》的主角望向镜头

资料来源:《Henry a VR Experience-Oculus Story Studio-Oculus Rift(1)》,bilibili 官网,2020 年 8 月 7 日,https://www.bilibili.com/video/BV1QT4y157iN?share_source=copy_web。

---

① 《看,这些才是真正的人类高质量"VR 电影"》,微信公众平台,2021 年 9 月 3 日,https://mp.weixin.qq.com/s/oTtQ45n2hR4dDY2RIKAmqQ。
② 《Story Studio 第二部 VR 短片〈Henry〉》,腾讯视频,2016 年 9 月 12 日,https://v.qq.com/x/page/k0155rd4h0l.html。
③ 《Oculus 首部 VR 动画短片〈Henry〉宣传片》,腾讯视频,2015 年 6 月 3 日,https://m.v.qq.com/play.html?vid=a0328mamern&cid=。

通过黑夜中的灯、房间中移动的瓢虫、突然的声响来引导观众聚焦影片中的关键信息和情节。对视互动的设置一方面增强了人机交互；另一方面却让孤独的 Henry 做出不合情理的举动，损害了短片的叙事逻辑。《珍珠》（*Pearl*，2017 年）也属于可以互动的 VR 电影，观众可以打开电影中的车窗看风景。在巴西制作的 VR 短片《人生轨道》（*The Line*，2019 年）中，观众直接用双手就可以触发 VR 世界中的提示信息，展开故事（见图 6）。

图 6　VR 短片《人生轨道》中观影者的手直接在 VR 影像中触发情节

资料来源：《【quest2 试玩】〈The Line〉VR 交互影片》，bilibili 官网，2021 年 8 月 18 日，https://www.bilibili.com/video/BV1cq4y1M7Ms? share_ source＝copy_ web。

2. 强交互

此类型的 VR 电影采用了动态捕捉、身体感知、空间定位、人像生成等技术实现交互和沉浸，作用于观众视觉、听觉、触觉、参与度、沉浸感、交互性和真实感也随之提高。观众的行动会呈现在影像中，并且被影像中的人物注意到。这种电影以交互为主，用参与代替了观看行为，观众可以选择电影提供的不同叙事路线进行体验。这类 VR 电影的局限是观众不能和电影中的角色产生完全对等的互动，也不能成为叙事创造者，或者发展出新的故事情节。观众与电影的互动需要借助多项设备和物理空间，还未完全走向数字化。

比如，荣获奥斯卡特别奖的 VR 电影短片《血肉与黄沙》（*Flesh and Sand*，2017 年）就是很好的例子。电影讲述了一群偷渡客试图穿越墨西哥和美国边境沙漠的故事。他们在穿越美墨边境过程中，面临着恶劣的沙漠环境和被捕枪杀的危险。

在制作层面，这部 VR 电影在摄制过程中使用了计算机生成图像技术（Computer Generated Imagery），利用素人的面部信息来生成角色，制作表情和动作（见图 7）。用动态捕捉技术（Performance Capture），根据观影者的具体位置，实时呈现影像中人物动作和周边环境。[①] 影片中难民的故事也根据真实社会事件改编。在放映 VR 电影时，观众要做的就是戴上头戴式显示器、耳机和背包，脱掉鞋袜，进入铺满黄沙的、面积为 186 平方米的影

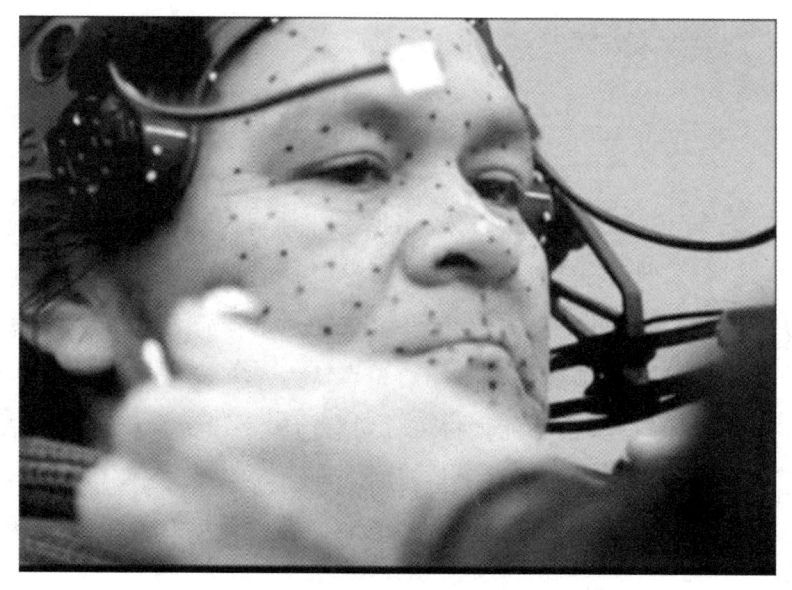

图 7　VR 短片《血肉与黄沙》前期制作中采集素人面部信息

资料来源：《〈血肉与黄沙〉曝预告》，bilibili 官网，2021 年 2 月 28 日，https://www.bilibili.com/video/BV1py4y1771i?share_source=copy_web。

[①] 刘海舰：《探析亚历桑德罗·冈萨雷斯·伊纳里图电影影像美学风格——从 VR 影片〈肉与沙〉说起》，《当代电影》2019 年第 8 期，第 141~144 页。

厅中。这个时候，观影者实际上已经进入 VR 电影中，他们成为影片中偷渡客的一员，脚踩黄沙、背上背包、感受沙漠的干燥与炎热，感受随时可能被枪击的不确定性，跟随片中的偷渡客冒死穿越边境沙漠。不仅如此，片中的 16 个偷渡客都有各自独立的故事线，观影者可以自行选择跟随谁的故事线，当观影者穿过片中偷渡客的身体时，可以听到他的心跳。

但受限于技术，这部电影一次只能一个人体验。除此之外，观众虽然进入影片中，成为其中一个角色，影片中的警察可以对假装成偷渡客的参与者开枪，但是参与者在影片中的行为并不会受到影响，他们除了跟随其他角色行动，并不能跟他们交流，也不能改变预设的故事走向。这部作品的获奖证明，VR 电影要让 VR 技术不局限于 VR 内容，而是变成观影整体体验的一部分，从而实现其价值。①

三 VR 电影目前面临的困境

第一，在已达到的交互中，传统电影叙事语言失效，无法引人入胜。传统的叙事语言，例如摄影机运动和剪辑，在 VR 电影中需要进行革新或者摒弃。从目前 VR 电影的观影体验来看，摄影机运动不能太快，因为这样会让观众产生眩晕感，②影响观影体验。有论者认为，应该以长镜头和固定镜头为主。③ 同样地，剪辑也不能太快。跳切等剪辑手段更会引起观影者的不适，因为这不符合人眼的观看习惯，而画面渐渐隐去（渐隐）、渐渐显现（渐显）或者重叠又淡化（叠画）这些缓慢过渡的剪辑方式在 VR 电影中更为适用。

第二，影院设备更新较慢，VR 电影美学无法展现。例如，2016 年，李

---

① 《戛纳 VR 体验：7 分钟短片数据量等于整部〈环太平洋〉》，凤凰网，2017 年 5 月 26 日，https://ent.ifeng.com/a/20170526/42937659_0.shtml。
② 孙略：《VR、AR 与电影》，《北京电影学院学报》2016 年第 3 期，第 13~21 页。
③ 黄石：《传统电影语言在 VR 电影中的新运用》，《当代电影》2019 年第 10 期，第 136~140 页。

安导演的影片《比利林恩的中场战事》在全球上映，这部影片表现的是美国士兵在战争中的痛苦经历和他们不被真正理解的生活。为了帮助观众理解主角的遭遇和内心创伤，该片采用了120帧率、4K分辨率和3D画面等数字技术来拍摄和放映。高帧率提供超过普通影片4~5倍的信息量，高分辨率让画面更清晰，3D画面让影片更真实。在这样的影像中，观众更容易产生临场感和真实感。但是，在2016年，能够达到这一播放规格的影院在全球屈指可数，国内少数影院甚至需要租借外国设备进行放映。[1] 在放映技术和设备尚不完善的情况下，这无疑让真实性和叙事的张力大打折扣。

第三，互动性和沉浸性未实现平衡。目前已有的VR电影中，交互界面在影像中很明显，也很突兀。互动界面并非自然地存在于一个沉浸式的虚拟视听空间中。交互界面时刻提醒着观众目前所处的世界是虚拟的，因为真实的世界没有按钮和选项。但是，虚拟现实的最终目标就是创造一个和物质世界高度相似的虚拟世界，所以，如何平衡和结合互动性与沉浸性是VR电影的难点。

第四，在目前已有的VR电影中，受限于经费，长片很少，以短片为主（见图8），在前文提到的《血肉与黄沙》中，7分钟短片的"总数据和技术力度如同131分钟的《环太平洋》"[2]，制作一部VR长片的难度可见一斑。除此之外，VR电影题材大多是科幻、动画、悬疑，VR场景一般设置在单一空间中。这些特征限制了VR电影的市场，大部分VR短片只能在特定的线上平台和线下艺术馆展映。此外，《血肉与黄沙》这种漫步式VR电影不仅对设备、场地、人数有高要求，同时这种混合的技术尝试已经让这部电影更像是一种装置艺术，而电影最终是要面向更多观众的。

第五，VR未真正介入叙事。在部分全景VR电影短片中，在VR镜头下，电影中的角色近在咫尺，但是除此之外，VR技术的应用未得到全面发展。当我们脱离VR技术，在流媒体观看这些影片时，我们发现故事本身已

---

[1] 《【新华数码】120帧到底意味着什么？》，bilibili官网，2020年12月11日，https：//www.bilibili.com/video/BV1hK41137qd?share_source=copy_webcinity。

[2] 《戛纳VR体验：7分钟短片数据量等于整部〈环太平洋〉》，凤凰网，2017年5月26日，https：//ent.ifeng.com/a/20170526/42937659_0.shtml。

经很完整，VR成了可有可无的点缀。这说明VR如何在VR电影的初级阶段融入叙事，依然值得思考。

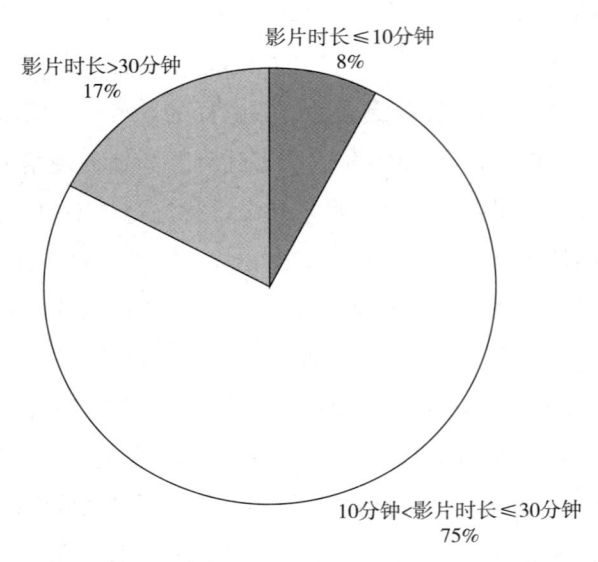

图8　截至2020年威尼斯电影节获奖VR电影时长统计

资料来源：刘好、金世圆、汤清扬、刘茜《VR影视国际发展趋势观察（2016—2021年）》，《人工智能》2021年第1期，第16~28页。

四　VR电影最终形态：无限交互

在这一阶段，观众不仅可以沉浸于虚拟现实，而且能够通过互动改变剧情走向，每个参与者都拥有自己的主观视角，并在此视角的基础上参与叙事或者成为叙事者。也就是说，VR电影的故事如何发展由参与者决定，参与者每做一次选择，VR电影幕后制作者就会实时提供这种选择下的故事走向，并且实现这种走向的虚拟现实。这种互动叙事是VR电影的高级阶段，或可成为VR电影接下来的发展方向。在这一阶段，传统的电影叙事语言和美学消失，目前这样的电影即使是短片也还未产生。

五　结语

　　VR 电影经历了从不可交互到可交互的过程，如果在未来能够实现无限交互，发展到高级阶段，那么我们将进入《黑客帝国》所描述的世界。虚拟现实是一个和物质世界平行的空间，虚拟世界和真实世界难分你我，虚拟世界的活动甚至会影响我们现实世界的生活，或者成为我们现实生活的重要组成部分。在这样的情况下，VR 电影已经无法囊括和解释这一新的艺术或者娱乐形式。这可能是一种"完整艺术"（Total Art）[1]或者"终极媒介"[2]。

　　但是，就目前 VR 电影的现状来看，也许 VR 电影不必执着于对交互的追求，而是增强 VR 作为一种"同理心媒介"[3] 的作用，让观众或者体验者对 VR 影片呈现的主题有更深切的体会。借助 VR，电影可以涉及的题材更为广泛，也有部分题材更适合用 VR 电影来呈现，这将反过来增强电影的表现力，尤其是社会问题、现代生活、科技反思、人文关怀和生态意识等方面。

---

[1]〔美〕玛丽-劳瑞·瑞恩：《作为叙事的虚拟现实》，徐亚萍译，《北京电影学院学报》2016年第 3 期，第 28~36 页。

[2] F. Biocca, M. R. Levy, *Communication in the Age of Virtual Reality* (Routledge, 2013)。

[3]《【TED】VR 的诞生——新艺术形式的崛起——Chris Milk》，bilibili 官网，2016 年 7 月 26 日，https：//www.bilibili.com/video/BV1xs41117wA？share_ source=copy_ web。

203

B.13
我国科幻电影角色设定的分析报告[*]

黄鸣奋[**]

摘　要： 角色设定是科幻电影创作的重要环节，也是科幻电影创意的集中体现。科幻电影通过角色设定回应后人类时代到来的挑战，表现编导对于科技发展所带来的社会变革的前瞻性。我国科幻电影对于变种人、电子人、类智人等角色的设定体现了后人类叙事和生命伦理学的关系，表达了无偏无党、强本抑末、百兽率舞等理念，值得加以研究。

关键词： 科幻电影　中国电影　变种人　电子人　类智人

现代意义上的生命伦理学产生于20世纪60年代，其触发事件主要是对二战中纳粹分子惨无人道的人体实验、美军为迅速结束世界大战使用原子弹所造成的人道灾难和遗传影响的反思，以及美国海洋生物学家蕾切尔·卡森（Rachel Carson）《寂静的春天》（*Silent Spring*，1965年）一书所发出的关于环境恶化的警告，此外，还有对生物科技失控、人为进化副作用、艾滋病蔓延、医疗改革障碍等的忧思。这门学科主要研究医疗、环保、生育、送终、安乐死、器官移植等方面的道德问题，涉及理论、临床、政策、文化等层面。受生命伦理学的影响，我国科幻电影将自然生命在人为进化语境中的变迁作为重要题材，对变种人、电子人、类智人等类别都有所涉猎。在科幻电

---

[*] 本报告系国家社会科学基金艺术学重大项目"比较视野下中国科幻电影工业与美学研究"（项目编号：21ZD16）的阶段性成果。
[**] 黄鸣奋，厦门大学人文学院中文系教授。

影中,所谓"设定"通常是指拟定作为叙事前提的各项要素。它包括三种形式:社会层面的设定,涉及人物、角色、人群、类人生命等要素;产品层面的设定,涉及科技水准、视听元素、思想倾向、情节冲突、类型归属、风格特征等;运营层面的设定,涉及时间、空间、宇宙(世界)、场景等。下文着重从角色设定层面对我国科幻电影有关变种人、电子人和类智人的创意加以探讨。

一 无偏无党:变种人设定

生命以新陈代谢为特征。对新陈代谢所不可或缺的条件的依赖性构成了需要,在为满足其需要而进行的活动中所表现出的能动性构成了机制。在生命由细胞型生物、真核细胞型生物、动物、高级动物、原始人向文明人进化的过程中,形成了由生存性需要、生理性需要、信息性需要、心理性需要、实践性需要和成就性需要构成的需要层系,以及与之对应的繁衍机制、营养机制、感知机制、情绪机制、意志机制和憧憬机制。这六种生命机制各自所具备的特征构成了个体的基质人格,包括禀赋、体魄、性向、情怀、智能和幻想等。基质人格主要由个体的遗传特性决定,体现个体作为自然人的特点。以基质人格为基础在社会历史条件(包括社会伦理、社会角色、社会文化、社会心理、社会使命和社会理想等)作用下发展起来的人格是成型人格,由品行、气质、学识、性格、才干、志向组成。将成型人格诸要素整合起来的是自我意识。它不仅是对自身需要的意识、对客观事物和自身需要之关系的意识,而且是对自身满足需要的主观条件的意识、对自身基质人格和成型人格的反映。[①] 以笔者所提出的上述理论为出发点,我们可以考察科幻电影中有关变种人的设定。

(一)设定变种原因

变种原因大致可以区分为三种类型。一是自然原因。例如,《神选者》

---

① 黄鸣奋:《需要理论与文艺创作》,新疆人民出版社,1995,第16~161页。

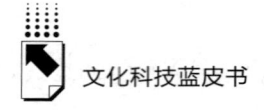

（2007年）设想诞辰和天地磁场形成共鸣的人有望获得通电超强磁力、雷达感应与操控烈火等异能。二是社会原因。例如，根据《霹雳贝贝》（1988年）的设想，由于飞碟在产房经过、外星人降临，这一时刻分娩的薛淑英生下了手掌带电的孩子。后者被科学家吴教授称为"宇宙人"，外星人则称之为"霹雳人"。我国《超能联盟》（2016年）描写了一支民间乐队的成员受到生物实验室爆炸的影响，意外获得超能力，分别能够瞬移、摄物、意控与复活。但是，主持实验的亚当教授又发明了原力枪，将复活以外的超能力收回去。《超神异能者》（2018年）描写了疯狂科学家采用向人体注射动物细胞和服药的方法，试图培养基因战士。他拿自己的女儿和孤儿院的孩子们做实验，时间长达18年之久，给这些人造成了严重危害。多数孩子在实验中死去。只有少数孩子形成了瞬移、魅等异能。《狂暴隔离区》（2018年）揭示了用注射特殊物质（氢氪或其替代品）、EF病毒的方法促成人体变异所冒的生理风险与伦理风险。并非所有的人都能顺利完成转变，转变不成功就可能丧命。即使顺利实现变异，但据说醒来后会将第一眼看到的人当成终身主人，由此产生了严重的伦理问题（该片中的变异人幽灵跟着其主人、科学家田巴拉干坏事）。三是心理原因。例如，《基因决定我爱你》（2007年）讲述了一位都市女子通过改变基因来赢取爱情、实现自我的故事。

上述原因可能综合起作用。例如，在短片《11度青春之〈L.I〉》（2010年）中，神秘机构LICC推出爱情保险合约，在签约者的大脑中植入芯片，记录其见闻和心理活动，以保证合约得到履行。违约者将被变成宠物，与利益受到侵犯的一方厮守到老。违约是变种的心理原因，LICC的强制则是变种的社会原因。

（二）设定变种特征

王娜在谈到"X战警"系列电影时指出："如果注意影片中的细节，不难发现影片中的变种人其实是具有不同生理特征的'特殊群体'，他们如同活在正常人群中的残疾人、有色人，或有先天缺陷的人。现实中他们被视为'弱势群体'，以低矮的姿态出现，而影片借科幻形式，赋予他们超能力，从俯视角度来看待弱小的正常人。以变种人为中心的视角变换，不过是为了更深刻地揭示我们对待'弱势群体'的真实心理。"①

对变种特征的设定大致包括如下三种取向。一是设定特殊的基质人格，包括禀赋、体魄、性向、情怀、智能、幻想等。所谓"超能力"便属于特殊智能范围。例如，《变种人星球战役》（2017年）描写了城市青年齐涛因被外星人控制的蟑螂咬伤而诱发变种，成为异能者，并获得其女友的亲戚在武功上的指点，对打败入侵外星人起了关键作用。和西方电影中的蜘蛛侠不同，齐涛没有因为被蟑螂咬了就显示出这种昆虫的特征，也没有以之为名而自称侠客。又如，《时间·猎杀者》（2017年）描写了女特工萝拉、秋末受铯原子浓缩器爆炸影响而获得异能，有影响周边人士时间流速快慢的本事。经过实验，这种异能可以用来将一个人的时间（实际上就是寿命）转移给另一个人。时间因此可以典当、买卖、盗窃，某些人或许长生不老，另一些人则提前衰老，甚至死于非命。二是设定特殊的成型人格，包括品行、气质、学识、性格、才干、志向等。反社会性就是品行异常的一种表现。例如，我国《克塞之战》（2018年）描写了2023年震旦国南部藏安镇面临新型病毒扩散带来的灾难。人类从事记忆改良实验，开发脑控型药物，成果被恐怖分子利用，导致病毒扩散，失忆型暴力噩魅肆虐。他们的感觉更为敏锐，行动更为迅速，但丧失理智、嗜血好斗，见到正常人就咬，而且一咬就传染，很快就占据了正常人原先赖以生存的地盘，使政府、军队、警察等几乎失效。三是设定特殊的自我意识，如对身份、经历的疑惑等。例如，《超能特工学院》（2017年）描写了特工学院学生欧阳佐有摄水成冰的异能，被当成实验品。院长暗中派其女化名李菲儿来监视他。他和同舍、神偷余哲想逃出去，得到了爱上他的李菲儿的帮助。李菲儿不肯和他们一起出逃，欧阳佐因此回头找她。校长朝他开枪，结果打中试图掩护欧阳佐的女儿……欧阳佐梦醒，发现学院一切如常，未知所经历之事的真假。

（三）设定变种影响

生物科技正迅速走进我们的生活，转基因食品就是例证。有人因此预言

---

① 王娜：《生态主义视域下的X战警系列电影》，《电影文学》2017年第4期，第55页。

21世纪将是生物技术世纪。与此同时,生态恶化已经是令人触目惊心的现象。不仅如此,未来"基因超人"所可能产生的影响是巨大的未知数。我国科幻电影以此为背景设定变种影响,相关创意大致包括如下四种取向。

其一,着眼于变种人与正常人之间的对立。例如,《毒吻》(1992年)的主角三三发生变异的原因,是父母作为大华焦化厂工人在体内累积了大量剧毒物质。三三的异能首先是发育迅速,每次雷电感应都能使他以远快于常人的速度长大,很快就从新生儿成长为小伙子。其次是全身带毒,从体液发展到皮肤,毒性可以使动物死亡、植物枯萎,范围从接触所及发展到洗浴扩展。在武侠时代,这样的变种人也许会被尊崇为一代毒王(该片描绘了喜读邪书的中年人康大豹拜他当毒师的过程)。在现代社会,国内外科技却不存在使之祛异的办法。这就造成了他的人生悲剧。最后,他因为接吻毒死了爱他的女孩青儿,在绝望中化为烟气。环境污染引发人体变异,人体变异又造成新的环境污染。由此形成的恶性循环如何摆脱,是本片引导观众思考的问题。又如,《美少女危机》(2017年)揭示变性意义上的变种所带来的社会危机。该片设想了一种可以通过亲吻来传播的美少女病毒。它在短时间内就会使被吻者由男变女,而且产生去吻别人的强烈冲动,人类因此面临男性灭亡(以至于人种灭亡)的危机,只能寄希望于对这种病毒具备免疫功能的极少数"智慧种"。某些丧尽天良的幸存者利用这些"智慧种"开发新药,每天抽取其脑髓,用类似于"活熊取胆"的方法来折磨他们,另一些有正义感的幸存者为他们鸣不平,相关实验室最后在爆炸中焚毁,人类已经无法再组织任何对付美少女病毒的集体抗争,只能各自为战,或者听天由命。再如,《血姬传》(2017年)描写了肯医生希望将吸血鬼复原为正常人,为此奋斗十年,但终归失败,自己也因误服作为实验原料的超级吸血鬼血清而变异。

其二,着眼于变种人与正常人之间的调适。例如,《一中行动》(2010年)描写了第九区(有国家背景的绝密基地)开发出三代基因改造人,第一代郑康能隐形、分身,其妹智力超群;第二代楚轩掌握了太极八卦掌;第三代刘颖具有血细胞二次分化能力,可以根据需要修复患者损伤的器官。基地对第一代基因改造人进行隔离培养,要求郑康整天参加高强度训练,要求他妹妹设计顶尖武器。他妹妹被剥夺感觉，成为"人肉电脑"，觉得生活没有意义而自杀，郑康因此逃走，十年后带领团伙制造绑架案，向基地讨要说法。随后基地进行反省，给予改造人不同待遇。他们不会再从小在基地中长大，而是被寄养到平常百姓家中，有正常的生活，楚轩成年后还得以选择自己的职业——特种兵，刘颖则成为学校的尖子生。又如，《荒村怪兽》（2018年）中的"怪兽"实际上是嗜血的变种人。他们因国外的科学实验而产生，体格比正常人更为强健，目光比正常人更为敏锐，但由于神智迷糊又会咬人，被正常人视为异类。二者的矛盾到了大动干戈的地步。被咬者会成为新的"变种源"，对正常人构成连锁威胁。唯一值得庆幸的是：变种人不过是"感染人"（可细分为第一代感染人、第二代感染人等），可以通过注射抗毒血清回归正常人。再如，《末日侵袭之终极一搏》（2019年）描写了五位怪病患者接受D博士的陨石碎片植入治疗，不仅康复，而且分别拥有读心、自愈、预测未来、扭转时间、控制他人运动等超能力。时间扭转者从聪从50年后穿越到2019年，与其他四位异能者汇合，试图阻止野心家本固合成陨石芯片、控制世界。但是，上述目标因内奸作祟而失败。从聪只好重新聚集力量以求再战。

其三，着眼于变种人之间的分化。例如，《特异功能猩球人》（1992年）展示了异能者围绕宝物麒麟球所展开的争斗。张宝胜、张宝珊兄妹因为有X光眼等异能而成为半个渠店务公司负责人，为回击对他们"妖言惑众"的攻击而同意将其宝物麒麟球送到香港骆教授那儿进行科学研究。异能者华叔闻讯之后，纠集天眼通、神医、狐仙、力士等人拦车劫夺，与护送麒麟球的张宝珊发生多次冲突。最后，麒麟球在双方冲突中被毁。又如，《全城戒备》（2010年）描写了二战时期日军遗留的有害生化气体导致某杂技团四个演员发生变异，成为令人恐惧的变种罪犯。他们的一个同事则和警方合作，成为超级英雄，与变种罪犯做斗争。由左日强执导的《异能者》（2016年）及其两部续集（均为2017年上映）主要描写异能者之间的冲突。主角郭少将是具备后瞻能力的警员，可以靠触摸而知道真相。他在侦破某校连环杀人案的过程中，将拥有预知、分身、读心、瞬移等异能的同学聚集在

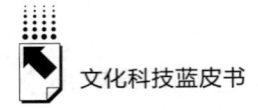

一起，摆脱来自邪恶组织、可使时间静止的杀手狄少的追击。后来，郭少将将这些异能学员召集到一个秘密基地接受训练，揪出擅长梦境杀人的奸细，击败狄少所带领的袭击者。狄少被基地主管汤靖文用药气压制异能后被击毙，死前向郭少将透露自己是其亲哥郭少强，因被邪恶组织魔帝洗脑而变成杀人机器。郭少将运用后瞻能力证实此言不虚，并觉察自己成了汤靖文与魔帝斗争的牺牲品。再如，《绝杀使徒》（2017年）中的异能族因混种的缘故而丧失理性，只有少数成员因受到特殊刺激而实现潜能的"觉醒"。本片描写了当代仅有的三个觉醒者：一是黑秒针，他成为杀手组织的教官，但在获悉该组织曾屠杀异能族后，起来反叛；二是谢醉桥，他是继任教官，奉命追杀逃跑的黑秒针，结果被打伤，杀手组织娄长官担心他从黑秒针那儿知道血腥往事而开枪毙之；三是宋雨浓，她在父母被杀后由娄长官抚养长大，是上司所培养的异能杀手的希望所在。她在训练中与谢醉桥生情，知道他死亡的缘由之后，为他报仇，杀了黑秒针，用念力诱导娄长官自杀。《变种新人类》（2018年）塑造了两个彼此对立的变种人形象。他们先前都是拳击手，而且是师兄弟。一个在获得超能力之后整天琢磨如何证明自己比师兄强，为报复当年师兄夺走自己志在必得的散打冠军称号，也为自己补充所消耗的能量，居然将对方的女友抓来当供血之源。另一个被无良科学家当成实验品而成为超强变种人，一度因此失忆。不过，他恢复记忆之后仍拥有良知，不仅愿为拯救女友出生入死，而且听从女友之劝抑制以暴易暴的杀人冲动，将善良和勇敢统一起来。

其四，着眼于正常人之间因对变种人持不同态度而产生的分化。例如，《星际流浪》（2019年）描写了人类因环境恶化而变种。变种人接受辐射，在其肝脏中形成名为"晶核"的超能物质。变种人互相厮杀，主要就是为了争夺晶核，因为它被作为食物。正常人也青睐晶核，试图将它当成新型能源加以开发。为此，作为统治者的星际集团建立了专门实验室。不过，在那儿工作的发明家海雷却与变种人尤里为友，设法毁灭实验室，一起前往东方重建家园。

上述有关变种原因、变种特征和变种影响的设定是相互联系的。以《暮色之战：异能部队》（2017年）为例。该片设定的变种原因是某博士进行将普通人改造成为不同等级基因战士的实验。其助手司徒南盗取其研究资料潜逃，其父母因此被博士手下杀害。妹妹司徒若琳一度流落街头，对哥哥充满怨恨。博士派大刀雷傲带队抓捕罗杰、莉莎和司徒若琳以作为实验对象。这三个人因此显示出超能力，分别是格斗、意念移物、隐身。以上是该片设定的变种特征。以下则是该片设定的变种影响。他们反抗博士的非法拘禁，从实验室逃走，并得到司徒南的接应。司徒南将他们藏在自己家中，进行旨在提高异能水平的训练。博士派人追踪他们，将司徒南抓回实验室进行基因改造。罗杰、莉莎和司徒若琳赶去营救，打败了博士及其手下（包括已经改造成功的基因战士一号），但司徒南为救妹妹而死。此后，幸存的三个人开店为业，但博士的幕后老板仍然盯住他们不放。该片从多种意义上对变种人加以思考：他们是自身本来具备异能而在实验室中显示出来，或者原先只是普通人，是因在实验室被植入特殊基因而获得超能力？在被迫（或自愿）进行基因改造（或基因增强）之后，他们是充当实验主持者的工具，或者是追求意志自由？他们的异能是否可以因为训练而获得提高？异能者之间的矛盾如何因所卷入的社会冲突而尖锐化？等等。

杨振曾将美国同为变种人题材的"X战警"（X-Men）、"复仇者联盟"系列科幻电影加以对比，指出："漫威在以复仇者为观众提供超级英雄，唤醒着观众集体无意识中的神话原型情结的同时，又用变种人带出了一个值得玩味的'异类'群体，含蓄地提醒观众对少数、边缘群体的关注。""从社会的角度来说，对面临身体困境者的歧视越多，则对方越有可能成为社会的负担，承认人的多元化，不再进行狭隘的'正常'和'非正常'二元区分，是避免社会走向分化的路径；而从作为'异类'的个体的角度来说，人首先需要积极地自助，抵御他人对自己的放逐，先对自己进行认可。"[①]

上述引文有助于我们把握以变种人为题材的国产科幻影片的社会意义，亦即生命伦理学意义上的"无偏无党"。我们可以将"无偏无党"理解为变

---

① 杨振：《〈X战警：黑凤凰〉：身体困境的建构与突围》，《电影文学》2019年第20期，第95~96页。

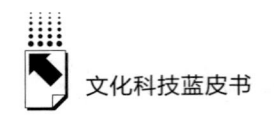

种人设定的基本原则,即公正处理变种人与正常人之间的关系,既防止他们相互歧视("无偏"),又防止他们结党营私("无党")。目前,这一原则仅仅是科幻情境下的要求,但未必没有对人类社会未来发展产生警示作用。

二 强本抑末:电子人设定

所谓"电子人"是英语 cyborg 一词的意译,对应的音译是"赛博格"。从词源看,cyborg 是由自动化装置(cybernetic device)与有机体(organism)合成的,直译应是"自动化有机体"或"控制论有机体"。美国空军航天医科学校克莱因斯(M. E. Clynes)与克兰(N. S. Kline)率先使用"电子人"一词,所指的是可以进行自我调节以适应航天需要的人机系统。① 美国克里斯·哈布尔斯·格雷(Chris Hables Gray)认为它代表"人类进化的最高阶段"。② 这个术语反映了人类在科技的作用下向后人类演变的趋势。美国女性主义者哈拉维(Donna Haraway,一译海萝威)发表《电子人宣言》,③ 展开了关于女性与科技的对话,使之成为反思人的本体论的契机,扩大了电子人在学术界的影响。如我国学者计海庆所言,"电子人"已经拥有三层含义:体现了控制论思想的生命观,实现控制论生命观的技术方案,反二元论的文化批判隐喻。"三者都来源于 N. 维纳的信息论生命观,后者是以系统科学为背景对笛卡尔身心二元论的深化和改造。"④

近年来,某些学者主张将人工智能在法律上设定为"电子人",因为人工智能具有自主性、主动性,已非纯受支配之客体。⑤ 上述理论背景与我国

---

① M. E. Clynes, N. S. Kline, *Cyborg and Space* (New York: American Rocket Society Inc., 1960), pp. 26-27+74-75.
② 〔美〕克里斯·哈布尔斯·格雷:《电子人国家》,张立英译,曹荣湘选编《后人类文化》,上海三联书店,2004,第80、91~92页。
③ Donna Haraway, "A Manifesto for Cyborgs: Science, Technology, and Socialist Feminism in the 1980s," *Socialist Review* 80 (1985): 65-107.
④ 计海庆:《赛博格分叉与 N. 维纳的信息论生命观》,《哲学分析》2017年第6期,第122页。
⑤ 郭少飞:《"电子人"法律主体论》,《东方法学》2018年第3期,第38~49页。

科幻电影中的相关描写是彼此呼应的。下文从身体改造的原因、特征和影响的角度予以考察。

(一)设定改造原因

如前所述,"电子人"一词的发明者最初是从航天需要来论证人机一体化的必要性。倘若人类在不改变遗传特性的条件下就能脱离宇航服、依靠自我调节的人机系统生活在太空中,那么将是宇航史上的重大突破。如今,对于人机系统的需要已经扩展到航天之外的其他领域,如军事、医疗、司法、生产等。在以电子人为主角的科幻影片中,上述改造的原因从修复身体、增强身体机能扩展到起死回生。例如,《女机器人》(1991年)描写了殉职女警被改造成电子人,仍然从事执法工作;我国香港、内地合拍片《机器侠》(2009年)描写了小镇警察队长徐大春殉职后被转化为电子人继续上岗,有关部门因怕引起公众恐慌而保密。

在某些科幻影片中,电子人不仅为当下所需要,而且为未来所需要。《百变星君》(1995年)从个人的现实需要着眼,描写了富二代李泽星得罪黑帮头目,被轰得粉碎,幸而由姜司教授将其身体改造为能变化多种形态的电子人而复活。后来李泽星又遭铁甲威龙追杀,但最终通过置入教授发明的芯片打败铁甲威龙,并赢得同学虫虫的芳心。相比之下,《我的六次元男友》(2016年)从人类的未来需要着眼,塑造了来自千年之后的电子人尤克的形象。他是反抗电脑统治的战士,肩负着重新寻获被电脑从DNA中驱除出去的情感、赢得爱情以保证人类繁衍的任务。除了已经被改造成机电装置的左手之外,他全身都已经没有感知能力,因此,若用酒瓶砸他的头,他也不会觉得痛。不过,他若用左手的食指与所追求的女生柳子叶的指头相碰,可以产生心灵感应(指尖接触处冒出电光),回放她刚才的记忆,并体验她的感受。尤克由此逐渐认清爱情是什么。就是这么一个"硬梆梆"的人,却以其专一实诚赢得了他的系统所选中的大学生柳子叶的芳心,从而有望拯救人类。此外,《墓志铭》(*Epitaph*,2016年)描写了经历末日灾难之后,人类幸存者蜗居在钢铁堡垒"平安城"内,死亡者则被改造为半机械形态的工人。

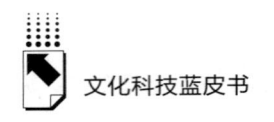

（二）设定改造特征

电子人因结合了机械要素而被称为"半机器人"或"半机械人"。这些电子机械成分往往像义肢那样起作用，因此电子人又被称为"义体人类"。人体嵌入芯片之后，可以增强信息处理能力，实现与通信网络或数字化大脑的对接；安装机械义肢之后，可以弥补身体缺陷，提高运动能力；安装"赛博格之眼"后，可以增强视觉能力（当然也是对自然视觉的修改、屏蔽或替换）；虚拟与现实相结合，可以使身体出入现实空间与电子空间。

对于身体改造的特征，不仅可以从所替换（或增装）的器官的类型加以构想，而且可以从它们发挥的作用予以设定。电影《危险智能》（2003年）描写了高中生陆羽原先是见义勇为的热心之人，学习成绩却不怎么样。其身体被植入计算机芯片之后，他在学业上突飞猛进（荣获全国数学竞赛第二名），但在为人方面变得傲慢、自私，甚至连父亲都不认。《舰姬》（2016年）中，异世界的科技宅曹天是个正直但胆怯的人。他小时候遭受重伤，身体被其哥哥（即本片中未露面的设计师）改造，成了电子人。不过，他平时并未意识到体内机械部分的存在，或者说，可以得心应手地支配它们。当然，和他所邂逅的来自齿轮岛的舰姬相比，这样的电子化实在算不了什么。因为舰姬是来自齿轮岛的特殊族群，甚至可以幻化为战舰！

（三）设定改造影响

学术界已经从多重角度阐述了电子人的影响。其一，打破自然与人造、生物与机器、有机与无机的二分边界，生成新型生命主体，从而重构人之范式，引发对人的主体性的反思。其二，凸显了信息科技（特别是通信网络）在现代社会的重要影响，使主体成为"滑移"于虚拟自我和现实自我之间不确定的存在，"我们都是赛博格"成为对信息时代人类文化新景观的一种描述。其三，使用技术（例如植入芯片）来修复身体缺陷以增强身体功能，势必扩大人的外延，造成电子人与普通人之间的不平等，甚至可能导致电子人与普通人争夺主体权的矛盾不断升级。其四，电子人主体性荟萃了人类在数码时代的自主性、能动性和创造性，同时又包含了对计算机、互联网及连线世界特性的理解，集中体现观念电子人、功能电子人与植入电子人的理论与实践，对社会生态、媒体生态和精神生态有重大影响。相关知识专门化形成了"电子人学"（Cyborgology）与"电子人教育学"（Cyborg Pedagogy）等学科。其五，电子人艺术是当代信息科技与艺术想象彼此结合的产物。它模仿电子人的造型，通过特殊装置增强身体的功能，甚至试图与机器融为一体。它引导人们对机器、技术、身体等问题进行新的思考。其六，人类社会将转变成由人、半机器人和机器人组成的三元结构。

与有关电子人的理论探讨相比，科幻电影设定更多地围绕人物所处的社会关系展开。譬如，在身体改造过程中，改造者与被改造者的关系就是必须予以设定的。至少有三种可能。其一，被改造者奋起反对改造者。例如，在中国台湾与日本合拍片《闪电骑士大战地狱军团》（1976年）中，主角V2反抗将他改造为电子人的邪恶集团"撒旦组织"。其二，被改造者成为改造者的支配对象。例如，《无间罪：僵尸重生》（2012年）描写了医学博士对尸体进行加工，植入相关元件，使之不仅能够通过电子眼观察环境，而且能够接受他通过专用设备所进行的指挥。其三，改造者亦被改造。例如，美、英、中合拍的《超验骇客》（2014年）描写了一对专门研究人工智能的科学家相继将自己转化为虚拟人的故事。丈夫威尔·卡斯特遭受恐怖分子袭击而负重伤，不甘心死亡，在妻子和同事帮助下其意识被上传到网络，希望在线发挥自己对全世界的作用。妻子伊芙琳则是担心丈夫做过头，将自己作为病毒上载，和他同归于尽。

身体改造有可能导致身份危机。例如，在《黑客风云》（2017年）中，灰帽黑客四人组（变色龙军团）首领季云是个电子人。他曾在换脸之后对自己的身体产生怀疑。正如他在片头所说："这是我新的脸。我不知道算不算活着，是否算是人。"尽管存在身份认知障碍，季云仍然以人类利益为重。为了阻止Trump B公司生产的病毒扩散到实验室以外，他宁愿牺牲自己的性命。显而易见，这类设定是以人本主义为指导的。所谓"强本抑末"原先是就经济政策之中农业和工商业的关系而言，我们可以赋予其新义，将

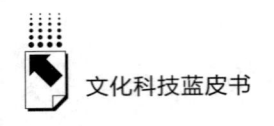

它理解为处理电子人所涉及的人性和机械属性之间的关系,强调人性相对于机械属性的本原作用,这正是人本主义的要求。

三 百兽率舞:类智人设定

所谓"类智"是指其他生物具备和人类相似的智能或智慧,"类智人"则是指人类以外具备类似于智能的心理特征的生命形态。早在《尚书》的有关记载中,乐官就自言:"予击石拊石,百兽率舞。"[1] 由此描绘出"神人以和"的盛世气象。这里的"百兽"可能是指不同图腾部落的成员,也可能是指具备灵性、能够应和音乐的动物。在后一种意义上,我们不妨称之为"类智人"。它们居然能够被人类艺术感化,实现生态意义上的和谐相处,这正是生命伦理学所向往的境界。从神话时代、传说时代到信息时代,人们对于动物智能的看法趋于科学化。科学家不仅训练动物以发展其能力,而且试图运用技术手段(如喂药、植入芯片等)改变动物的智力,培养出新型的"智能动物"。以此为背景,科幻电影围绕类智人展开想象。相关创意的设定主要是从类智原因、类智特征和类智影响等方面进行的。

(一)设定类智原因

要对类智原因加以探讨,有三个前提必须明确。第一,智能并非人所特有,而是自然界(主要是高等动物中)广泛存在的现象。相比之下,人类智能的重要特点是和物质生产相联系,为物质生产服务,在物质生产推动下取得可观发展。第二,由于人类能够从事精神生产的缘故,智能作为一种现象进入精神产品,被说明、描写或议论,并激发了相关想象,其中包括将与人类智能类似的品质赋予其他生物,这不仅表现在神话、传说、寓言、童话等文学产品之中,而且见于魔幻、玄幻、奇幻、科幻等影像产品之中。第三,"类智"在不同语境中可能有不同的含义。例如,某些动物(如神兽

---

[1] (汉)孔安国:《尚书注疏》卷三《虞书》"舜典第二",清阮刻十三经注疏本,第72页。

等）本来就具备可以和人类相比的智能，它们与同类相比更聪明、更有智慧，在人类影响下提高了智能水平，诸如此类的原因都可用来说明"类智"的由来。

要对类智原因加以探讨，还必须把握当下动物与科技在智能领域的互动趋势。以下情况是值得注意的。第一，人类取法于动物以发展人工智能。例如，借鉴动物与人类关系的历史经验认识当下人工智能的属性与地位，[①] 以动物为参照系评价人工智能、计算机神经网络的发展水平，从动物伦理的角度为人工智能建立行为规范，借鉴动物集群智能提高人工智能的决策水平，等等。第二，人类运用人工智能介入动物界。例如，英特尔公司以人工智能技术推进动物联网生态系统建设，我国专家在动物学课程实验教学中应用智能移动终端、在智能电动转笼装置中饲养实验动物，业界对病死动物进行智能无害化处理、依托大数据技术发展智慧畜牧业、对动物源性食品进行智能包装、采用智能识别终端促进动物耳标管理，将智能移动终端用于动物防疫及动物卫生监督，对野生动物健康与行为进行智能监管，用智能无线遥控刺激装置对动物进行记忆训练，开发基于移动端的小群体动物交配方案智能决策系统、基于 RFID 技术的动物物流智能管理、基于深度学习的红外相机动物影像人工智能识别，用智能声防系统对付有害动物，利用机器人智能系统监控动物活动，利用智能训练系统使动物部队掌握寻找火药的能力，等等。第三，人类利用科技影响（尤其是提高）动物的智能水平。例如，科学家对动物行为进行智能分析，通过模拟建立动物智能模型，从医学角度分析药物对动物智能水平的影响，通过"混合智能"技术（在大脑植入芯片）提高动物视力，借助自动控制科学和微电子技术开发受控于人的"智能动物"，等等。

科幻电影对于类智现象的构思与设定，无疑是以科技为参照系进行的。例如，《特异功能猩球人》（1992 年）中的马戏团猩猩芝达在"佩戴麒麟

[①] 戴锦澍：《人工智能刑事责任主体地位辨析——从中世纪动物审判到人工智能主体性论争》，《东北农业大学学报》（社会科学版）2019 年第 3 期，第 43~49 页。

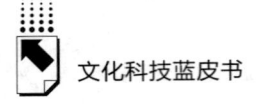

球+高压电场+超能力者发功"的三重条件下转变成人。开始时他不适应新的容貌和生活,想变回去。后来,他在异能者张宝珊(他称之为姑姑)的训练下学习人类语言和社交技能,被香港某公司职员 Yoki 邀请去参加表演并爱上了她,逐渐适应了做人的要求。当麒麟球效力逐渐减弱时,他对动物体征复萌感到惊恐。麒麟球在异能者争夺中被毁,他变回原貌后只能自我放逐。《黑猫警长之翡翠之星》(2015 年)将人性赋予动物。其中,黑猫警长、达达(鸭子)警官、小猪牟三嘟、鼠犯"一只耳"等都具备与人类相似的智能,扮演与人类相似的角色。值得注意的是,该片塑造了两个类智人科学家的形象,即羊山博士和大猿博士。前者是一只拥有科学智慧的公羊,建造了能够容纳全城人的宇宙飞船"翡翠之星"号。后者是一只既聪明又邪恶的大猩猩,想利用该飞船将全城人流放到太空。《宠灵实验室之狸奴艾莉》(2016 年)中的类智人是传说中的精灵,如今以人形生活于现代都市。精灵族来自异星,同室操戈。犬灵想谋取统治地位,投资让谷教授从事研究。猫灵艾莉从实验室中跑出,到了大学生赵一鸣家中变为人形,与之建立友情,后被其姑姑寻回。一伙人形犬灵为寻找艾莉而迫害赵一鸣。艾莉知道他有难,毅然返回,和犬灵同归于尽。标题中的"狸"指狸猫,"奴"可以解释为"奴家"(古时妇女自称)。在后人类的氛围中,科幻意义上的设定往往和其他类型幻想意义上的设定相互交织,这是泛科幻片的成因之一。

(二)设定类智特征

关于类智人特征的设定,完全可以在不同范围内进行。至少有三种情况值得注意。第一,纯然着眼于智能,设定范围主要是其他生物类似于人的智商,相应的情节是它们如何像人那样发现问题、应对环境。第二,不仅着眼于智能,而且着眼于人格,设定范围扩大到其他生物类似于人的情商、德商等方面。例如,在《特异功能猩球人》(1992 年)中,芝达是从猩猩转变而来的人,虽然在体态、行为等方面没有完全摆脱猩猩的痕迹,但具有感恩、爱心等可贵的品格,香港某公司职员 Yoki 因此对他产生好感。相比之下,该公司老板虽然衣冠楚楚,却虐待宠物、使小心眼,在追求 Yoki 的过程中输给了芝达。第三,不仅着眼于类智人个体,而且着眼于类智人群体或组织,设定范围进而扩展到其他生物类似于人类的社会形态、角色互动、伦理观念等。以我国动画电影《太空熊猫英雄归来》(2016 年)为例,该片涉及异星熊猫族兄弟、父子、母女、亲戚等关系。

对于兄弟之间的关系,我国古代经典有理想化的叙述。例如,《管子》说:"君德臣忠,父慈子孝,兄爱弟敬,礼义章明。如此,则近者亲之,远者归之。"[①]《太空熊猫英雄归来》将"兄爱弟敬"的观念具体化了。该片主角是翠绿星熊猫国的两位王子。老大泰隆擅长武功,为人沉稳、厚道、大度。老二尚光擅长用智,心眼多,反应快。他们都有接替父亲治理国家的机会,不过是竞争性的。在历史上,王位继承是国家大事,很容易演变为结党营私、钩心斗角,甚至导致兄弟反目、你死我活。不过,本片所呈现的却是另一番气象。大王子接受父亲赋予的使命,为面临生态危机的母星寻找出路。他从古代卷轴中发现了线索,准备前往潘达星考察。二王子当时尚年幼,但他瞒着父兄偷偷上了飞船。一路上,他以其机敏勇敢赢得了同伴的认可,大王子因此觉得弟弟比自己更适合继承王位。他处处为弟弟着想,甚至不惜做出自我牺牲。二王子对此心知肚明,毫不含糊地给予报答。在哥哥因为掩护他而身受重伤之时,尚光和同伴不离不弃,将他送到熊猫族的未来天堂——潘达星寻求救治,终于使其转危为安。

(三)设定类智影响

我们所说的"类智影响"主要是指人类因为意识到存在和自己相似(特别是在智能上足以媲美)的其他生物之后所产生的变化。就已知的影片设定而言,早期比较关注人类奴役类智人的问题。例如,《猩猩王》(1977 年)受美国《金刚》(*King Kong*,1933 年)启发而构思,描写了具备智能和情感的大猩猩被奸商设计捕获并带回香港表演。其后,受生态主义影响,

---

[①] (春秋)管仲:《管子》卷二十一《版法解》第六十六,四部丛刊景宋本,第 211 页。

人类帮助类智人的设定开始出现。例如,《灵芝异形》(1988年)描写了人类儿童致力于挽救被成人开枪打伤的异形生命,帮助他逃脱追杀。随后,人类与类智人在群体意义上的交往、调适问题成为影片关注的热点。例如,《妖兽都市》(1993年)描写了反爬虫特警追踪由妖兽世界流入的违禁药品,发现人兽内部都有叛徒作祟。在高科技社会中,人类和妖兽交战,双方最后都领悟到只有和平才能拯救世界。美国、中国香港、日本联合制作的《忍者神龟3》(1993年)描写了四个主角及其鼠人师傅被魔杖传送至17世纪的日本,在那儿与邪恶领主做斗争。中国香港、美国联合制作的《忍者神龟4》(2007年)描写了师从鼠人的四位主角和来自古代、想要赎罪的一位国王(已经转世为当今企业家)联手,对付同样来自古代、追求不朽的石头将军,抓捕端口重新开放后出来的怪兽,将它们送回异次元。

四　结论

上文依次探讨了我国科幻电影中有关变种人、电子人、类智人的设定。从总体上说,他们都属于自然生命(与人造生命相对而言)。之所以发生突变,可能是自然原因、社会原因和心理原因所致。一旦发生突变,他们便可能成为在形态、性能、意向等方面迥异于正常人的新生命,甚至建立具备明确诉求的群体或组织。如何调整他们与正常人之间的关系,是关系社会稳定、人类福祉的大问题。科幻电影中围绕上述问题所进行的各种设定实际上昭示了未来发展的多种可能性,因此值得重视与研究。

除变种人、电子人、类智人之外,科幻电影还分类设定了异能者、虚拟人、机器人、穿越者、外星人等智能生物。他们都是由编导通过想象赋予特色的,与之相对而言的是本真人。后者亦可称为正常人、普通人、生物人、肉身人、此岸人、地球人等。后人类视野的特征在于:一方面将本真人所固有的矛盾映射为多种智能生物如何相对立而存在、相联系而发展;另一方面预计人类自身的命运可能真的因为科技突破、奇点到来等原因而改变,由此生活在多种智慧生命并存的世界中。

对科幻电影而言，生命伦理学的意义在于：一方面为编导所进行的角色设定提供道德参照，另一方面为观众所进行的角色解读提供理论指南；一方面重视众生平等、无偏无党，另一方面强调人类道义、强本抑末，以此实现百兽率舞、天人合一的境界，这是我国科幻电影相关创意的宝贵之处。

遗产保护篇
Heritage Conservation Reports

B.14 传统文化与现代科技的融合创新模式分析报告

肖屈瑶　金韶*

摘　要： 党的十八大以来，以习近平同志为核心的党中央将"中华优秀传统文化创造性转化、创新性发展"摆在突出位置，推动中华优秀传统文化与时俱进，焕发新的生机活力。在人工智能、量子技术等新技术的赋能下，涌现出许多传统文化与科技高质量融合发展的案例。从动态的《清明上河图》，到河南卫视《唐宫夜宴》节目出圈，再到《千里江山图》的文旅开发，传统文化运用新技术，不断创新表现和传播方式，迸发出新的活力，催生了数字文化产业等新业态的出现。本报告选取具有代表性的传统文化创新传播的典型案例，分析传统文化与现代科技的融合特征和规律，提炼其进阶式的演进模式，分别是"《清明上河图》化静

---

* 肖屈瑶，北京联合大学新闻与传播系硕士研究生；金韶，北京联合大学新闻与传播系副教授，博士。

为动的1.0时代""《唐宫夜宴》视听交互的2.0时代""《千里江山图》沉浸体验的3.0时代",为传统文化的创新传播提供模式参考,为数字文化产业的创新提供思路,也为数字创意经济和文旅产业的结合提供策略支撑。

关键词: 传统文化 科技创新 融合模式

一 传统文化嫁接高新技术火爆出圈

(一)政策引领融合发展

自2014年国务院颁布《关于推进文化创意和设计服务与相关产业融合发展的若干意见》(国发〔2014〕10号)起,到2019年科技部、中央宣传部等六部门提出要打通文化科技融合的"最后一公里",再到2020年9月习近平总书记在湖南考察时指出"文化和科技融合,既催生新的文化业态、延伸文化产业链,又聚集大量创新人才,是朝阳产业",这些都是对文化和科技融合创新发展、不断进步的殷切期望,同时也是一份沉甸甸的要求。

传统文化是中华民族精神的基石,是中华民族能发展至今的精神支柱。[1]中央宣传部发布的《中华优秀传统文化传承发展工程"十四五"重点项目规划》明确指出,要运用现代科技力量,提高保护传承水平,从中华文化资源宝库中提炼题材、获取灵感、汲取养分,推出一批优秀文艺作品,积极推动传统文化内涵更好更多地融入生产生活。在信息技术大革命的背景下,传统文化与科技的深度融合发展不仅已成为推动传统文化发展的重要引擎,而且也是突破当前我国文化界改革发展"瓶颈"的重要动力。[2]

---

[1] 张志顺、王法睿:《新时代传承中华优秀传统文化的价值探析》,《学校党建与思想教育》2021年第16期,第11~13页。
[2] 李国东、傅才武:《推进文化与科技深度融合是突破文化发展困局的基本政策路径》,《中国海洋大学学报》(社会科学版)2017年第3期,第46~54页。

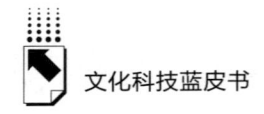

现今传统文化出圈现象频增，越来越多的年轻人沉浸其中，也带动了相关产业链的发展。如果说以故宫为代表的文创产业掀起了传统文化复兴的浪潮，那么文化影视化、IP化则使得传统文化的复兴与影视等技术逐渐结合，再到现今各大新旧媒体、平台争先与AR、XR、4D动感球幕影院等黑科技相融合，推动传统文化与现代科技交互发展，在此过程中也出现了像《唐宫夜宴》《千里江山图》等成功的案例与发展模式。

（二）文化科技交互

传统文化与科技深度融合发展，一方面在于国家政策的大力扶持，在资金、技术、人才等各方面都给予企业、媒体以帮助；另一方面技术的发展必然会对经济、文化产生一定程度的变革。随着经济社会、新媒体时代的不断发展，以数字化、信息化、网络化为特点的现代科学技术渗透到了经济社会的各个领域当中。传统文化嫁接高新技术进行创新，是顺应时代发展的必然趋势。此外，由于影视、媒体等各大领域的宣传，传统文化复兴的浪潮逐年高涨，吸引了大批优秀人才投入传统文化产业的各个层面中。

传统文化数字化是时代发展的必然要求，同时也是文化传承的必然要求。提高国家文化软实力，需要不断挖掘传统文化的现代化发展模式，传统文化科技化、数字化是新时代背景下增强国家文化产业发展实力的必然选择和路径。①

二 1.0~3.0时代：传统文化和现代科技融合演进阶段

（一）《清明上河图》化静为动的1.0时代

1. "会动"的汴京市井

张择端的《清明上河图》是北宋末年一幅百科全书式的画作，同样也

---

① 欧达：《当代社会文化遗产展示方式创新探析——以"会动的〈清明上河图〉"为例》，《美与时代（上）》2020年第3期，第108~109页。

是中国十大传世名画之一。2010 年在上海世博会的中国馆中，一幅"会动的"《清明上河图》（见图 1）成为镇馆之宝。

图 1　"会动的"《清明上河图》

相比于静态的展示方式，这幅全长约 128 米、高 7 米的动态画作采用了三维制作技术、电影艺术与投影技术相结合的方式，使用数十台世界级的专业激光投影幕布以及电影投影设备，且充分利用原画中数目庞大的人物、船只、房屋等极具宋代特色、重要的数字资源基础，将其转化为动态形式，且分为白天和黑夜两种展览模式，动静结合，让现场参观者能够更加沉浸在汴京的市井景象中。

2. 电影级画面特征

一是实景再造。用数字绘画的方式将原画当中的场景描摹出来的同时，主创团队还根据原图进行了再创造，在合理的前提下加以想象，挖掘原图背后的故事。水晶石数字科技有限公司合伙人、中国馆《清明上河图》项目主创人员于正在世博会后采访时表示，由于宋代取消"宵禁"制度，且市坊合一，于是他们在再创作过程中加入了夜景特效，给观众更加沉浸式的宋代生活体验感。

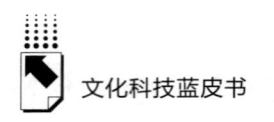

二是声音融合。在观赏画作的同时辅以熙熙攘攘的叫卖声、桥下涓涓流水声、外来商人队伍传来的悠悠驼铃声等声音，数字技术和电影技术的使用，视听的相辅相成让画面显得更加鲜活和真实。

三是场景转换。原画当中只有三大主要城郊、船只以及市内街道的场景，而这幅动态画作运用三维的屏幕运动，将每个场景下的人物等元素随故事情节进行转换，并且融合投影使画面显得更加自然连贯，不仅展示出了超高的绘画技术，也体现了电影、投影技术的重要性，使得画面更具内涵和情趣。

3. 文物遗产发展借鉴

《清明上河图》的成功为其他的馆藏文物、地方传统平面类展览提供了指导思路和参考模式。对于地域类传统文化，在技术经费有限的情况下，可以参照此模式，结合自身文化独特魅力，进行创新展览，突破传统展览的桎梏，嫁接高新技术给受众以全新体验，吸引更多人尤其是年轻人走进博物馆、走进瑰丽的历史遗产和文物中去。一方面能够提升我国传统文化软实力，另一方面也能够增强年轻人对历史文物的宣传和保护意识。

（二）《唐宫夜宴》视听交互的2.0时代

1. 唐朝的"视听盛宴"

2021年河南卫视春节联欢晚会中《唐宫夜宴》的成功出圈，不仅引起各大社交媒体平台的转发、无数网友的点赞和追捧，还使该舞台剧中舞台演员的形象成为河南省的文化IP形象，网上也出现许多周边产品。更重要的是，它使得河南中原地域文化后续不断蓬勃发展，突破了大众文化的圈层壁垒，实现了传统文化的现代化转化。

《唐宫夜宴》使观众以第三视角观看乐舞伎的穿越，以夜宴的乐舞伎为主角，讲述了同众多国宝一起展览的乐舞俑在博物馆"醒来"，好奇的她们在博物馆中穿梭，在《簪花仕女图》《捣练图》中游历。镜头一转，夜幕降临下她们在湖边嬉戏，也在庞大的宫殿内翩翩起舞。作品创意来源于河南博物馆所展出的产品——乐舞俑，该乐舞俑出土于河南安阳张盛墓，来自隋代。

2. AR+5G 全息特性

一是虚实结合。采用"VR+电视"的技术与模式，在计算机生成的虚拟环境中呈现三维动态视景，让真实的舞者在虚拟环境中、在唐朝与现代中切换自如，此外还将博物馆文物的全景影像搬上荧屏，妇好鸮尊、贾湖骨笛等众多国宝级文物所带来的感官刺激让观众得到前所未有的视觉体验，大大提高了视听内容的感染力和艺术性。[①] 技术与舞台的恰当融合给观众带来了"活"的力量感，形象逼真地再现现场是电视媒体的追求和向往。VR 技术能够使观众的视听多感官交互融合，同时对"场景"的传送更是让观众有了现场体验感，也让观众从"观看者"转变为"参与者"，[②] 技术创新取得了显著效果。

二是 5G 赋能。5G 赋能再加上 5G 本身高速率、低时延的特点，使整个舞台的传递表达更加顺畅，也增强了舞台整体场景的真实感，推进了剧情的发展，增强了作品的"历史感"和"文化感"。5G 时代的电视媒体具有高新视频传输、云端制作、双屏联动等传播方式，兼具智能生产、沉浸式体验、互动连线等创新特色。[③]《唐宫夜宴》运用 5G 的高速率传输全景立体影像，实现了真实与虚拟、艺术性与技术性的融合，且有效丰富了观众的观影感受。

三是"前期录制+后期抠图"。该作品其中的一部分如"侍女俑复活"片段，先是让舞者在蓝色背景前录制，后期再进行专业抠图，将蓝色的幕布换成三维的动态宫廷，加上以舞台为基调的实景录制，给人一种"人在宫中游"的画面感，同时也增强了人的想象力。录制完成的作品加入虚拟场景中，场景的叠加重组打破了传统的表演形式。

---

① 高红波、张筱菡：《技术赋能与传统文化的视听表达创新——以河南卫视〈唐宫夜宴〉系列节目为例》，《现代视听》2021 年第 3 期，第 23~25 页。
② 贺登茹：《浅析地域文化影视作品〈唐宫夜宴〉的创新之处》，《视听》2021 年第 9 期，第 48~49 页。
③ 李亘：《5G 时代电视的进路：载体重构、文本创新与融合传播》，《传媒》2020 年第 23 期，第 69~71 页。

227

3. 影视节目发展借鉴

《唐宫夜宴》（见图2）的出圈为其他传统文化影视类节目的发展提供了指导思路和借鉴模式。在其大火后，河南省博物馆便立即打造了"文化+"产业。对于"文化+"这一命题的概念，湖南发展研究中心主任、湖南省人民政府参事室智库专家王超做出过明确的定义："'文化+'主要是指把文化元素融入事关经济社会发展的各项事业与产业领域中，以促进经济社会及文化本身的可持续发展。"《唐宫夜宴》的出圈不仅带来了一系列周边、文创产品，抖音、快手等各大社交媒体平台还通过《〈唐宫夜宴〉小姐姐打卡郑州地标》力求带动郑州旅游业的发展，河南卫视更是紧跟热度推出《元宵奇妙夜》、端午的"水下洛神"，以及刚刚过去的《中秋奇妙游》。被广大网友评为"爆款制造机"的河南卫视总能通过对国风的全新演绎，不断带给受众惊喜。

《唐宫夜宴》的成功表明在技术的帮助下，"传统"是可以变得可感可亲可近的，总导演陈雷在接受采访时就说过："万物皆可融，用新技术、新手段和悠久灿烂的历史文化相结合，产生出迎合时代的作品，是一定能够被时代接受的。"[1]

图2　《唐宫夜宴》

---

[1] 《〈唐宫夜宴〉出圈记：是谁复活了这群"唐朝小胖妞"?》，新华网，2021年2月17日，http://www.xinhuanet.com/politics/2021-02/17/c_1127107368.htm。

（三）《千里江山图》沉浸体验的3.0时代

1. 飞越的"千里江山"

2018年8月11日，华强方特重磅打造的中国画题材球幕飞翔影院"飞越千里江山"盛大开启，该项目启动后，已在华强方特旗下的国内11个乐园同步上线。在方特主题乐园，游客可通过方特独创的"飞行观画"模式，在直径22米的巨幅球形银幕前，领略《千里江山图》的传世风采，感受青绿山水巅峰之作的美妙意境与磅礴气势。[1]

华强方特30多年来以"代工"和电子制造闻名全国，随着行业不断发展以及科技水平的提升，自2001年起，开始向自主研发转型，且涉足文化产业领域。华强方特以自身的科技实力为优势，不断丰富文化内涵，实施"文化+科技"的发展策略。2017年，华强方特高级副总裁丁亮在观看了北京故宫博物院展出的文物《千里江山图》后深受启发，认为华强方特应当再现文化瑰宝，随即便组织并带领数字技术团队，致力于打造中国画球幕影院游乐项目"飞越千里江山"。[2]

2. 飞行观画视觉奇观

一是3D复刻。"飞越千里江山"以北宋王希孟创作的绢本画卷作品《千里江山图》为背景，凭借三维技术，将原画的横向构图转化为竖向构图，突出了原画"可行、可望、可游、可居"雄伟壮观的形态，使画卷的空间结构感更强。在"飞越千里江山"品鉴会上，丁亮表示："王希孟绘制《千里江山图》时先后进行了五道工序，方特主创人员则通过反复观察原作，仔细分中国画的勾勒、皴染技巧，根据原画绘制的大概步骤，先后进行了十次数字着色，最终完美实现了传世国宝的3D数字复刻。"[3]

---

[1] 《国宝活起来了！华强方特带你进入〈千里江山图〉》，搜狐网，2018年8月11日，https://www.sohu.com/a/246608241_238598。

[2] 《华强方特新突破 数字3D创意重现〈千里江山图〉》，新华网，2018年7月6日，http://www.xinhuanet.com/travel/2018-07/06/c_1123088823.htm。

[3] 《国宝活起来了！华强方特带你进入〈千里江山图〉》，搜狐网，2018年8月11日，https://www.sohu.com/a/246608241_238598。

二是"飞行+球幕"。此项目拥有 4K 分辨率的巨型球幕和独特的悬挂式动感座椅。游客可以通过悬空乘坐悬挂式动感座椅，进入直径达 22 米的 180°半球形全包围银幕，仿佛置身广袤的江山间。一方面，座椅通过模拟上升、俯冲、滑翔等动作，让游客能够沉浸体验自由飞翔以及强烈的超重、失重、悬空、漂浮等感觉；另一方面，在 4K 分辨率的巨型球幕前，可以近距离感受北宋传世名画的精美绝伦，以全新的方式领略中华传统文化与现代科技融合迸发的魅力。

三是水面效果。在王希孟的原画当中有着大量青绿色的水面效果，主创团队尝试用传统数字技术模仿原画当中的水面，但发现很难获得原画中青绿通透的独特效果，不断尝试后创造性地采用数字的手段，找到最接近原画水面效果的碧玉色泽，以此呈现原作江河湖泊玉石般的温润质感与光泽，只为使巨型球幕上的画面无限接近原画所传达出的韵味。

3. 文旅产业发展借鉴

"飞越千里江山"项目的创新为国内文旅产业、主题乐园的打造提供了可供借鉴的思路和参考价值。知名演员、导演李耕认为华强方特的"飞越千里江山"开创了一种传承和弘扬中国古典文化艺术的新思路，让人们感受到古典文化艺术作品和高科技相结合所迸发的独特之美。

华强方特一直用自身的科技之长，匠心传承打造国宝文化，不断突破创新。为增强游客的沉浸体验感，主创团队还将许多创意融入故事当中，如将宋徽宗创作的著名绢本设色画《瑞鹤图》进行数字复刻后放在影片开头，让游客跟随仙鹤聆听宋徽宗与蔡京有关王希孟的对话；紧接着再进入千里江山长卷，这一创意利用仙鹤联系宋徽宗，并且还体现了球幕飞翔影院的特色，更是展现了《千里江山图》背后的传奇故事。在科技上攻坚克难，在文化上深耕细作，是引领以华强方特为代表的企业的未来发展道路的重要指导思想。

三 传统文化和现代科技融合创新模式

本报告通过分析上述文化与科技融合的进阶模式，得出一个传统文化和现代科技融合创新的通用模型（见图3）。无论是"传统文化+动画""传统文化+影视"还是衍生品、主题乐园等各大产业的开发，在政策、资金、技术和人才四大外在条件支撑的前提下，前期在制作过程中需有人工智能、量子技术、数字技术等核心领域前沿技术的加持，以求在用户使用过程中能够有沉浸式的体验感，满足年轻群体的使用需求。

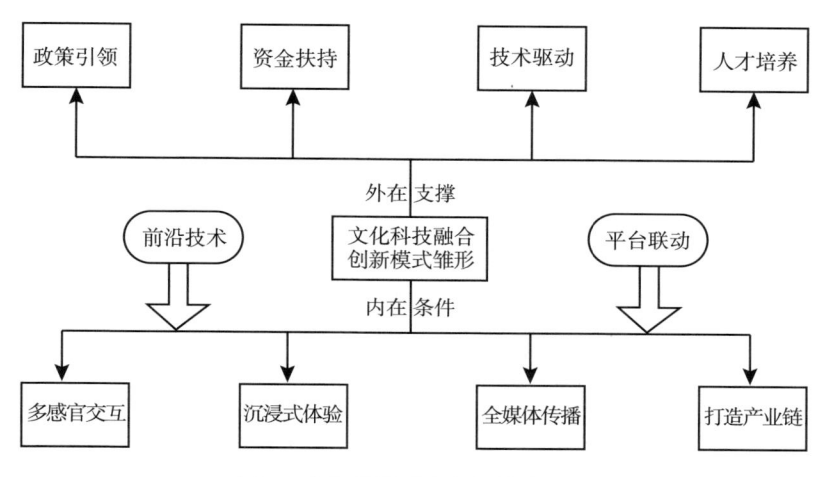

图3 文化科技融合创新模式雏形

另外，要紧跟时代发展潮流趋势，大力发展"科技+沉浸式文旅"产业，通过高新技术赋能整体旅游业、文创业等新兴产业，以期达到开创数字经济新业态和数字产业新模式的目的。后期则要在宣传方面，与社交媒体、多平台联动，进行媒体互动传播，以此来完善文化科技产业链，改进融合创新体系，推动数字文化、文旅等新兴产业的后续发展。

此外，在把握好传统文化内核的基础上，应当深挖传统文化背后的故事，强调其故事性、艺术性、创意性等特征，同时积极借助数字化、移动设备甚至人工智能等新技术，开发系列创新型数字内容和互动产品；也要用受众喜闻乐见的形式与其进行互动，大力提升受众的体验感，从而使受众正确理解和真切感受传统文化及其产品所传递出的文化价值，更好地构建文化认同感。

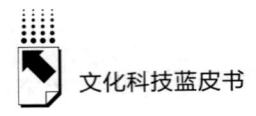

在传统文化借助技术不断破壁出圈、深受当代人特别是年轻人喜爱的同时，也亟须注意不能过分依赖技术，为了技术而制造炫耀性和夸张性奇观的手段完全不可取，不仅无助于传统文化的当代性呈现，甚至还因技术手段的滥用而导致传统文化内涵遭到破坏。对于传统文化而言，先继承后创新才是发展的硬道理。

B.15
新媒介语境下戏曲类非物质文化遗产传播模式报告

郑雨琦[*]

摘　要： 我国的戏曲类非物质文化遗产在当代新媒介语境下的传播中衍生出了依托短视频等渠道融合发展的模式，但也出现了文化承载力不足、内容原真性下降、无法充分引流观众等现实问题。其具体原因在于以形式而非内容为核心的这部分传统文化在适应当今社会的发展过程中，逐渐产生了正典化和经典化的路径分野。因此，对于戏曲类非遗而言，在当今环境下的传播模式需要分离文化保护与文化活化这两条路径。这种基于新媒介的文化活化，在非遗的可持续性发展、政府的扶持压力分担、受众的多元化选择空间以及社会的整体文化塑造等方面，都带来了积极的影响。

关键词： 非物质文化遗产　戏曲　短视频　正典化

一　新媒介与传统文化融合的现状与问题

（一）新表达尝试：传统文化与短视频的交融

近年来，移动端的短视频平台正在逐渐升温成为一股流行文化热潮，为传统社交媒体相对固定化的信息输送模式增添了新的内容。而我国一些宣传

---

[*] 郑雨琦，北京大学艺术学院艺术管理与文化产业方向博士研究生。

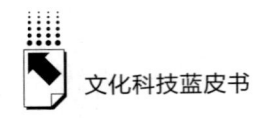

领域的官方部门，也正在不断尝试利用新兴的网络媒体形式，采取灵活化、主动融入的姿态，积极宣传传统文化与主流价值观念。

其中特别典型的一个例子是入驻抖音、快手等短视频平台的共青团中央等党政部门官方账号，在该平台中陆续推进弘扬我国传统文化相关类型的宣传视频与挑战活动，并延伸成为一个特别的专题模块。其中的具体内容包括传统戏剧门类、传统手工艺技术和礼仪风俗等，具有多元化的特征。事实上，共青团中央在2017年就曾首次尝试在抖音平台上发起诸如"我要笑出国粹范"这类依托京剧中的笑声元素吸引观众参与和模仿的挑战赛，在获得良好的网络反馈效应之后，一度继续推进一些传统的手工艺挑战活动，例如盘纸、皮影戏、铜雕等非遗文化内容。这些视频的热传与轰动效应，将一度被社会遗忘的传统艺术表演家、手工艺人等再度推向文化热点的前端。

在直观的社会反响下，这类短视频的广泛传播以及热门的挑战赛活动等都被视作非常良好的传统文化传播现象。根据抖音官方发布的《2022抖音戏曲直播数据报告》，在2021年中，基于该平台所进行的戏曲直播高达80万余场次，累计看播人次超过25亿，戏曲主播收入同比增长高达232%，可见从商业的角度看，新媒体短视频的出现有力地促进了传统文化的发掘、扩大了受众面，积极提升了其在当代市场中的影响力。但是，在横向的对比和影响力的真实效力测度中，不难发现这种成果远未达到一个高饱和的状态。此外，一时的热潮并不是它们的归宿，它们仅仅在有限的时间范围内闯入了人们的视野。

类似现象在这几年快速出现和流变，也致使社会上出现了另一些质疑的声音。其中一种质疑主要关注点在于，这种可以吸引目光的流行元素方式，是不是对传统文化本原内容形式的破坏；另一种相对温和的质疑派则认为，这种简短的流行符号要素，不仅在文化承载能力上有过大的局限性，在对观者进行后续了解的引入能力上也非常有限。这些质疑性态度构成了我们对新时代新数字科技手段下非物质文化遗产传播与弘扬问题的深切思考。

本报告主要通过个案访谈与问卷调查的方式形成，分别代表了政府端与市场端的意见与话语态度。其中，个案访谈调查对象为共青团中央在抖音及快手等短视频平台官方账号运营当中的下属部门"青微工作室"主要负责人，也即抖音上一系列传统文化挑战赛的发起人和推动者。通过访谈，深入了解他发起这些活动的动机目的、行为过程以及个体评价等方面的信息。问卷调查涉及的问题主要分为四个大类：个人基本信息情况、对抖音平台的使用情况与意愿、对京剧文化的了解与兴趣偏好，以及结合一段"国粹笑"短视频，用李克特量表收集观众在观看视频和接收信息时的主要体感，了解受访者在前后测行为态度上的差异性。

（二）短快与猎奇：新媒介内容承载力局限性

一般来说，由于短视频这类新媒体形式自身的特殊所在，其在传递和承载传统文化的能力上有一定的局限性。

短视频的出现适应了当下社会生活中的碎片化状态。之所以强调"短"这一特性，是在迎合市场端口的需求，只有在时间上用快节奏的方式进行填补，以安慰剂的效果平衡忙碌生活中边缘余角的空白与精神空虚。而"短"的特征造成的最直观的结果就是信息量减少。一个数秒到数十秒不等的片段很难高密度地完成一个完整的故事性叙事，而冗余的空间与想象式填补也是短视频带来的留白式吸引力之一。此外，不断使用重复元素和猎奇式的感官刺激是其格外常见的一种用户向心力营造手段，"创意"这一要素反而被后置。直接、简单、新奇、不需要过多的思考转化就能够获得绝大部分传递的信息，同时只求短暂印象不求让人铭记，才是这种快节奏文化所追逐的目标。

这种精神空缺带来的需求市场之大，致使全然市场化的运作模式成为可能，通过流量变现的方式就足够获取理想的经济效益。在短视频内容门类层出不穷的当下，一些媚俗文化与实际的承载内容无过多的关联，而仅仅是作为生活的娱乐调剂，与戏曲类非遗这种传统文化传播要求的基本条件大相径庭。

因此，新媒体对于传统文化传播的局限性是由于短视频作为一个形式的载体进行了语言符号的标记，但对具体的、需要一定时间投入来观赏的非遗

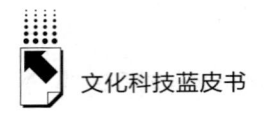

作品却不可同日而语。这一类新媒体渠道对非遗等文化遗产传播的着力中心点，仅仅在于其"引流"的作用。在当今社会，因信息爆炸而导致接触单一特定信息的可能性被极大削弱，许多人并没有因为渠道的多元化而更多地接触到传统文化艺术。因此这种吸引流量的形式，是短视频承载非遗内容最基本的预定设想形式。"对接""引流"原真形式的传统文化，因而成为二者在市场规模压强差之下最便捷的途径之一。这种基本的因果链模式，不仅是政府端活动推出者所期望达到的理想结果，也是当下主流认知体系中的普遍观点。

但是，从市场端的调查结果以及真实的社会现状来看，这个对接和引导不能算是非常成功。

（三）从短视频到非遗艺术：引流效果的失调

基于问卷调查中前后测的半开放虚拟实验法，在调查受访者关于主动去了解京剧艺术的行为取向之后，在后续模块中播放一段由京剧艺术表演家拍摄的非常典型的"国粹笑"，并在此基础上再度使用同样的问题，将两种答案进行前后对比，结果与分析情况如下。

在直观的具体数据上，观者意愿变动的差异并不明显，"非常不愿意"、"说不清"和"比较愿意"的比例相对下降，但是"有些不愿意"和"非常愿意"的比例却上升（见图1）。

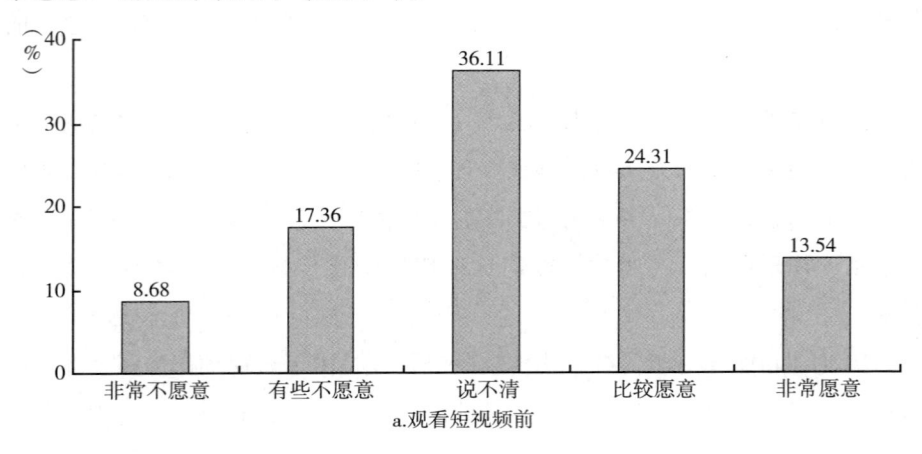

a.观看短视频前

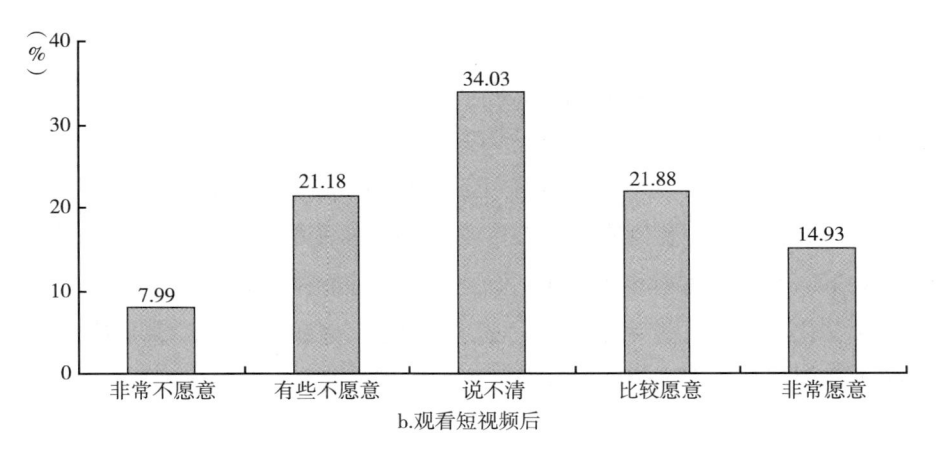

新媒介语境下戏曲类非物质文化遗产传播模式报告

```
       7.99    21.18    34.03    21.88    14.93
    非常不愿意  有些不愿意  说不清   比较愿意  非常愿意
              b.观看短视频后
```

图1　观看短视频前后的京剧观看行为意愿测量结果

为了解这两个数据状态之间是否存在统计学意义上的显著差异，在此基础上按照"非常不愿意"到"非常愿意"赋予1~5的分值，并进行配对样本的t检验分析。检验结果如表1所示。

表1　京剧观看行为意愿值前后测的配对样本检验结果

	配对样本 t 检验							
	配对差异					t	df	Sig.（双侧）
	均值	标准差	标准误差	95%置信区间				
				下限	上限			
观看前-观看后	0.00200	2.60921	1.16687	-3.23776	3.24176	0.002	4	0.999

可以看到，观看前后的行为差距均值仅为0.002。检验的t值结果也为0.002，而显著性系数高达0.999，即差异显著性远远低于常规水平。这一数据分析结果表明，受访者的态度意愿值在观看短视频前后，呈现几近完全相等的状态。

虽然问卷分析结果仅是一个现象的参考，从实际的效用来看，短视频这类"点到即止"的观看模式，也没有形成一条天然顺畅的深度文化引导通路。即便在巨大互联网市场中以万为基本单位的观看频次基础条件下，能够

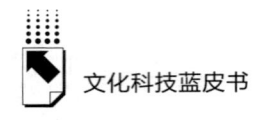

真正发挥实际影响力的,从比例和数量的视角来看仍然都是微乎其微的。

这种调查数据结果分析虽非意料之外,但也足以引起反思:这些非遗宣传的短视频实际能发挥的作用是否真如预设那般行之有效?从这个结果上看,呈现出的效果特点是短视频的内容和实际的原真非遗文化形式二者之间没有成功架构起一个稳固有效的对接桥梁。换句话说,尽管观看流行的短视频形式下的非遗主题内容者甚众,但是将这部分群体由关注短视频引导向关注传统文化本身的可能性却非常之小。对于绝大多数人来说,娱乐消遣性质的短视频仅仅只是在观看的时间节点中留下了短暂而浅显的印象,几乎难以构成进一步的文化输送功能。

从相反方向来说,原先对京剧就有观看偏好的群体,更难发生一个逆向的互动:由于短视频中涉及京剧领域的内容是对传统京剧表演过程中一个微乎其微的要点提炼和放大,信息和形式的抽离流失均非常严重,因此很难让那些原本就对京剧有偏好的用户群体对这些碎片化的、致力于感官冲击的猎奇短视频流行文化产生额外的兴趣。

基于上述基本情况可以了解到,依托短视频等新媒体平台呈现的另类非遗文化形式和最原真的艺术表现性质,二者在实质上并不曾完成一个有效的对接或彼此的深度关联。

二 文化形式融合过程中的割裂与原因分析

(一)原真与创新:传统文化发展的两种趋向

当作为入口引流的短视频功能性被现实打破,非遗文化的承载形式在事实上呈现两种不同的模式。新媒体时代下的短视频依旧着眼于其中更加具有市场吸引力的成分,也始终在内容表现上坚持选取变动着的时代流行特点;而传统意义上原真形式的表演或技术操作,也按照自己的发展轨迹稳定持久地低调存在着。虽然二者共同隶属于统一的文化外壳,并且始终被强调要能够融会贯通、交互作用,但不可避免的是传统文化形式与新媒体文化形式之间始终存在一道难以彻底逾越的鸿沟。

在当今社会，即便我们在主流观念中反复强调要用新的流行文化元素去注入和改变传统文化以使之能够适应新的社会环境，但实际上能够改动的内容也还是非常有限的。一个比较典型的例子是，同样作为我国优秀传统戏曲文化的代表，曾经红极一时的青春版昆曲《牡丹亭》在许多高校轮番上演并掀起了观看追捧的热潮。但是，具体看其融合的流行元素，无非在演员上动用了更加符合青春审美的年轻力量，在道具上更加精致和简约，并且为了配合当代人剧目观看的要求和习惯删减了一些烦琐的情节，进行总体的略微缩短调整。这些其实都可以算是一些边缘化的修饰，细看呈现的内容，在具体的曲目、唱腔等核心层面还是原本的形式。

事实上，倘若这些传统曲目真的要修改和融合新时代元素，也绝非一件易事。艺术领域纵使有自己的市场化和商业化运转逻辑，往往也不是一个可以量化和测度的理性世界。任何修改对原内容的冲击乃至破坏都是非常明显的。而这也正是文化产业非常特殊之所在，许多时候考虑变更和市场适应时需要适当给予足够的退让空间。并且，即便是青春版《牡丹亭》，其影响力也始终局限在一些知名高校范围内，观看者虽然热情高涨，但就整体结构来看还是比较单一的。欣赏这类非遗文化需要一定程度相匹配的基本素养，也需要足够的现实支持条件。在整体市场环境中这种小范围改动的影响力并不足以使之转化为一种能够独立生存的产业。

类似于昆曲、京剧等传统的曲艺文化形式，传承人对自我原真性的形式和内容的坚守性非常执着而强烈——这种执着并非由一小部分传承人的个体情怀或集体的民族执念等主观因素造成，而更多是由于非遗文化本身的特质。

（二）分野的根源：戏曲类非遗自身形式特点

非物质文化遗产活化的关键节点也正是与其他附着于实体物质之上的具象遗产文物之间的一大区别，它缺少一个固定的文化载体——一个特定的"容器"，能够规定非遗在变动不居的横向传播和纵向传承中不可逾越的明

确边界。因此，可以说这种文化的"形式"与"内容"在逻辑上，首先就已经是被分隔的。因此，对于一种不能固化成型的表现性文化而言，其实质内涵在民族的长期的无意识演变中会悄然发生累积性转变。

事实上，传统与流行的文化形式结合很难找到一个真正理想的中间域，以能够兼顾包容二者的社会吸引力特质和本原文化面貌。这是因为这些作品的外在形式本身就占据了整个艺术形式中非常重大的比例。戏曲类的非物质文化遗产从本质特征而言，往往并非一个全然以思想实质为依托的文化形式。以京剧艺术为例，它能传承的曲艺内容只不过是各种传统故事的汇总与改编，除了京剧这一演艺类的艺术形式载体之外，还可以用语言文字、诗歌乃至任何其他表演形式加以传承。因此，能够代表"京剧文化"最大特点的，不是它的所指，而恰恰是被人忽视的能指，例如唱腔、角色、造型特点、剧目结构等，这些元素构成了它区分于其他不同门类艺术形式并成为一种独立戏曲的关键。而这些操作化的形式有自己既定的表达范式，恰又非常难寻求到合适的调整以融合于当代诉求。

短视频渠道对戏曲类非遗文化的传播在目前可支配的最大程度的自由只能是提取、强调、突出本原文化形式中的某些特殊元素，而非真正去修改或变动其呈现形式。当下国内在强调开发传统文化的过程中不断提起的原真性问题，就是对传统文化的基本态度，即无论是传播还是改造，都应当在尊重作品本原形式的基础上完成。

（三）正典化与经典化：传承中的不同侧重点

传统戏曲类非遗的原真性传承，与新媒介语境下经过改造和创新的文化表现形式，实质上就是正典化与经典化之间的区别。概括而言，一个是纵向的恒定性诉求，另一个则更偏向于横向的受众性界定。

"正典化"即 canonization，也经常被翻译为"封圣"，指事物典范化的过程。人类宝贵的精神文明产物在创造之初，便不需要依托特定的物质实体就能够以一种形而上的方式存在。在代际传承时，一种内在的规范统一性无形中将所有人默认的共同准则整合为一。"正典化"的要求是试图规避脱离物质实体内容巨大演变的风险与本源创造产物被历史埋没的隐患。因此，它往往试图用一种权威性的话语文字加以表述记录，且不允许修改、增减，从而将思想行为和意识认知具象化，作为后世参考的规范模本。如前所述，非遗的核心特征往往不在抽象内涵的表达上，而更多着眼于外在的技能、操作与形式，即便使用文字语言记录，符号表述能力的有限性也会导致规范边界的模糊性。

"经典化"是在同一语源下的另一种译法，更侧重于如何让一种特定的文化形式得到广泛的认可和持久的流传，确保其在文化艺术圈层中始终保持自身的地位。在漫长的历史演变中，任何被固化了的事物都有可能面临社会认知变迁带来的外在冲击。因此，当后世因为适应性下降的问题而对原初的正典内容进行调整时，就需要通过新增二次解读等方式来进行说明。

在数字化时代，戏曲类非遗文化也必然需要面对适应性问题。从内容上看，一些传统曲目中留存的封建主义精神在当今未必能被接纳；从形式表达上看，缓慢的作品节奏也不完全适用于在大众生活中普及。在网络新媒介范畴下的短视频平台传播非遗文化，如若在遵循正典内容的前提下进行二次创作解读，就可以算作一种新的经典化；但是，如果纯粹为了追求其他非常态目的，对这些戏曲从故事内容和表现形式上进行彻底颠覆，则无法被接纳为经典化——后者更像是一种"借鉴"了古典元素而另起炉灶式的重新创造。所以，同样是新媒介语境下的非物质文化遗产传播，也需要根据不同内容各自的内在动机而有所区分。

三 数字时代戏曲类非遗传承的选择与出路

（一）保护与活化：正典化和经典化协同并行

戏曲类非物质文化遗产在当代的生存模式与使命，其一是已经完成并将不断完善的正典化，其二则是在正典化之下还允许出现的、用以扩大民族影响力的经典化。二者应当被接纳和允许处于各自分离的独立发展状态。换言

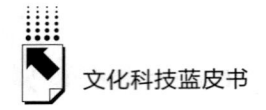

之，它们在当代的两个核心需求分别是"保护"与"活化"，而这两条路径虽然在总体的大方向上趋同，却并不是完全一致的。

从当今时代的技术条件及其未来的发展趋势来看，可以说戏曲类非遗的保存并不是一个难解的困扰性命题。一方面，依靠各种先进的数字科技手段，可以对非物质文化遗产在形式上予以全方位的、完整详细的记录，甚至也可以对技能的训练获取方式进行多元的分解性剖析和留存，以期后世不仅能够了解这些传承多年的演艺性遗产全貌，还能够无障碍地观看了解其中任何一个细节部分；另一方面，国家政策在保护上的着眼点和推广传播形式也是不同的，为了在现实意义上真正存留和传承一种技术、表演能力，就不能完全依赖市场化的条件，因而需要国家相关政策的保护和资金补贴上持续不断的投入。这一部分核心表现为对非遗文化传承人的扶持与培养，给予他们连续性的技能展示机会——具有代际传承特点的"人"的因素，始终不能也不应当被科技化的数字化虚拟合成物承载取代，技术在发出主体身上的保留是一个既恒定又变动的矛盾综合体。

因此从这个角度出发，具有永恒内在人文魅力的传统非遗文化，并不需要委曲求全于当下社会的普遍的认同与喜好。它的权威和不可变动性，已经就是一种正典化成果的自然属性和内在诉求。

然而除此之外，文化遗产在当代产生的另一个重点是"活化"过程，它可以且需要与正典性的、保护性的文化遗产协同共进，在坚守严肃内核的基础上，还应当发挥其现代活力。固然，非遗形式的保护正如博物馆藏品那样，相对而言"藏"比"展"的功能更加重要，但在内容和理念的推广弘扬阶段，则不需要过多辩论焦点的偏移程度，只要保证在整体的正典化理念要求方向相一致的前提下，存留能动的经典化阐释部分，就是非常健康和良好的当代文化生态体现。当下我们国家的文化政策中对于遗产活化的推动，主要着眼点恰是正典化内经典化的环节部分，虽然与事关文化存亡的前者相比，它不构成绝对必要性，但对于当下我们建设中国特色社会主义文化强国的远景目标与中华民族伟大复兴的要求而言，也是不可或缺的存在。

（二）提取与转换：新环境下传播的必要出路

尽管数字时代的非遗保存与活化在地位重要性上不是完全相等的，但"活化"的这个步骤却需要我们发挥更多主观能动性。它涵盖了今天在新的互联网媒介语境之下需要投入的、新兴的创意思维，且只有这种创新成分达到一定的契合度才能坚守经典化的准则，将传统文化的精髓加以提炼和传播，从而扩大其社会影响力。而这种经典化的活化与传播推广，对戏曲类非物质文化遗产在今天寻求到更加理想的生存状态有着重大的意义。

首先，它为文化遗产的代际传承提供了新的动力因。对于大多数非物质文化遗产来说，如果纯粹依靠自身传统的审美价值逻辑，或者一些特定的受众吸引点还是不足以在市场经济中长久立足，这也是当今时代，政府需要通过专门的政策制定与资金帮扶来主导它们推进的现实原因。从这个现象意义出发可以推断，戏曲类非遗作品与时代结合的需求也是非常强烈的。正如正典化中的"本质主义"不能完全承载一种传统文化的吸引力那样，它始终还需要有足够的外界认可加以配合，才能维系这种"典范"的地位与作用。

其次，它能够分担政府对非遗保护性支持的压力。从人才传承与培养的视角出发，尽管这些非遗演艺者的生活资料来源重心仰赖政策的帮扶，使之得以维系较高的表演水准与稳定的内部传承，但是通过进行额外的新媒体渠道的宣传和推广，甚至培养一种类似于"传统文化网红"的模式，在与原真表演不相冲突的前提下，通过市场端引入另一种形式的大众支持，可以对政府在宣传普及方面进行少量的分压，从而让资金和资源分配更集中地流入涉及表演本身的、更有价值的部分。虽然这个意义上带有功利性目的的收入并不是承重的支点所在，但也不应当忽视其中的可见效用。

再次，它能够更有针对性地指向目标受众。在大数据与先进算法等技术的加持下，文化内容的分配不仅能涵盖更多的群体，还能做到更加精准地投送。而除了一些我们掌握了基本知识且比较熟悉了解的古典戏曲如昆曲、京剧之外，戏曲类非遗涵盖的范围其实非常广泛，其中相当一部分是小众的、民族的或者地方性的，它们既有相似之处，也具备了各自的独有特点与历史

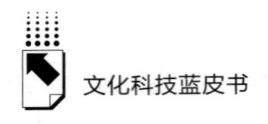

烙印。如果需要将这些内容全部统一地充分呈现到每个人的日常生活当中，既不现实也没有绝对的必要。而基于这种有效的文化分配机制，可以确保传播内容的稳定性与受众品位的集中性，从而实现一种文化共赢。

最后，它能从社会与公众的层面发挥正向作用。活化非物质文化遗产的另一个重点目的在许多时候甚至不是落在非遗本身。如果说在纯粹保护性的环节中，诸多措施的出发点都在于希望这些非遗能够以永恒的形式留存到长远的后世，那么数字化时代下非遗活化的核心目标其实是着眼于当下的——即便现在的一些具体手段不代表它能被后世接纳和认可。所以，新媒介下的戏曲类非物质文化遗产的活化与传播，在性质上更像是一种贯彻推广文化公共服务的基本态度，能够帮助丰富我国人民对于自身传统文化的认知，拓宽社会公众视野，提高艺术鉴赏素养，促进文化获取公平，培养民族凝聚力并增强民族自信心。

（三）坚守与创新：传统与科技相交融的未来

数字智能技术的快速更新迭代，使得新的媒介产物与交互形式依旧在不断革新与涌现，改变着每一个人的文化参与方式。传统文化作为一种相对静态的遗产，始终都需要不断适应这种变化带来的冲击，并努力达成一种更好的平衡式融合。虽然短视频只是新媒介技术下的一类新兴产物代表，但其对传统文化面临的保存与原真性问题所提出的挑战却是内在的、规律性的，这也给我们在未来技术演变过程中如何利用并发扬好这些来自历史的宝贵财富提供了有效的经验。

首先，要以更加包容的态度对待传统文化及其相关元素在当今的利用与创意再生产。非物质文化遗产固然是有其内在的典型价值，但也需要保持在受众当中的新鲜感与活力。对新媒介环境下的非遗等传统文化设定过于严苛的条框，反而会限制其创意的生发。因此，应当以对待经典化的态度，积极鼓励专业或业余生产者对一些"古风"元素的使用，并融合时代潮流，从而增强在年轻一代用户群体中的吸引力。

其次，要加强构建创新型文化产品和科普型、知识型、原真性传统文化之间的互通渠道。通过新媒体与创意生成的内容能够横向扩大了解相应传统文化的群体面，尽管其目的不在于将每个受众都引入学习了解原真文化的圈层当中，但也会间接带来对相关文化内容自发产生兴趣之人数量的提升。提供一条通畅且多元的通路由此成为这一转化过程中的重要保障，让寻求非遗背后的传统文化变得更加轻松便捷。这种通路的开拓不仅需要相关机构的主动建构意识，同时也伴随技术的发展而相辅相成、逐渐成熟，从而营造出一个理想的感知场景。

最后，政府应当在给予市场创作以充分自由的前提下，适当进行方向性的引导与把控。这既涉及文化安全方面的问题，也关乎文化对外传播的深度与效果。因此，这种引导既要避免传统文化的创意过于偏离原本的模式，也要避免出现一些负面的、背离当代核心价值观的解读。另外，政府也要加强不同文化遗产之间的联动与合作，提升我国传统文化在海外的品牌形象，增强文化软实力。

因此，在新媒介与传统文化发生直面碰撞的今天，我们既需要清醒认识到潜在的各种问题，同时也应保持充分的信心，合理利用这些科学技术所带来的文化承载优势，进一步做好民族文化的传承与弘扬工作，为实现社会主义文化强国建设的目标而不断奋斗。

参考文献

〔美〕哈罗德·布鲁姆：《西方正典伟大作家和不朽作品》，江宁康译，译林出版社，2005。

〔英〕吉姆·麦圭根：《重新思考文化政策》，何道宽译，中国人民大学出版社，2010。

〔加〕斯蒂文·托托西：《文学研究的合法化》，马瑞琦译，北京大学出版社，1997。

童庆炳、陶东风主编《文学经典的建构、解构和重构》，北京大学出版社，2007。

张乾友：《公共行政的非正典化》，中国社会科学出版社，2014。

张书群：《莫言创作的经典化问题研究》，山东大学出版社，2013。

邹统钎主编《中国大型实景演出发展理论与实践》，旅游教育出版社，2016。

B.16 数字驱动下的古城文化现代化与产业生态建设分析报告[*]

李微 宋菲[**]

摘 要： 古城文化的地域性差异是最突出的特点，聚集性、层次性以及工业化发展、市场经济洗礼和数字技术影响带来的多元差异性也非常明显。在数字驱动下，一些古城充分利用数字技术优势，形成了文化资源→文化要素转化→实体产业融合的产业生态链条，但一部分古城还是存在科技应用支撑不够、新兴文化产业和新兴业态发展滞后、难以建立现代化经营理念、面向数字化转型的组织变革准备不足等问题。为此，数字驱动古城产业生态建设需要坚持深化改革，优化发展环境，以新基建能力建设、传统文化数字化改造和创新为基础，以我为主构建核心技术生态和特色文化产业；采取梯次产业发展策略，以古城为原点进行分层布局，区分规模和层次进行建设；以需求为牵引，利用数字技术实现文化创意的工业化转化、文化消费的沉浸化重塑，采取"构建愿景、整体设计、小步进入"的方式，通过市场加速有序展开；注重元宇宙文化"数字孪生"生产模式和文化供给服务模式的影响等。

关键词： 数字化 古城 文化现代化 产业生态建设

---

[*] 本报告系国家社会科学基金重大项目"文化产业数字化战略实施路径和协同机制研究"（项目编号：21ZDA082）的阶段性成果。

[**] 李微，河北传媒学院信息技术与文化管理学院副教授，博士，研究方向为信息管理、智慧城市、文化科技；宋菲，河北传媒学院信息技术与文化管理学院副院长，副教授，硕士生导师，研究方向为文化管理、文化品牌塑造与传播。

古城是一地历史文化的外在表现,是人类共有的文化遗产。古城传统文化受历史因素的影响,经历了一个由连续到离散的过程,主要表现在文化本体的耗散和文化载体的破坏,这限制了传统文化的延续和创新,进而影响了传统文化自身的魅力。古城当代文化受技术和经济发展的影响,技术与文化的融合程度、数字文化的发育程度在诸城比较中存在巨大差异。如何在新时代实现传统文化的现代化,并通过技术驱动新的文化生产,依次牵引和融合整个文化产业,经由文化经济化实现经济文化化,最终形成新的经济、技术、文化三要素互相融合的古城文化生态,是一个需要深入思考的问题。

一 文化现代化和产业生态建设研究综述

文化现代化是文化在时间轴上的延续和创新,在空间轴上的丰富与拓展。文化魅力源于文化的完整性表达以及文化链条中当代文化的多元化形态。古城文化本体及其载体经过历史洗刷,不可避免会遭到耗散破坏。实现传统文化现代化,需要利用物理修复和技术再现两种方式接续文化脉络,提升文化魅力。相较于传统文化,当代文化是正在怒放的花,更能吸人眼球。所以文化建设的重中之重是如何建设当代文化的问题。古城文化现代化过程,就是从文化视野归结古城现代化建设实践经验的过程、将当代文化纳入整个文化体系的过程,也是文化延续创新的过程。既需要梳理古城文化积淀,完成当代语境下传统文化的重生,又要厘清不同时期文化的相互关系及对当代文化的影响,梳理归结当代文化特征,在空间域完善古城文化结构,提升古城的文化意涵,发挥文化的最大影响力。

只有连续性的文化,才具有稳定的内部结构,才能实现文化的整一性、动态性和连续性,文化才有持续的魅力。文化载体可通过物理方式修复,无法修复的可通过技术再现方式呈现。文化本体修复需要通过经济增长进行文化提升,通过文化交互实现自我生长。技术是不同时代文化之间的桥梁和纽带。如何利用技术实现文化自身的修复和融合?当前,新一代信息技术给了人们一种自动化的、从微观层面融合不同事物的能力,使得文化出现了细粒度的修复和融合可能,这在以前是不可想象的。

技术创新推动文化产业发展在历史上出现过多个高峰。19世纪末20世纪初,第一个高峰出现,技术对文化的作用主要体现在文化产业化的萌动;20世纪50年代到80年代,第二、第三个高峰出现,如图1所示,技术对文化的作用主要体现在文化产业中文化形式的创新和文化传播域的拓展。特别是卫星通信技术的发展从技术层面消除了文化传播在地域方面的限制,文化覆盖的广度和深度得到了快速的扩张。20世纪90年代,因特网及微型电脑在文化生成和传播中开始扮演举足轻重的角色,与之相伴相生的信息和数字技术、网络传输技术被人们广泛利用,催生出数字图书、数字电视、数字电影等新的文化媒介形态。具备多媒体特征的全新文化产业,诸如动漫产业、网游产业开始发展壮大。

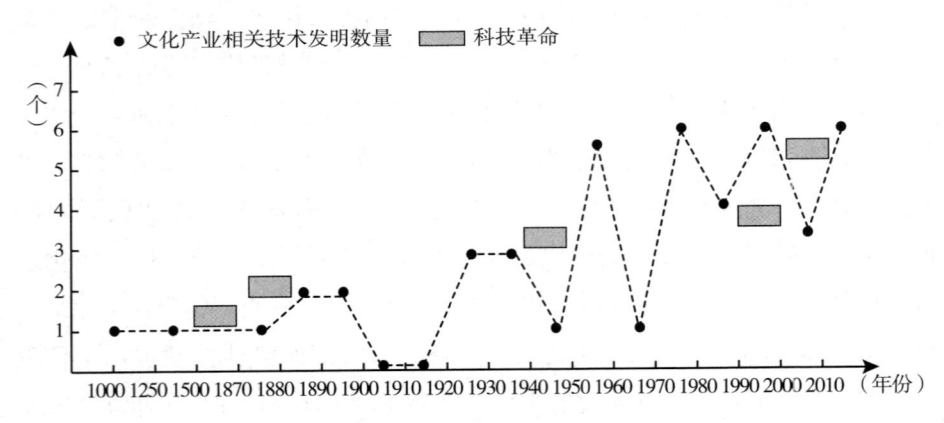

图1 文化产业相关技术发展时间示意

资料来源:尤芬、胡惠林《论技术长波理论与文化产业成长周期》,《上海交通大学学报》(哲学社会科学版)2007年第4期,第66~73页。

当前,物联网、大数据、云计算和人工智能等新一代信息技术对文化的作用,主要体现在微观的融合层面。在新一代信息技术条件下,文化产业的构成要素开始互渗,关联行业边界逐渐模糊。由新一代信息技术来推动古城文化发展,需要用融合思维替换整合思维,从底层数据入手,打通古城内在文化之间以及文化与其他产业之间在数据、业务和服务上的"孤岛",构建一体化的文化产业服务平台,塑造文化虚实两个维度空间,才能使古城在地居民或游客从文化的旁观者转变为创造者,实现文化的"我为人人、人人为我",解决传统文化与当代文化之间、文化和其他产业之间整而不合的问题。

国外文化产业在研究与实践方面,主要通过文化的延伸和拓展,牵引和整合其他产业,比如日本的内容产业发展;通过细分文化,并与不同产业形式融合,形成规模化的特色文化产业,比如欧洲国家区分自然风光、民俗、历史文化、名人故居、各类建筑等的特色产业项目;通过对现当代文化具有仪式感的强化和保护,实时对产生的文化进行沉淀和转化,比如美国等历史较短国家实施的文化快速产业链模式。国内文化与其他产业,特别是与旅游产业的融合在管理上先行一步,率先实现了体制机制融合。在研究与实践中,则注重以法规的方式推进,从技术层面促进,由文化牵引相关产业,由相关产业整合文化。尽管国内外对文化和其他产业的融合进行了初步探索,但以新一代信息技术为驱动,深入研究文化与其他产业融合的内在机制和实施路径的文章较少。基于此,以技术为牵引,对古城文化现代化建设进行分析,对文化与其他产业融合的生态重构模式进行规律性探索,可为我国古城文化产业生态建设及管理提供理论支撑和实践指南。

二 文化产业数字化进程的结构、发展体系和趋势

传统文化的载体往往是一个器物或者一种仪式,或是感观的内容物,以及小到一间住屋,大到古城的建造风格等。载体之间是相对独立的,一般是独自承载文化,彰显风情。载体之间如果相得益彰,古城的文化交融质量就高。载体之间如果相互倾轧,古城的文化交融质量就差。这种以物理载体为平台、以自我表现的形式承载文化的方式,导致文化会随着历史的演进在迭代的过程中本体被层层湮没,载体遭到耗散破坏。

数字经济时代,依然是大的平台驱动,平均每隔 12 年左右有一个新的计算平台。这个平台的结构包括围绕人类文化需求打造的前台和后台,前台具有信息和认知交互能力,后台计算速度、效率和规模,如图 2 所示。相较

于以往的物理载体，一旦有了诸如 PC、移动互联网、新一代的人工智能和云等信息平台，就会有一个稳定的抽象的软件层，同时针对软件有一个硬件架构，比如 x86、ARM、RISC-V 等。它能够以数据的形式承载文化本体，以快速的处理方式复制和创新文化本体，还可以建立文化本体之间复杂的符合幂律特征的链接网络。它的发展趋势和驱动力是数字化文化覆盖的宽度和深度。

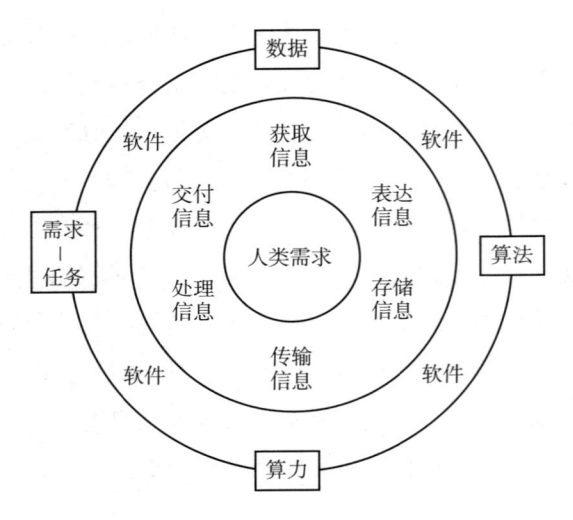

图 2　文化产业数字化进程框架

个人计算机时代，包括 IBM 和微软的头部企业实现了信息管理和流通的数字化，其本质上是一个鼠标键盘公司，但造就了万亿美元规模的产业生态。移动互联网时代，代表企业是苹果、三星、谷歌，它们数字化了人的社交通信信息和日常行为等。在新一代信息技术条件下，物理世界和数字化世界将融合在一起，它的驱动力就是数字化的深度融合。数字文化产业生态以文化的要素化生产、创意的工业化转化、消费的沉浸化重塑和文化的价值化引领为特征，将城市空间的文化资源、线上平台的流量红利和消费者的感官体验融为一体，形成了"城市运营者与文化产消者虚实共生、内容共创、理念共建、价值共享"。随着算力成本越来越低，文化外在形态的转换成本也越来越低，文化商品的供给将越来越便宜。由于实现了文化的承载由

"硬"到"软"的转换,数字文化生态就像物种一样,文化产品将会出现迭代加速的现象,进化速度越快,生命力和竞争力就越强。相较于文化"硬"承载模式,文化的"软"性载体在调用过程中会产生数据沉淀。当大量关于在地居民或旅客文化需求以及对需求理解的数据汇聚时,就会升华为知识沉淀,并经由社会网络的协同机制,转换为文化产品的创新性生产。在工业时代,文化产业协同主要是内部协同和上下游协同。而在新一代信息技术条件下,整个文化产业链的数据将在整个社会协同下,实现产品设计、物流、客服和支付上的一体化,生产效率将远远超过以往的企业级实体。

数字文化的生产成本不断呈指数式下降,软件迭代越来越快,数据沉淀越来越多,更多的文化需求和理解将驱动整个社会更多的协同,它是极为高效的增长模式,是一个极为高效的价值增长飞轮。数字文化经济将在转方式、调结构、扩内需、促消费、增就业等方面具有重要作用,有利于推进供给侧结构性改革,培育形成新供给、新动力。

三 数字驱动古城文化现代化和产业生态建设

(一)古城文化新基建能力建设

古城有悠久的传统文化,但文化的现代化并不一定突出,所以需要用新一代信息技术使传统文化现代化,用智慧城市建设哺育当代文化。同时要串接传统文化和当代文化,使其形成在时间上连续的文化链条、在空间上交互的文化区块。古城新基建能力是新一代信息技术与城市互为驱动的方向性选择,是通过体系规划、信息主导、改革创新,推进技术与城市现代化的深度融合和迭代演进。新基建能力建设为多元要素共同塑造现代古城提供了最重要的物理空间,也为古城文化与诸要素融合发展提供了实现空间。

古城新基建需要具备全面感测、充分整合、激励创新和协同运作等特征,需要对民生、环保、交通、医疗等公共问题做出快速智能反应。信息基础设施建设是古城新基建能力建设的基石,亦是传统文化数据化的物理基础。建设古城信息基础设施，首先要利用物联网等技术，通过信息传感设备，按约定协议，连通各行业和各部门的传感器、控制器、机器设备、相关人员等，实现物理传感设备与古城基础设施链接融合，进行"智化"识别、定位、跟踪、监控和管理，完成数据的采集，如图3所示。任何一个应用环节都可在授权后启动相关联的应用，并对其应用环节进行操作，使各类文化数据资源发挥最大价值。

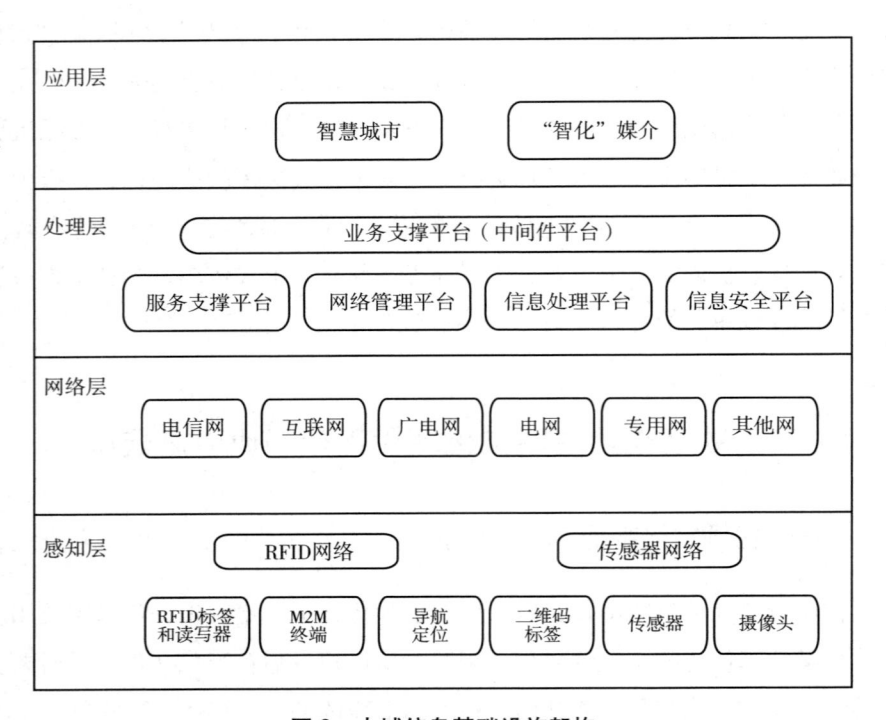

图3　古城信息基础设施架构

在此基础上，古城文化产业互联网的数字化解决方案作为承载"四个生产"从规划设计到落地应用的数字底座，将成为古城文化新基建能力建设的标配。

（二）古城传统文化的数字化改造与创新

长期以来，数据作为记录文化资源的载体被当作"物品"来管理，使其收集、分类、编目、排架、传递过程成为一种机械程序。在新技术条件下，传统文化资源管理逐渐超越具体数据形式而深入"信息"层面。在古城新基建能力建设支撑下，对广域分布的行业和部门文化资源进行全面分析、筛选、集约、精化，形成系统化、分布式的文化数据资源库，解决传统文化资源种类多、分布散、结构各异、运维难度大的问题，如图4所示。

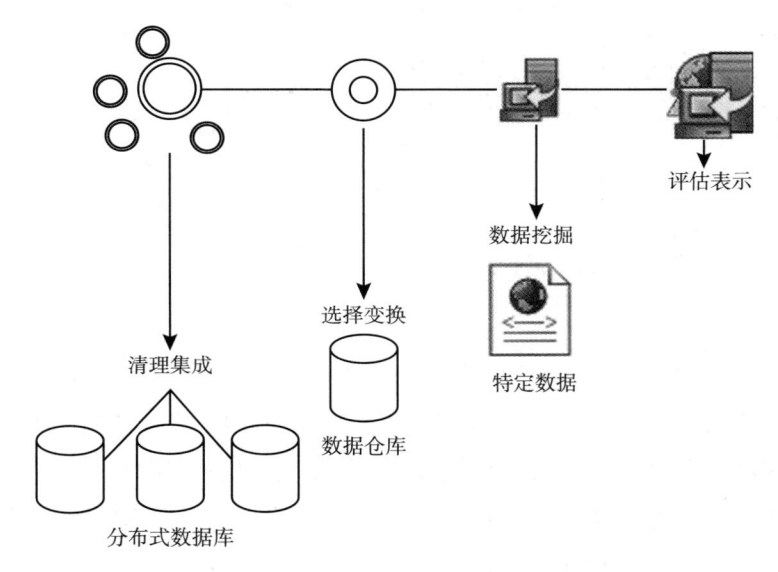

图4 分布式文化资源数据采集、变化和挖掘过程

传统文化数据资源库是一个虚拟文化素材库，由一系列行业或部门数据库组成，如图5所示。任何用户都可依托网络访问数据库中的文化数据，就好像数据是存储在本地一样。在异质资源空间整合的同时，还要进行异质资源整合，将非数字或非结构化资源进行析取同构，减小数据管理摩擦，促进内部、网际、用户之间的数据交互。通过细化数据管理对象，提高虚拟文化素材库的广度、深度和针对性，提高数据处理的有效性与可靠性。传统文化数据生产是在传统文化资源整合基础上，对数据进行的统计分析和有效挖掘。传统文化数据生产体系中，首先要对时态数据进行有序化、系统化整

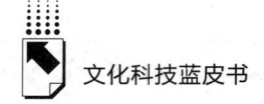

合；其次要追踪数据创新过程，建立数据挖掘机制，对数据信息去粗取精，建立动态有效的时态数据库体系；最后要根据传统文化传播需要对时态数据进行逻辑编辑，使数据信息能够被利用。

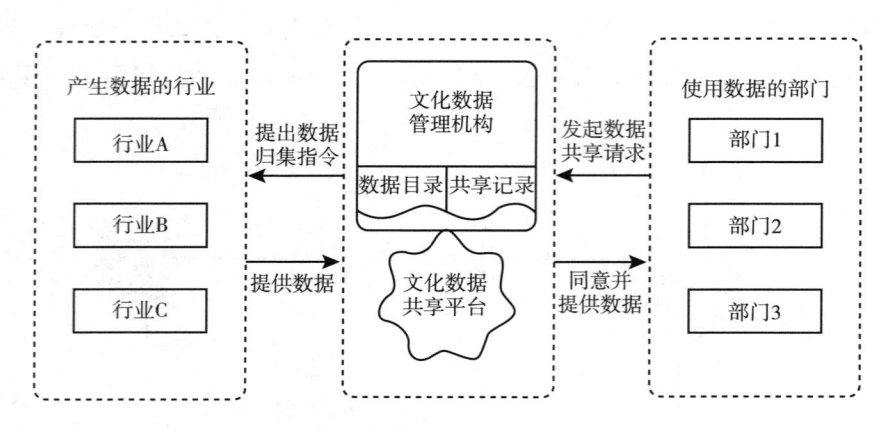

图5　传统文化数据共享平台

在传统文化数据存储方面，要采用超融合架构和软件定义存储方式构建传统文化数据中心，确保古城和文化传播面向智化的"可编程"能力。超融合架构通过计算、存储和网络虚拟化，使传统文化数据中心多个单元以及多个数据中心实现模块化无缝横向扩展。软件定义存储是对硬件存储的抽象化表达，保证系统存储访问在精准水平上能更灵活地被管理。

在传统文化数据处理方面，采取数据推动的生成模式，实现由运营式、用户原创式向感知式生成模式转变。具体而言，就是通过传统文化传播平台，实时共享智能互联的采编设备、海量分散的数据、开放协同的行业数据资源，形成超大规模分工协作的传统文化产业数据处理生态系统。数据推动型生成模式突破了文化产业的边界约束，实现了规模文化产业向范围文化产业的转变，完成了数据处理的流程再造。

在传统文化传播方面，以数据牵引古城故事和叙事的方式，从人、事、物、场、境五个维度进行可编程叙事文化传播框架、元叙事传播网络、泛叙事传播计划实现，形成一个新的传统文化传播"故事框架"。通过一系列合法化策略和进程，实现从公传播到共传播、从内传播到外传播、从自传播到他传播的转变。

（三）数字和业务双向驱动下的古城当代文化建设

在新一代信息技术条件下，新技术推动了古城文化资源的数字化、"智化"、跨界和融合。古城网络、技术和算力基础建设将共同推动当代文化产业在生产、流通和消费、管理与监测方面的全链条革新。当代文化与现代科技融合，将构建一个复杂交织的系统。系统在不同的应用场景之间，技术的经度和文化产业的纬度相互交织，并覆盖全要素、全过程、全周期。当代文化的全链条革新无论是对文化本身的内容生产、平台运营，还是对文化受众环境和数据运用等，都将实现颠覆性变革，进而使当代文化的生产样式、商业模式和产业形态呈现新的特征。

当代文化的生产样式、商业模式和产业形态将遵循动力逻辑、市场逻辑和生态逻辑，如图6所示。生产样式中的动力逻辑主要是指技术的创新应用对当代文化的驱动，体现在文化产品和服务的形态与载体随着数字技术的更新不断迭代发展，最终导致文化终端"器官化"，终端算力不断提升，"在场"和"具身"交互体验日益逼真。商业模式中的市场逻辑体现在平台型生态开启大众创意者"产消一体化"新时代，以"社交+IP"为核心的商业模式成为文化企业主流，文化企业通过改造管理流程和组织架构来适配数字化实践要求。产业形态中的生态逻辑体现在技术变革推动产业融合，边界消融催生新业态；而且在文化科技融合这一层次中，文化科技融合已经彻底超出了原有"文化产业"范畴，进入以强调外部效应为主的数字文化经济层次。

古城当代文化在三种逻辑的作用下，通过底层数据的融合、中层业务的融合和高层服务的融合，将构建完整的数据分析模型、文化传播模型和文化生命体模型。数据分析模型通过打造一体化在线文化服务平台，为决策者提供智能决策支持系统，为文化消费者提供全维度终身服务系统，为商家提供一站式服务和动态评级系统。文化传播模型以用户为中心，以满足用户需求为目的，通过人工智能技术的应用，使文化传播系统逐步具备类似人类的感

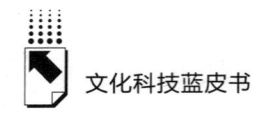

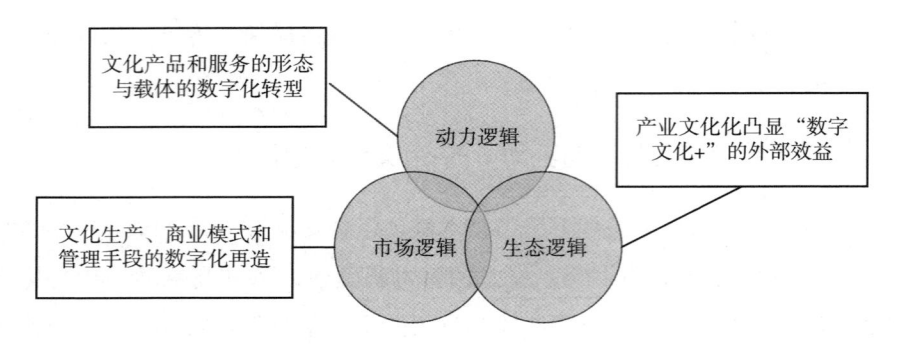

图 6　当代文化产业的三种逻辑关系

知能力、记忆和思维能力、学习能力、自适应能力和行为决策能力。一是在物联网技术驱动下，通过构建信息基础网络，使文化传播触角一直延伸到文化生产一线。二是在大数据技术驱动下，通过资源整合及数据生产，使文化视野回溯到文化现象级热点缘起的历史信息中。三是通过人工智能技术，构建文化传播数据化架构，使其"供给"和"索取"方式实现从单向度供求关系向多向度互动关系转变。文化生命体模型通过文化在线的方式打造现实的文化创新系统，最终形成当代文化与其他产业交互的现实和虚拟空间。现实空间以人为主线，延续文化脉络；以物为主线，扩充文化筋骨；以事为主线，丰富文化内涵。虚拟空间依托物联网络，实现物化文化呈现；依托社会网络，实现多元文化交互；依托知识网络，实现在地文化再生。在现实空间中，文化消费者可了解在地文化脉络，触摸筋骨，领会内涵。在虚拟空间中，文化消费者成为文化幻境的主体，在时间上穿越古今，在空间上瞬息转换，塑造自己的故事，创造自己的回忆。现实空间和虚拟空间交织，让人身在其中，彰显自身价值。

（四）古城数字文化产业生态建设

1. 通过数字技术的解构，实现古城文化的要素化

文化要素化主要是指通过数字技术、数字创意手段、数字传播工具等方法，推动文化资源转化为数据资产形态的生产要素。古城数字文化产业是建构在数字化基础上的文化产业，通过"文化数据+""文化IP+""文化内容+"三条路径，可以将解构的文化要素注入其他行业的生产要素之中，成为其他行业的标准配置。在古城数字文化产业建构中，通过打破文化产业边界，可推动文化要素与实体经济融合发展，提升相关产业的经济附加值，形成文化资源→文化要素转化→实体产业融合的产业链条。

古城的"文化数据+"可激活传统文化数据资产宝库。传统文化资源经过文化遗产标本化、民族文化基因和文化素材数据化处理后，将以数据形态作为生产要素，在充实古城文化大数据体系建设的同时，为泛文化产业提供丰富的数据资产。传统文化数据资产与传统产业结合，与其他新经济加速融合，将拓宽古城新经济的范畴，衍生出更多新业态、新产业、新模式。

将文化资源进行数据化提取和原创性改编等数字化开发后，可形成新的单体知识产权或知识产权包（IP包）。IP化的文化要素和原创性的数字内容IP等可交易的文化要素将进入古城市场中流通，通过"文化IP+"和相关实体产业融合，延伸IP产业链条，创造出诸如"IP+文旅""IP+商圈""IP+实体商品"等的实体经济新的价值空间。

除了上述两种模式以外，"文化内容+"瞄准的是古城文化中能引起人共鸣的文化内容。这些内容可成为文化吸引物，进入实体空间或产生其他经济形式，从而增强消费者认同，实现文化经济的效应。在此条件下，"文化内容+"以多元创意的内容作品链接泛产业，形成粉丝认同，打造泛产业链接，将形成诸如"短视频+直播带货"等的营销和带货新工具。

2. 通过数字技术的互联，推进古城文化创意的工业化转化

古城在新基建能力和文化大数据体系建设后，就具备了新型硬件装备、云平台的底层基础设施。古城文化内容生产工业化就是以此为基础，利用人工智能技术以及文化大数据体系中的数据，将创意性的艺术创作和工业化的规模生产结合起来，实现创作主体专业化、内容生产流程数智化、创意转化规模扩张和效率提升。内容工业化的典型特征是以数据和技术为核心驱动。古城文化产业新基建成形，将不断赋能内容生产工业化，将数据化的文化内容凝练成产品，进而形成可以品牌化、商业模式化的产

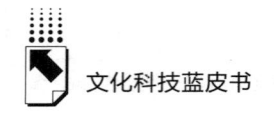

品和服务。这是文化市场的价值实现过程，也是有地方特色的现代文化产业体系建设过程。

首先，内容工业化通过实现创作主题专业化、内容生产流程数智化和创意转化规模扩张和效率提升，改变现实世界的叙事方式，创新内容产品的表现力。原本对物理世界的感知与理知，变成了由技术建构的技术和故事美学。技术成为人们选择内容和文化消费的一种重要因素。技术对叙事的塑造成为一种强势的力量，改变了消费体验。

其次，平台以算法和数据为核心，开展精准分发，向更贴近用户的生产模式升级。智能化、模块化的算法是古城平台型文化企业与其他各类企业进行合作的数据桥接。通过推荐算法实现大规模内容产品供需的精准对接，实现内容生产—分发—变现的良性循环。例如，在短视频、新闻、音乐等平台型内容领域，推荐算法价值就非常明显。在这些内容领域的工业化生产模式下，平台型内容创作者将普遍采取机构化运作方式。平台和制作公司可根据对视频播放和搜索热度、网络电影分账票房数据等的分析，使项目评估和开发贴近市场，以对抗不确定风险。

最后，古城可充分利用前沿技术产业化应用的优势，助力内容生产数智化升级。在前沿技术从实验室到产业应用过程中，古城需积极助推以"上云用数赋智"为代表的解决方案落地。以科技化为切入点，推动长短视频的工业化发展。通过实现5G跨国传输、云剪辑、人工智能剪辑等，逐步形成智慧制片、拍摄、后期、播映等一系列智能化生产解决方案。利用人工智能，进行辅助创作智能图片、配乐、文案和智能剪辑，生成视频封面、海报、精彩集锦等内容。也可以利用人工智能"理解"视频基础元素，进行结构化数据存储，助力播放、互动玩法创新。同时，还可以利用其帮助建立完善的视频生产全流程链，向自动化、规范化、可复用、全流程监控、可持续优化方向发展。

3. 通过数字技术的延展，推进文化消费的沉浸化重塑

随着人工智能、VR、AR、5G和IoT等技术的发展成熟，古城的文化消费将进一步迎来从"在线"到"到场"的感知力重塑。虽然人身处远程，但仍能实现身临其境的沉浸式体验，实现了古城文化空间的再造，体现了数字化的虚拟世界和真实世界的三维空间走向融合，也将催生更多的消费新模式和新业态。

文化空间再造是现实空间的再造和虚拟空间的打造。这种对于文化空间虚实共生的消费感知融合，可大致分成两种形式：一种是依托现实世界的融合，即虚拟真实化；另一种是依托虚拟世界的融合，即现实虚拟化。虚拟真实化是线上增强线下，感知和场景走向真实化。多感官交互增强"到场"感知力。随着触觉反馈、动作捕捉、温度/光敏/压力等各类传感器带来的多感官体验和交互的应用，有望实现身在远程、感知现场的感知力重塑，成为实现"到场"的基础。场景呈现真实化也会带来从"部分沉浸"向"到场体验"的转变。从真实场景 6DOF 带来的更高观看自由度、8K/12K 等更高显示清晰度等，到更深度的沉浸式媒体能够带来场景呈现的逼真性，推动了沉浸式体验向到场感升级。

现实虚拟化导致虚拟世界有望形成全新的现实世界。物理世界和数字世界的融合，在现实世界之外有望形成新的虚拟世界空间，带来新的虚拟世界运行规则和应用场景。诸如虚拟的古城遗迹等将成为承载现实世界的超级数字场景。伴随技术的演进，以数字化形态呈现的古城文化消费将成为一个超级数字场景，有望承载和创新现实世界的更多功能。通过实现古城热点景区 1∶1 精准度的还原，玩家可以在虚拟空间中感受古城的文化底蕴。

在重构新的古城场景基础上，人也可以实现更加真实的数字化生存。基于深度学习的多模态融合技术可以实现对人体姿态、表情和功能等的模拟仿真，打造高度拟人化的数字虚拟人，创造全新的人机交互方式。不仅古城历史上的著名人物可实现虚拟化，还可拓展到虚拟偶像、虚拟助理、在线教育、数字内容生成等领域。未来随着个体数据化映射机制的完备，虚拟世界中的"数字人"将更加真实，虚拟个体与真实个体将会越来越深地绑定在一起，实现个体真实的数字化生存，将给古城带来全新的行业应用和社交场景。

古城文化生命力取决于延续和创新。文化消费的生命力取决于消费者的主客体转化，取决于能否参与在地文化发育。文化消费者可以在真实空间中了解在地文化脉络，触摸筋骨，领会内涵。通过技术实现，在虚拟空间里文化消费者可以成为文化幻境的主体，可以在时间上穿越古今，在空间上瞬息转换，塑造自己的故事，创造自己的回忆。现实文化空间和虚拟文化空间的交织，可充分发挥数字文化经济的"社交"属性，通过互联网络链接产消群体，让所有的人身在其中，彰显自身价值。如此，文化空间才能真正具备活性，文化消费才能得到可持续发展，才能打造可持续的产业生态系统。

（五）存在的问题及对策建议

古城文化资源底蕴深厚，但普遍存在重硬件投入、科技应用支撑不够，新兴文化产业和新兴业态发展滞后，难以建立现代化经营理念、产业发展创新氛围不浓，面向数字化转型的组织变革准备不足、文化产品创意不够等问题。为此，要充分利用古城文化资源，在具体推动古城文化现代化过程中，可采取以下措施。

第一，坚持深化改革，优化发展环境，以新基建能力建设、传统文化数字化改造和创新为基础，以我为主构建核心技术生态和特色文化产业。持续推进"放管服"改革，解决影响市场主体创新创造的体制机制问题。加强知识产权保护，实现严格保护和有效运用的平衡。构建完善的"司法—行政—市场"协同监管机制，营造良好的数字文化产业发展环境。围绕古城特色，建设城市级文化产业数字化公共服务平台，利用自身优质文化资源，打造优势企业，把创新贯穿文化产业研发、生产和运营全过程，形成更多具有自主知识产权的技术，增强地域文化产业的核心竞争力。

第二，采取梯次产业发展策略，以古城为原点进行分层布局，区分规模和层次进行建设。通过基础设施生产、空间生产、内容生产、产品生产和关系生产等，实现文化底层数据融合、中层业务融合和高层服务融合，发挥数字文化经济"社交"属性，催生更多以认同感驱动的消费新模式和新业态。

第三，以需求为牵引，利用数字技术实现文化创意的工业化转化、文化消费的沉浸化重塑，采取"构建愿景、整体设计、小步进入"的方式，通过市场加速有序展开。文化产业融合发展需要放在整个产业甚至是整个社会活动的层面审视和把握,将古城传统文化作为产业主体,在传承和演进中守正创新。坚持技术驱动、需求拉动,通过市场加速信息和产能转化,持续满足人们的精神和物质需求,准确反映时代变化和人民要求。

第四,注重元宇宙文化"数字孪生"生产模式和文化供给服务模式的影响。元宇宙文化"数字孪生"生产模式和文化供给服务模式将以虚拟平台的形式解构文化生产和消费过程,重塑传统文化产业。古城传统文化与科技的融合发展,需要注意元宇宙引发的文化产业空间扩张所带来的变化,把握时机,实现"弯道超车"。

古城文化数字化不是一次性完成的,而是一系列的变革,一般会经历数字化、数字化转型再到数字化重塑的历程,通过"构建愿景、整体设计、小步进入"有序展开。建设过程基本依循:起步要小,聚焦优势;迭代要快,发挥速度优势;领先的愿景指引,构建目标优势。唯有如此,古城文化现代化和产业生态建设才能够在全域旅游和文化融合的背景下,实现文旅产业从浅层观光到深度体验的转型升级,满足基于数字技术不断出新的业态要求和用户个性化体验的新需求。

参考文献

段鹏:《智能媒体语境下的未来影像:概念、现状与前景》,《现代传播(中国传媒大学学报)》2018年第10期。

詹卓:《城市传播的五维叙事策略》,硕士学位论文,华中科技大学,2018。

《陈先红教授:用公关理念讲好中国故事》,华南理工大学官网,2017年4月6日,http://news.scut.edu.cn/2017/0405/c41a32297/page.htm。

《陆奇最新演讲:世界新格局下的创业创新机会》,"36氪"百家号,2020年12月23日,https://baijiahao.baidu.com/s?id=1686857670613242703&wfr=spider&for=pc。

国 际 篇
International Reports

B.17
国外智慧文旅产业生态分析报告

栾明锦*

摘　要： 近年来，随着文化和旅游部的成立，我国智慧文旅产业发展得更加迅猛。在这样的背景下，了解国外智慧文旅产业的发展状况，可以为我国智慧文旅产业的长远健康发展提供借鉴。欧洲对智慧文旅产业生态的研究，是与"智慧城市"（Smart Cities）和"智慧旅游目的地"（Smart Tourism Destination）的研究联系在一起的。通过对米兰和伦敦、威尼斯和萨尔茨堡的案例分析，可以清晰地看出其中的互动关系。此外，迪士尼的"MyMagic+"智能系统、光影互动沉浸式体验以及 I Tour Seoul 首尔智慧城市建设，分别是美国、日本和韩国智慧文旅产业发展的典型案例。

关键词： 智慧文旅　产业生态　智慧旅游目的地　旅游体验共创　欧洲

---

* 栾明锦，深圳大学文化产业研究院，研究方向为文化产业数字化。

近年来，随着文化和旅游部的成立，我国智慧文旅产业发展得更加迅猛。在这样的背景下，了解国外智慧文旅产业的发展状况，以为借鉴，对我国智慧文旅产业的长远健康发展具有重要意义。尽管国外并没有"智慧文旅"的概念，将"智慧的""文化的"的特征与"旅游"进行提取、强调、拢合只是中国在自身旅游产业实践过程中的创举。但是，国外的旅游产业可能在更早时候就已经具有了"智慧文旅"的内涵。

一 关键概念

"智慧文旅"如何用英语表达呢？此处的"智慧"应该使用"Wisdom"、"Intelligent"还是"Smart"？在外文文献库中以"Wisdom Tourism"为关键词进行检索，只发现了一篇名为"Packaging Local Wisdom-Based River Tour"[1]的论文。相较之下，以"Intelligent Tourism"为关键词检索出的文献更多。国内出版的《智慧旅游》[2]一书就采用了"Intelligent Tourism"作为英文释义。而国内出版的另外一本专著《智慧旅游理论与实践》[3]则采用"Smart Tourism"的说法，并特别对"Intelligent"和"Smart"进行了辨析，认为"Intelligent"对应"智能"的含义，属于技术范畴。之前国内外围绕"Intelligent Tourism"展开的研究，主要是从微观应用层面对信息技术、移动网络集成技术等在旅游产业方面的应用做了探讨，这从严格意义上来说并不能称为"智慧旅游"。因而梁留科认为，"智慧旅游"用英文表达应当是"Smart Tourism"。如果要在"智慧旅游"概念基础上再加入"文化"内涵的话，参考我国文化和旅游部的官方英文释义"Ministry of Culture and Tourism"，应当将其译为"Smart Culture Tourism"。

何谓"产业生态"呢？参照"自然生态系统"和"工业生态系统"的

---

[1] I. Purnaya, I. N. Laba, I. Semara, "Packaging Local Wisdom-Based River Tour," *International Journal of Applied Sciences in Tourism and Events* 3（2019）：109.
[2] 金振江、宗凯、严臻等编著《智慧旅游》，清华大学出版社，2015。
[3] 梁留科主编《智慧旅游理论与实践》，科学出版社，2016。

概念，产业生态系统指的是按照生态经济学原理组织起来的，基于生态系统承载能力、具有高效的经济过程与和谐的生态功能的网络化经济系统[1]，由产业环境和产业生物群落组成。产业环境围绕着产业，由相关政策、市场需求、经济情况等组成，对产业的生产、存在和发展起着调控作用。产业生物群落由客户、生产者、流通者等相互间存在物质、能量和信息沟通的企业和组织种群组成，是产业生态系统的核心。它主要通过种群、物种多样性和产业价值网三方面表征。种群指的是一定时空范围内的同种企业的集合；物种多样性指的是产业生态系统中企业类型的丰富程度；产业价值网则是指在专业化细分市场背景下，在利益相关者之间形成的价值生成、使用、分配和转移的关系结构。[2]

此外，作为一个有机功能体，产业生态系统具有整体性、竞合性、开放性与丰富性的特征。产业生态系统内的成员间形成了动态联盟，其中成员的更换和利益集团的重组是不断变化的。企业间既存在竞争，又存在合作。它们在有效的合作机制下提高生存能力与获利能力，减小产业活动带来的负面影响。而一个产业生态系统内包含的产业种类越多，其受外部环境变化的影响越小，这个产业生态系统也就越稳定。

二 欧洲智慧文旅产业生态

（一）智慧旅游目的地

欧洲对智慧文旅产业生态的研究，是与"智慧城市"（Smart Cities）和"智慧旅游目的地"（Smart Tourism Destination）的研究联系在一起的。对于智慧城市而言，众多参与者的相互作用和地域因素通过技术交织在一起，造就

---

[1] 李云燕：《产业生态系统的构建途径与管理方法》，《生态环境》2008年第4期，第1707~1714页。

[2] 谢振东、方秋水、余红玲等编著《面向智慧城市的交通一卡通产业生态构建》，人民交通出版社，2016。

了其复杂的生态。Valentina Della Corte 等列举了建设智慧城市的影响，对智慧城市与智慧文旅产业发展的关系进行了分析。[①] 首先，在目的地管理视角下，建设智慧城市可以将城市信息和服务软硬件平台进行整合，使当地参与者和不同组织之间加强互动、充分融合，实现系统性的创新治理。其次，智慧城市框架下的非关系营销、社会营销和网络营销增加了人与人之间的互动，减少了购买和服务交付之间的时间，体验在其中发挥了更为重要的作用。最后，智慧城市规划能够使旅游供给系统化，并对以城市为旅游目的地的品牌形象产生影响。创造和维护积极的城市形象能够更好地向外界展示城市的内在特征。而智慧城市越能提高居民和游客的生活质量，越有利于当地利益相关者在开发联合产品方面进行系统互动，以城市为旅游目的地的品牌形象就会得到越多的改善。

基于这样的理论，Valentina Della Corte 等分析了意大利米兰和英国伦敦[②]的智慧旅游目的地建设。

在简单介绍了米兰在智能治理（Smart Governance）、智慧环境（Smart Environment）、智慧出行（Smart Mobility）、智慧主体（Smart People）、智慧生活（Smart Living）等维度的状况后，Valentina Della Corte 等把米兰作为智慧旅游目的地进行了详细介绍。在为第 42 届世界博览会（Expo 2015）做准备的过程中，米兰的智慧旅游目的地建设突飞猛进。米兰商会于 2010 年举办了专题博览会（Tables Thematic Expo 2015）让经济体系和创业型企业参与到世博会所带来的机遇中来。近 800 个项目在这场专题博览会上展出，项目主题集中在接待和住宿、艺术和文化、女性创业、能源与环境、农业综合企业、健康、团结与非营利、青年与劳工等。这些项目促使米兰成为意大利第一个智能城市（如表 1 所示），由此提升了对游客的服务水平，扩大了对

[①] V. D. Corte, C. D'Andrea, I. Savastano, et al., "Smart Cities and Destination Management: Impacts and Opportunities for Tourism Competitiveness," *European Journal of Tourism Research* 17 (2017): 7-27.

[②] Valentina Della Corte 等共分析了米兰、新加坡、伦敦和约翰内斯堡四座城市，这里只列举位于欧洲的米兰和伦敦。

游客的服务范围。因而 Valentina Della Corte 等认为，米兰是自上而下展开城市智能发展最具代表性的例子。但由于这些举措对文化旅游产业的影响是派生的，而非其主要目的，这种模式在智慧文旅产业的维度下属于萌芽阶段。不过，这种模式能够随着世博会的结束和民众的广泛参与而不断演变——米兰的形象逐渐由智慧城市转变为智慧旅游目的地，世博会期间所吸引的商务客户也许会为了休闲在未来再次来到米兰。

表1 米兰旅游领域的智能项目

项目	说明	网站
EAT2	餐厅老板可以在不损失收入的情况下管理未预订的餐桌	www.eat2.com
Allergy Free Hotels	无过敏酒店。该项目允许酒店客房适合有呼吸道过敏症的客人入住。主题门户为访客提供有关室内过敏的有用信息，并提供简单直观的搜索引擎来搜索提供过敏友好客房的酒店	www.allergyfreehotels.info
UTP	一个面向入境旅游的 B2B 平台，用于吸引和维持游客在世博会之前、期间、之后的 6 个月内，在联合国教科文组织认可的意大利地点参加世博会	www.geocities.ws
SMART MENU	智能菜单。一个网络应用程序，通过读取二维码将餐厅菜单翻译成客户所需的语言	www.tavologiovani.it
NO LIMITS	无限。目的是开展满足每个人需求的无障碍旅游，为任何问题或困难提供充分和及时的解决方案，不会成为不可逾越的障碍	www.nolimits-travel.it
EXPLORE MILAN	探索米兰。由 EXPO IN THE CITY 设计的项目。路线突出了米兰最著名和最重要的艺术作品，以及在城市街道上重新发现艺术历史和文化的地方	www.explore-milan.com
ITALIAN FOOD STORY	意大利美食故事。一个数字出版平台，收集围绕食物主题的故事，能够奖励个人和团体独特的体验	www.tavologiovani.it

通过在相同模型下的分析，Valentina Della Corte 等认为，伦敦是世界排名第一的智慧旅游目的地城市[①]。2014 年，伦敦约有 1869 万国际游客，在游客消费方面也位居世界第一。伦敦金融城公司（The City of London Corporation）致力于支持伦敦成为金融和商业服务领域的世界领导者，通过与城市游客、景点和零售集团、城市酒店论坛、城市文化网络等多个利益相关者建立合作伙伴关系，为居住和游览于伦敦的人们提供当地设施和服务。London & Partners（见图 1）作为伦敦的官方宣传机构，其旅游营销策略就是为特定受众群体量身定制计划，通过社交媒体开发新受众，吸引城市游客社群。London & Partners 尤其专注于营销活动。其最成功的活动就是在后奥运时期组织的"伦敦故事"（The London Story），借以鼓励全球观众参观伦敦并通过"London Now See it for Yourself"倡议在互联网社交媒体分享他们在伦敦的故事。伦敦官方城市指南 App 被认为是为游客提供最好数字工具的平台之一，可提供离线地图和个性化行程、GPS、天气建议和循序渐进的旅游指南等服务。Santander Cycles 应用程序则作为自助式自行车共享系统，为在伦敦市中心短途旅行的游客提供租用自行车的服务。伦敦博物馆则推出了一款名为"街头博物馆"的手机应用（见图 2），可以通过用户定位选取所在地点 19 世纪和 20 世纪早期的老照片，与真实街景合二为一，使游客能够举着手机回到过去，在智能手机屏幕上欣赏这座城市曾经的形象。

除此之外，Valentina Della Corte 等还总结了伦敦在"智慧伦敦计划 2011—2021"（The Smart London Plan 2011-2021）中已取得的几项重要成果：使用开放数据创建了 450 多个运输应用程序；伦敦数据库每月访问量超过 30000 次；每个行政区有 1000 人通过市政厅的在线研究社区参与；伦敦故事活动达到 160 万次访问量和超过 2.5 亿次展示量；Wi-Fi 系统在 150 个地铁站启用，2014 年，伦敦投资超过 100 万英镑为在伦敦的艺术画廊和博物馆提供免费 Wi-Fi，以确保伦敦拥有全球最快的 Wi-Fi 网络；为技术成长型公司

---

① 据 2014 年全球目的地城市指数。

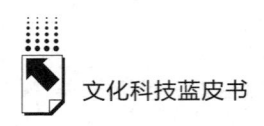

图1　London & Partners 官网主页

图2　"街头博物馆" App 画面

设立了一个 2200 万英镑的基金，以支持数字技术将伦敦打造成为绝佳的旅游目的地品牌、培养人才并获得可持续繁荣。

（二）旅游体验共创

欧洲对智慧文旅产业生态的研究，还与"共创旅游体验"（Co-creating experiences in tourism）的研究相关。Piera Buonincontri 和 Roberto Micera[①] 引用了 Barbara Neuhofer 等人所做的模型[②]（见图 3），认为该模型在三个方面为旅游体验共创做出贡献。一是拓展了体验共创空间，指出体验共创贯穿整个旅游过程，除旅游中阶段外，还包括旅游前和旅游后阶段的共创过程。二是由于使用移动技术，游客可以同时参与物理和虚拟旅游体验。通常，游客在目的地会参与物理层面的体验共创过程，在家时则会参与虚拟层面的体验共创过程。而随着移动技术的发展，游客在目的地现场也可以参与虚拟体验的共同创造：在目的地现场进行游览的实际体验期间，能够与旅游公司在技术上联系起来，实时交换信息，修改旅行计划，接收定制的报价。三是允许多层次参与。技术允许游客在旅游体验中与大量主体建立联系。无论是在目的地还是在家里，对于特定目的地的生活和经验，他们不仅可以与旅游服务提供商、他们的亲朋好友进行网络互动，还可以与更广泛的关注者或其他游客在社交网络上分享。总而言之，无论是在需求方面还是在供应方面，智能技术与旅游体验的共同创造息息相关。它们在很大程度上拉近了游客和旅游目的地之间的距离，延伸了其于时间和空间上的体验过程，促进了自身与其他利益相关者的共同创造。

正是基于 Barbara Neuhofer 等人所提出的模型，Piera Buonincontri 和 Roberto Micera 推出了智慧旅游目的地体验共创模型（见图 4），并借助这个模型对

[①] Piera Buonincontri, Roberto Micera, "The Experience Co-creation in Smart Tourism Destinations: a Multiple Case Analysis of European Destinations," *Information Technology & Tourism Research* 16 (2016): 285-315.

[②] B. Neuhofer, D. Buhalis, A. Ladkin, "Conceptualising Technology Enhanced Destination Experiences," *Journal of Destination Marketing & Management* 1 (2012): 36-46.

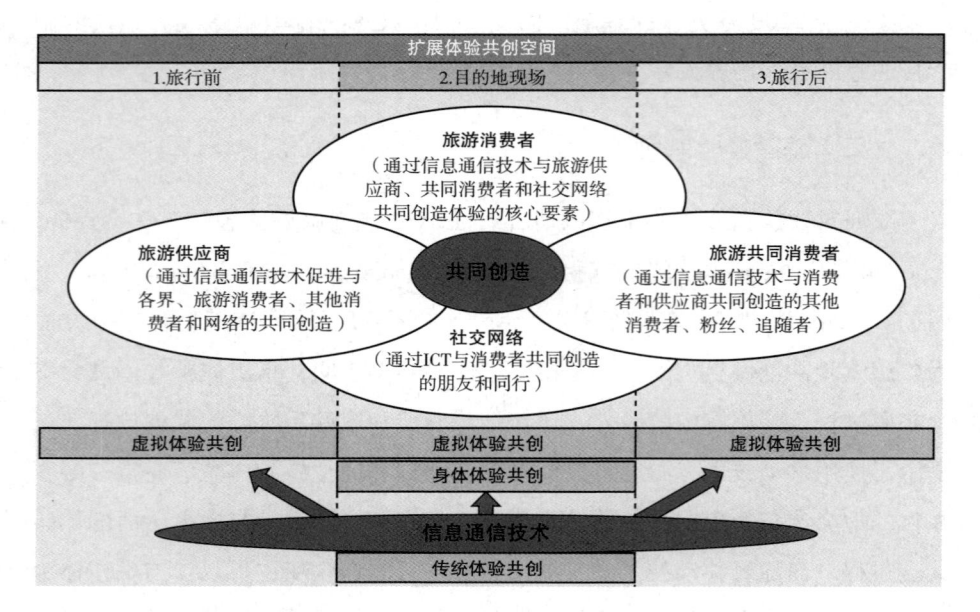

图 3　Barbara Neuhofer 等人所做的旅游体验共创模型：技术增强了目的地体验

比分析意大利的威尼斯城和奥地利的萨尔茨堡。

作为智慧旅游目的地的威尼斯，被认为是由两种驱动因素造就的。[①] 一种驱动因素是资产。自20世纪后期至今，威尼斯市政府在技术基础设施方面进行了大量投资，以为市民和游客提供创新服务。其中，最重要的是建设高速访问互联网的宽带，以及允许通过移动终端用户设备随时随地访问互联网的Wi-Fi。另一种驱动因素是技能。为了充分利用智能技术来提供与文化、交通和休闲活动有关的战略服务，威尼斯市政府一直通过资金支持智能技术所需专业知识的发展。除此之外，威尼斯为其智能化发展还做出了以下努力：基于连贯集成和票务共享逻辑，将服务提供到综合建议中；在当地企业之间发展强大的协同效应，以避免重复和浪费；定义以需求为中心的策略，以便为不同的目标（短信、应用程序、在家打印系统、打印票、二维

---

① "Venezia Smart City," Accessed June 7, 2016, https://prezi.com/r5kocavti5zj/venezia-smart-city.

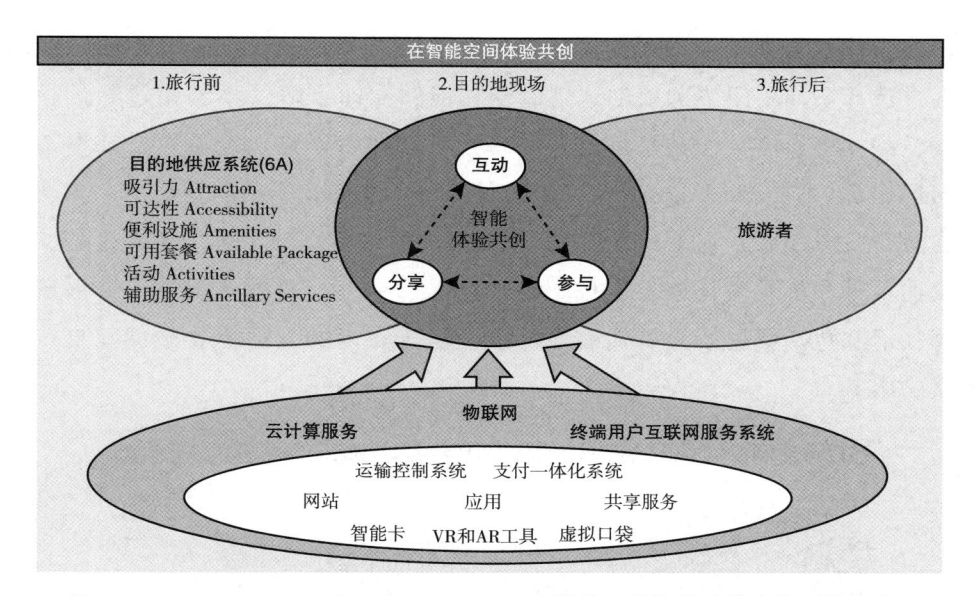

图 4 Piera Buonincontri 和 Roberto Micera 所做的智慧旅游目的地体验共创模型

码、智能卡等）提供技术服务；等等。

基于云计算和物联网的 Venezia Unica 项目是重中之重。Venezia Unica 项目下的、旨在管理与威尼斯相关的旅游信息和电子商务的 Venezia Unica App，能够在整个体验过程中引导来到威尼斯的游客。在旅行前阶段，游客可以通过它组织行程、检查交通，阅读有关城市的信息；在旅行阶段，它提供了旅游服务和文化服务的详细描述，发售综合票 Venezia Unica CityPass，扩展了设施和景点的维度，设置专栏提供紧急情况下运输和服务的电话号码的辅助服务；在旅行后阶段，用户可以使用该应用程序与其他用户分享意见、照片和信息。得益于这些功能，Venezia Unica App 通过促进游客与目的地供应系统的直接互动、提高参与度和引导体验分享来影响旅游体验共创。veneziaunica.it 是 Venezia Unica 项目的另一个工具，是威尼斯的官方旅游网站（见图 5）。它通过提供有关城市资源和辅助服务的所有重要信息，在景点和辅助服务方面发挥作用，提升了游客在旅行前阶段的体验。该网站显示了市内酒店和餐馆的所有联系信息，游客可以直接与当地企业沟通交流；允许申请购买 Venezia Unica CityPass，或通过选择不同的门票选项创建定制卡；能够立即了解"不容错过"的活动，到社交媒体页面共享信息、寻求建议、评价网站、定位自己或参加摄影比赛。Venezia Unica CityPass 作为 Venezia Unica 项目的智能卡，主要在旅行阶段使用。它是一张由 RFID 卡组成的综合车票，可用于乘坐公共交通工具和享受文化旅游服务。游客可以从个人行程安排出发，自由选择往返和包括威尼斯具有代表性的水上巴士在内的交通工具来创建自定义的服务。

图 5　Venezia Unica 网站首页

除 Venezia Unica 项目外，威尼斯市政府潮汐中心还开发了警报系统 Hi！Tide App，提供详细的潮汐预报，指示水位并形成图表和报告。市政府借助自动远程大运河观测系统 ARGOS，为游客提供实时图片，确定每艘在大运河中运行船只的类型和位置，并为游客个性化地提供想要到达的出租车站点或特定出租车的信息。威尼斯移动服务公司提供的停车系统 Telepago，使游客可以通过在虚拟口袋上支付规定的金额来激活服务，并可以用它来支付他们在城市的停车费，通过手机拨打电话或发送短信。Mobility Company 则为威尼斯提供自行车共享服务。地铁公司也在提升游客体验方面做出了努力：游客可以通过扫描车站面板上显示的可用电子书二维码，在移动设备上免费下载电子书，并在等待时阅读。在互联网报告信息系统 IRIS 上，市民和游客可以通过它向市政府询问与城市维护相关的问题。

  作为智慧旅游目的地的萨尔茨堡，则设计了"2025 年总体规划——萨尔茨堡智慧城市"（Master Plan 2025—Smart City Salzburg）。旅游业利益相关者正致力于实现宜居性、智能网络、可持续移动性和开放协作的目标。萨尔茨堡市政府、萨尔茨堡旅游促进机构（Tourismus Salzburg GmbH）和其他旅游公司采用的主要智能工具可分为三类：网站、智能卡和应用程序。salzburg. info 是萨尔茨堡的主要旅游网站（见图6），专注于休闲旅游，基于云技术存储目的地所有 6A（Attractiong、Accessibility、Amenities、Available Package、Activities、Ancillary Services）数据，根据不同用户的需要，以综合方式管理和协调数据，并允许所有利益相关者之间交换信息。它不仅提供了有关城市景点、不同类型的住宿以及如何在威尼斯旅行的不同选择的深入信息，还提供了有关公共服务的信息并促进旅游业在城市组织的套餐活动和休闲活动。每个用户可以在旅游体验前、中、后阶段与目的地供应系统的主要相关者直接互动，使用预订系统，或者通过电话号码、电子邮件和特定网站的链接创建范围广泛的套餐，自定义不同类型的住宿、旅游路线和配套服务，以满足特定需求。此外，用户还可以根据可用时间、兴趣和旅行类型以及访问多个城市虚拟旅游来选择路线和活动。该网站还为游客提供时事信息，始终更新有关事件和新闻的信息，并允许激活 RSS 提要[①]。同时，用户可以通过跳转社交媒体来分享图片、视频、意见和评论。从传统 PC 到平板电脑和智能手机，salzburg. info 这种可以从任何类型的终端访问的工具所具

[①] 在电子商务中作为一种传递信息的方式。

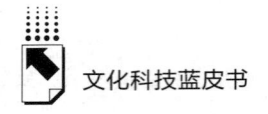

备的功能增强了游客的参与意愿以及增加了他们与其他人分享体验的需求，促使他们更加积极地共同创造体验。

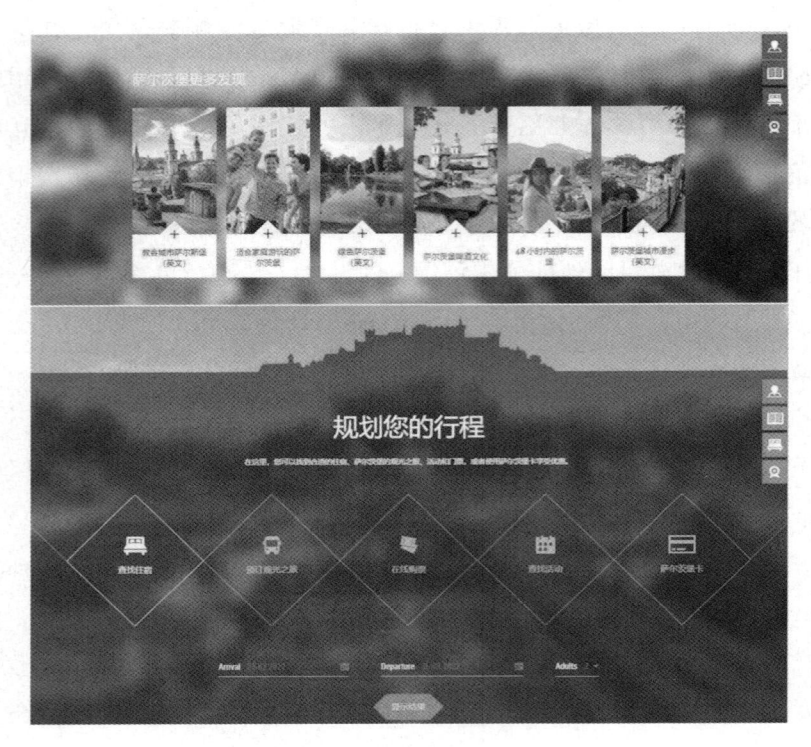

图 6 salzburg.info 界面

另一种有助于萨尔茨堡智能城市化进程的技术工具是 Salzburg Card（见图 7）。它是一种带有微芯片的智能卡，可以存储所购买的服务。Salzburg Card 是在可用套餐维度下开发的工具，但也适用于访问、景点和活动维度。它基于支付集成系统，其中包括公共交通和萨尔茨堡主要景点的综合门票，使游客可以享受旅游、活动和展览的折扣。Salzburg Card 基于云服务的使用，对支持服务集成和系统参与者之间的信息交换至关重要。游客不仅可以从卡的广泛基础服务中进行选择，还可以将其与其他定制服务相结合。

第三种改善萨尔茨堡智慧旅游的工具是应用程序。萨尔茨堡旅游治理包含的近 50 个应用程序被分为五组。第一组是关于城市的交互式地图（7

图7 萨尔茨堡智能卡 Salzburg Card

个),包含艺术和文化站点,以及住宿和其他便利设施的地理信息。第二组是包含互动旅游指南的应用程序(12个),允许通过比较不同的可能解决方案来预订旅行和旅游,鼓励用户和目的地之间的互动,提供机会与当地的旅游和文化参与者共同创造定制体验。第三组是包含专门用于莫扎特形象的应用程序,它将莫扎特在景点维度上进行开发。游客可以通过与奥地利作曲家相关的服务提供商直接互动来参与共同创造,让自己沉浸在虚拟现实空间中;还可以通过选择最喜欢的歌词和音乐在游览期间收听,以及通过轻松访问社交媒体来分享经验。单独分析最后两组应用程序,因为它们并不是单纯的地图或旅行指南。Salzburger Mittagsplaner App 是在智慧设施维度下开发的应用程序,整合了萨尔茨堡老城区的餐馆、酒吧、小酒馆和咖啡馆。基于云平台,它可以被多个移动终端用户设备访问,涉及二维码和 RFID 的使用。它允许游客通过选择座位和决定吃什么来直接与提供者互动,并在这个过程中积极干预体验。此外,该应用程序包含分享体验、与其他用户交换意见和偏好的功能。Toozla 应用程序鼓励游客身临其境,让游客可以在街道上一边行走一边聆听所在地的历史文化故事。而在这个过程中,游客必须基于个人喜好,在描述不同景点的几个故事中进行选择。

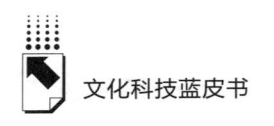

三 美国智慧文旅产业生态

有关美国智慧文旅产业生态，迪士尼是最典型的例子。迪士尼的"MyMagic+"智能系统（见图8），2013年3月，在美国佛罗里达奥兰多市沃尔特·迪士尼世界度假区开始测试和试点。其主要载体就是Magic Band手环。迪士尼总共花费了10亿美元研发这个嵌有无线射频识别（Radio Frequency Identification，RFID）芯片的可佩戴设备。对游客而言，它承载了近距离的触碰支付、预定、检票等功能。而且，Magic Band手环能够在游客访问迪士尼乐园之前送往游客家中，并能够被重复使用。一个家庭可以提前订餐，在到达饭店时雇员早已准备好食物，而且知道这个家庭的名字和落座的

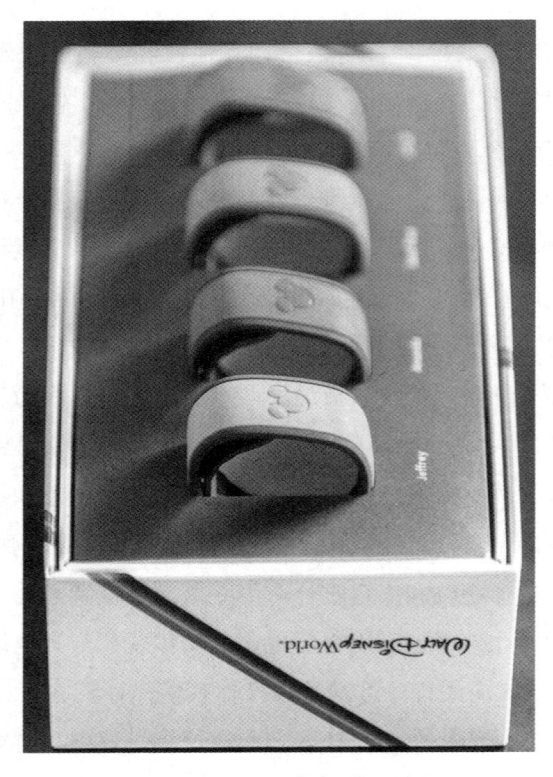

图8 "MyMagic+"智能系统界面

位置。对迪士尼而言，可用它来远距离追踪游客在园区内的行走轨迹；利用实时数据和大数据分析，可以辅助进行决策制定；为游客提供更好的体验以带来更多的经济效益，而消费更加便捷也能促进更多的消费。比如何时增加员工、餐厅应该提供何种食物、何种纪念品更受欢迎以及到底需要多少身着卡通人物服装的员工在主题公园内循环表演。而有关顾客喜好的数据还可以被用来向游客发送电子邮件或文本信息，以提醒他们餐厅菜单的变更情况或某个游玩项目突然开放临时排队窗口等紧急情况。

除迪士尼这个典型案例外，波科诺山脉度假区、科罗拉多州 Steamboat 滑雪场等多地也早已借助 RFID 手段，通过智慧手表提供更智慧的服务。

四　日本智慧文旅产业生态

提到日本的智慧文旅项目，TeamLab 光影互动展可谓现象级的沉浸式体验项目。最著名的"花舞森林"用电脑编程、传感器、投影、灯光、互动动画、音乐效果和玻璃组成一个奇妙空间，春夏秋冬四个季节的花分布在不同区域，人群聚集的地方会百花齐放，观众用手触碰后花朵会开始凋谢，与观众产生了实时互动。

阿寒摩周国立公园的 KAMUY LUMINA 是 2019 年 Moment Factory 结合当地丰富的自然风光与北海道土著阿伊努人的文化所打造的一场沉浸式体验（见图 9）。阿寒摩周国立公园原本以原始的火山口湖泊、古老的森林和温泉而闻名。多媒体夜间之旅 Kamuy 就是以当地传说中的森林幽灵命名，通过全息投影技术、互动装置等，还原出原本充满生机的森林的样子，讲述猫头鹰通过寻找使者来拯救陷入困境中的人们的故事。KAMUY LUMINA 从当地的传统歌曲中汲取灵感，使游客沉浸在一个充满奇幻景色的光影森林世界中，通过用棍子有节奏地敲击与森林里的光影和多媒体视觉进行互动。而为了尽可能地减小对当地动植物的影响，项目团队结合了当地环境和旅游的需求，专门定制了一系列的技术来维护当地的生态环境。

图9　阿寒摩周国立公园的 KAMUY LUMINA

大阪城公园的 SAKUYA LUMINA 讲述了来自未来2098年的少女阿基娅（Akiyo）因为好奇心而穿越时空之门来到2018年的大阪城的故事（见图10）。SAKUYA LUMINA 是一种夜间巡游体验，游客可观看一场包含9个章节的故事秀，女主角阿基娅要与她的伙伴收集现代人的笑容，通过各种互动装置完成任务并获取到足够的灯光，才能照亮回家的路。"欢乐灯光画廊"章节将数位特效与大阪元素紧密融合，游客只要靠近电视墙画面，就会出现许多可爱的数位特效可以进行互动，特效中还融合了许多大阪本地元素。"会说话的石头"一幕中，石墙化身一个个可爱角色，有的大笑，有的抱怨，仿佛走进了奇幻电影中。"微笑之树"使用了 QR code：大家走到光圈前，先扫描进场时送的书签上的 QR code，再对着眼前的镜头不断笑，就会见到自己变成梦幻世界的一分子，造型得意有趣。"稻荷神"展区有长达数分钟的灯光投影特效，狐狸神像栩栩如生地教导着 Akiyo 和小精灵们该如何回到原本的时空。"时空之门"处，石墙上投映着旅行最终乐章的大型影像，例如突然出现了时空隧道、Akiyo 跟小精灵们站在石墙上说着话、灯光不断地转变特效等。"欢乐之花"是观众离开树林去终点大阪城天守阁时的一幕，进场前，职员会先扫描你手上的 QR code，你的样子就会出现在城墙上，大家可以站在对面的楼梯上慢慢寻找自己的笑脸。

有别于传统夜游模式，沉浸式夜游力求身临其境，使游客"沉浸"于

图 10　大阪城公园的 SAKUYA LUMINA

景区里；在各种娱乐或消费体验过程中获得交互和反馈，从而塑造多元的娱乐体验，满足用户的心理需求。

五　韩国智慧文旅产业生态

近几十年来，韩国政府中承担旅游业务管理的部门在不断变化着，这也反映出韩国政府对文化和旅游关系的认识不断变化。1990 年，韩国成立文化部。1993 年，机构改革，成立文化体育部。1998 年，韩国有了文旅融合发展的势头，成立文化观光部。2008 年，原文化观光部再次合并，成立了文化体育观光部，直至现在基本稳定。

韩国智慧文旅产业的发展也是基于智慧城市的建设。以首尔市为例。首尔智慧城市建设基于信息技术的高效城市管理安排了总共 614 种信息系统，覆盖了住房、环境、文旅、健康、交通、基建、税务等不同领域。它经过了五个阶段的发展。第一阶段是 1990~1999 年，即首尔智慧城市初步建立以信息技术为基础设施的计算机化阶段。第二阶段是 1999~2007 年，主要绘制了发展路线图，并推动了城市服务与信息的实时在线连接。第三阶段是 2007~2011 年，主要是为应对移动互联网的冲击，强调公共参与和共享的

Web 2.0 的网络化阶段，以"U-Seoul"计划为标志。第四阶段是 2011~2015 年智慧政府阶段。首尔市通过推进"智能首尔 2015 年计划"，旨在整合在线和无线基础设施和为市民提供定制的服务，并利用大数据和数据开放推动公共数据的应用，以推动公众参与开放政府为目标。第五阶段是 2015~2020 年，首尔市希望通过"全球数字首尔 2020 计划"，确保自身在高度互联的数字时代的全球领先地位，并提升市民福祉。①

I Tour Seoul 是韩国智慧文旅的重要实践（见图 11）。"指尖上的首尔"智慧旅游工程主要包括两个后台数据库的建设（见图 12）。一个是官方网站——首尔旅游局②。它把最核心的旅游资源以及旅游的节庆活动放在上面，具有指示功能。另外有一个姐妹网站作为数据库，主要提供一些深入的旅游信息。此外还针对前端做了手机应用 I Tour Seoul，使得前后端都有很好的即时功能。I Tour Seoul 可以提供手机租赁功能；多语言的移动信息查询和导航服务，包括天气、历史文化、景点、项目、交通、购物、餐饮、住宿、娱乐、美容和医疗在内的全方位信息服务；定制私人旅游线路；提供优惠券、电子导游书等丰富的附加服务；利用拍摄功能将旅游照片即时上传，与全世界的驴友共享。游客还可以通过手机程序获得定制的私人旅游线路，根据个人日程合理安排，将有限的旅游时间最大化利用。

在中国的智慧文旅产业发展得如火如荼的背景下，中国人以智慧文旅为课题所做的研究，或以中国为案例所做的智慧文旅研究，成为全球专业期刊中同类研究的主体。以"智慧文旅"为课题的外文文献资料较少，但是西方发达国家的智慧文旅产业中未必没有精彩的实践。

欧洲以"智慧旅游目的地"和"旅游体验共创"为智慧文旅产业生态研究的理论基点。米兰以举办第 42 届世界博览会自上而下地开展智慧城市建设为契机推动旅游产业智能化；伦敦在"智慧伦敦计划 2011—2021"框架下，由政府与企业合作，被构建成为绝佳的智慧旅游目的地；威尼斯在资

---

① 《"市民即市长"：韩国首尔的未来城市观丨WeCity 档案》，微信公众平台，2020 年 6 月 8 日，https：//mp.weixin.qq.com/s/wEhzT1V5v-g0342g7JkPEw。
② 参见 https：//www.visitseoul.net/index。

图 11　I Tour Seoul

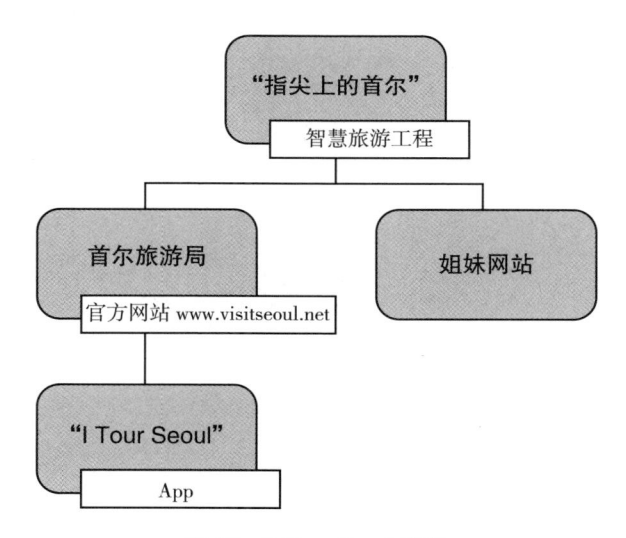

图 12　I Tour Seoul 架构

产和技能的驱动下,着力打造管理旅游信息和电子商务的 Venezia Unica;萨尔茨堡在"2025 年总体规划——萨尔茨堡智慧城市"指导下,采用网站、智能卡和应用程序三类智能工具,力图实现宜居性、智能网络、可持续移动性和开放协作的目标。美国借由智慧手表拓展智慧文旅产业生态建设,其最具代表性的案例就是迪士尼的"MyMagic+"智能系统。日本将智慧技术用

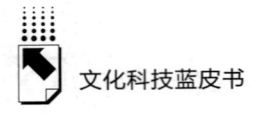

于沉浸式夜游项目中，阿寒摩周国立公园的 KAMUY LUMINA 和大阪城公园的 SAKUYA LUMINA 因此吸引了大批游客。韩国智慧文旅产业的发展同样基于智慧城市的建设，"指尖上的首尔"智慧旅游工程在首尔智慧城市建设的基础上展开。

因而，不同土壤上生发出的不同形态、不同模式的智慧文旅案例也应该得到我们的注意，有待相关理论研究者多多走到现场考察，获得翔实的一手资料，为我国智慧文旅产业未来的健康长远发展提供借鉴。

B.18
欧美电子游戏开发相关技术分析报告（2021~2022）

叶文浩*

摘　要： 从元宇宙概念爆发的2021年起至2022年上半年，Epic Games、英伟达等欧美技术领先企业相继公布的电子游戏开发相关技术主要聚焦在制造更逼真视觉效果上，对玩家的游戏体验产生了三点影响：在游戏过程中追求更逼真的视觉效果、游戏沉浸式体验受数据演算能力影响、相关技术品牌引导玩家的游戏消费。这种趋势指向了游戏产业对提升游戏演算能力的追求，游戏开发云技术应时而生。云技术极大提升了建模、编程等游戏开发工序的效率，为玩家呈现跳脱游戏设备能力限制的更高质量的游戏体验。

关键词： 游戏开发　玩家体验　视觉效果　云技术

2021年，元宇宙相关概念冲击游戏产业内外，也让游戏开发者将元宇宙视为一种技术发展契机，意图使用更尖端的游戏开发技术，为玩家建造出更接近"以假乱真"的游戏世界。目前，受玩家追捧的海内外知名电子游戏几乎都使用了虚幻引擎（Unreal Engine）、Unity引擎等以欧美国家主导的游戏开发及相关的技术。游戏开发流程内含角色设计、玩法设计、脚本内容、底层系统等方面。技术水平相对更加成熟的西方游戏产业在这一年多的时间里主要聚焦在哪些方面的技术创新？这种创新方向对于游戏玩家的游玩

---

* 叶文浩，深圳大学文化产业研究院，研究方向为电子游戏审美研究。

体验而言意味着什么？本报告将根据游资网、游戏大观、游戏陀螺[1]等游戏产业资讯网站跟进西方游戏产业发布的文章，以被誉为"元宇宙元年"的2021年起至2022年上半年，对这一时间范围公布的与游戏开发相关的技术进行列举和简析。[2]

一 欧美电子游戏开发相关技术简介

对表1列举出的信息，下文将站在游戏玩家的体验角度介绍上述技术如何为玩家提供更好的游戏体验。

表1 2021年至2022年上半年公布的欧美电子游戏开发及相关技术

技术项目名称	公布日期	自研方	所属领域	功能简介	实践项目
虚幻引擎-MetaHuman Creator工具	2021年2月	Epic Games	云技术与3D模型制作	利用云端储存海量人脸骨骼、五官、毛发、肌肉动作等数据，用户根据实际需求自行下载和修改，也可结合演员的动作捕捉数据让虚拟人更趋向真人	已公布演示视频，暂未正式面世或投入大规模项目实践
虚幻引擎5-Nanite系统	2021年5月	Epic Games	3D模型制作	增加渲染细节和渲染对象，同时加快渲染速度且减轻渲染设备的运算负担	已公布演示视频，暂未正式面世或投入大规模项目实践
虚幻引擎5-Lumen系统	2021年5月	Epic Games	3D模型制作	让虚拟物体表面拥有无限次数的反射和漫反射，从而形成各种光照条件下的不同光影效果	已公布演示视频，暂未正式面世或投入大规模项目实践

---

[1] 游资网（https://www.gameres.com/）、游戏大观（http://www.gamelook.com.cn/）、游戏陀螺（https://www.youxituoluo.com/）。

[2] 我们需要注意两点。第一，受限于作者对当今游戏产业的了解程度和资料获取的来源，部分开发技术可能未得到列举。第二，本报告将讨论时间范围设置为"元宇宙元年"的2021年起至2022年上半年，部分知名度更高、在游戏中为玩家带来上佳游戏体验的技术，因发布时间不在此范围内而不纳入讨论。例如英伟达公司（NVIDIA）的"RTX"技术（Real Time Ray Tracing，实时光线追踪技术）早在2018年8月14日的SIGGRAPH 2018现场公布，哪怕在《赛博朋克2077》等游戏大作中使用，也不纳入讨论范畴。

续表

技术项目名称	公布日期	自研方	所属领域	功能简介	实践项目
Substance 3D 系列	2021年6月	Adobe	3D模型制作	可参数化编辑素材增强视觉逼真感，例如2D图片快速转换成3D模型的表面材质，还可以将数字资产直接导入游戏引擎深入编辑	已运用至《极限竞速：地平线5》等大型游戏的开发中
AI虚拟角色动作系统	2022年3月	英伟达（NVIDIA）	3D模型制作	经过人工智能学习生成的虚拟角色能做出更接近真人的肢体动作	已公布演示视频，暂未正式面世或投入大规模项目实践
Scalar技术	2022年3月	育碧（UBISOFT）	云技术	可将物理引擎、AI算法等开发工具上传至云端，增强游戏开发和文件运行的演算能力	育碧斯德哥尔摩工作室已利用该技术开发新IP

（一）"栩栩如生"的虚拟角色

由于创造者是人类，游戏世界中的基础行为逻辑不会脱离现实规则，在电脑等设备中运行的游戏可做到"求实"与"虚拟"的互相结合，前者为后者提供数据基础，后者从全新角度诠释前者。[①] 因此是二次元动漫风格，抑或是写实拟真风格，游戏世界内的一花一木与现实世界的种种事物越接近，就越不会让玩家产生"异样感"，即无法联系个人生活经验进行解释，也就越能吸引玩家沉浸在游戏世界中。换言之，在大部分游戏里，玩家操控和面对的大部分角色，外表契合现实事物的程度与玩家得到的游戏体验成正比。

1. 英伟达——虚拟角色动作系统

英伟达（NVIDIA）公司成立于1993年，创始人是美籍华裔黄仁勋。该公司主打图像处理技术，目前已自主研发可由人工智能进行深度学习和处

[①] 黄鸣奋：《电脑艺术学》，学林出版社，1998，第441~442页。

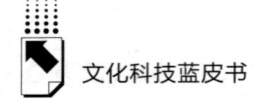

理、增强影像视觉效果的 RTX 等技术。

表 1 列举的虚拟角色动作系统公布于 2022 年 3 月 22 日，该公司官网直播 NVIDIA GTC（GPU Technology Conference，GPU 技术大会）。该系统沿用了英伟达引以为豪的人工智能底层技术。基于现实世界的物理规则，虚拟人物在虚拟环境中进行海量数据的学习，从而能够"模仿"现实中人类的各种肢体动作。由该动作系统创造出的虚拟角色能让玩家感到"更逼真"的原因有两点。

其一，角色动作更复杂。大部分游戏角色并不会被赋予过多的肢体动作，以节约开发资源。英伟达利用人工智能形成的虚拟角色添加了更多"小动作"，例如执行"挥舞武器"的动作指令时，每一个关节、每一根手指都需要花费时间进行细致的调整，但英伟达系统训练的虚拟角色只需输入简单的话语指令，就可以将武器挥舞至半空并加上额外的小幅转动手臂的动作，然后这条手臂回到原位时还会加以旋转手腕。这种小动作的加入增强了虚拟角色肢体动作的可看性，并且让其在行为举止上更接近肢体动作复杂的人类。

其二，角色动作更连贯。例如"攻击"动作，在一些游戏中玩家输入指令时，某个游戏角色的动作变化大致为"奔跑中—小跑减速—静止在原地—挥舞手臂—击打动作"。而在英伟达发布的演示视频中，这名虚拟角色可以根据指令，将动作的变化拆分大致为"奔跑中—收束脚步—重心略微向后—小跑减速稳定下肢—上肢往握着武器的手臂倾斜—手臂挥舞武器击打动作—另一条手臂随着惯性顺势摆动"。更连贯的动作让虚拟角色看起来更灵活自如，不"呆板"，也就更像是一名肢体运用自如的"人类"。①

2. Epic Games——MetaHuman Creator 工具

Epic Games 成立于 1991 年，创始人是 Tim Sweeney，发展至今已是美国乃至全球颇负盛名的游戏产品与游戏引擎研发公司。大型多人在线游戏，例

---

① 《GTC 2022 大会：英伟达 AI 动作系统颠覆认知，让开发工作秒变"拍戏"》，游戏大观网，2022 年 3 月 24 日，http：//www.gamelook.com.cn/2022/03/477159。

如在如今被列入"类元宇宙"的《堡垒之夜》与被全球广泛使用的虚幻引擎（Unreal Engine）游戏开发工具皆出自该公司。

MetaHuman Creator 的诞生并非一夜之间。主创团队早已意识到，越是要在3A游戏里提供逼真感的数字虚拟人，就越要让虚拟角色对人类进行精细的模仿，也就越需要更加复杂和庞大的数据支撑，因此该虚拟人创造工具经过了该公司数十年的研发才得以诞生（见图1）。MetaHuman Creator 面向所有人开放，所有文件上传至云端，供用户下载和使用。对玩家而言，该工具对游戏体验提升的效果在于强化了视觉逼真感，仿佛面对真人一样，可分为两个方面。

图1　MetaHuman Creator 界面示例

资料来源：《METAHUMAN 轻松制作高保真数字人类》，Epic Games 网，https://www.unrealengine.com/zh-CN/metahuman-creator，最后访问日期：2022年3月25日。

其一，MetaHuman Creator 中的所有人体数据是扫描自现实世界的各性别、人种、体态等不同外形的人士，利用 Epic Games 引以为豪的虚幻引擎技术，完整保留了已扫描的真人皮肤的毛孔、毛发等细微信息。玩家在游戏中运行的这些数据将再现还原成最初被扫描真人的形象。

其二，虚拟人的创造不会偏离真实人类的相貌基底。该系统允许用户修改身体数据，创造出不同年龄、长相、体态的虚拟人。但是这些面向游戏玩

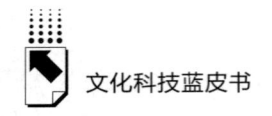

家的虚拟角色将严格遵守MetaHuman Creator给予的皮肤、眼部、牙齿、妆容等子数据库进行外形变化。[①] 不同用户创造出的虚拟人形象仍然形似真人。[②]

（二）高度模拟现实的游戏世界

1. Epic Games——Nanite与Lumen系统

在开发游戏的过程中需要进行"渲染"（render）工序，即给游戏内的模型披上模仿现实事物的材质、光影等视觉素材。渲染的最基本单位是三角形，即"三点确立一个平面"。[③] 多个三角形构成形状不一的三维几何模型。三角形面数越多，模型就越精细，越能模拟出现实世界的各种非几何物件，甚至是各种生物。因此渲染能力的强弱将直接影响玩家得到的视觉体验的好坏。

Epic Games自研出品的这两个引擎技术系统，全称分别为"Nanite虚拟几何体系统"与"Lumen全局光照和反射系统"，它们是该公司自研的第5代虚幻游戏开发引擎内含的核心技术。这两大技术均提高了游戏开发的模型渲染速度，增加了可渲染三角形的数量，搭建了一个细节更丰富、更具真实感的游戏世界。并且利用这些技术的游戏世界可实时更新视觉效果，也就是每时每刻地根据世界内各种事物的交互和变化，呈现符合现实逻辑的视觉效果变化，由此让游戏玩家得到无异于现实的肉眼感官体验。本报告以Epic Games在2021年12月发布的《黑客帝国觉醒：虚幻引擎5体验》为例，简单介绍这两大系统的视觉体验。[④]

Nanite虚拟几何体系统注重的是模型的细节，即可实时渲染的三角形面数更多，并可渲染更加细微的三角形。无论远看还是近观，都能够让玩家得

[①] 《面部创建指南》，Epic Games网，https：//docs.metahuman.unrealengine.com/zh－CN/overview/face/，最后访问日期：2022年3月25日。

[②] 《METAHUMAN轻松制作高保真数字人类》，Epic Games网，https：//www.unrealengine.com/zh-CN/metahuman-creator，最后访问日期：2022年3月25日。

[③] 《3D引擎为什么使用三角形绘制曲面》，腾讯云网，2018年11月20日，https：//cloud.tencent.com/developer/article/1365466。

[④] 《走进〈黑客帝国觉醒：虚幻引擎5体验〉》，Epic Games网，2021年12月9日，https：//www.unrealengine.com/zh-CN/wakeup。

到细节更丰富的视觉效果。① 在由程序生成的美式城市里，玩家犹如置身在现实中的大街小巷，既能远观每一栋楼的整体造型，也能走上前细看某一面墙的斑驳痕迹，仅用肉眼便能捕捉每一处虚拟模型的细节。

Lumen 全局光照和反射系统注重的是光影的细节，能够渲染无数次的漫反射和间接高光反射视觉效果，在模型表面呈现不同环境下的反光、倒影等光影效果。② 玩家操控镜头"漫步"在虚拟街区中，看到路面上的水坑反射着摩天大楼和每层楼的点点灯火，而且水坑每一颗凹凸不平的沥青都能独立反射周围环境的光线，并随着虚拟人流与车流的来往，自动演算出每一刻光线照射和阴影遮挡下的光影效果。

2. Adobe——Substance 3D 系列

Adobe 成立于 1982 年，是一家连非游戏玩家都十分熟悉的图像处理技术公司——中国网民口口相传的"照片 PS"便是源自该公司自研出品的 Photoshop 图像处理软件。Adobe 虽然出品了 Adobe Acrobat DC 等经久不衰的办公软件，但并不满足于此，而是多年来不断推陈出新，推动图像处理及相关游戏开发技术的发展。

2021 年 6 月，Adobe 更新了 Substance 图像软件系列，推出以 3D 技术为创新点的 Substance 3D 系列软件。这一系列软件各有特点，表 2 将分别介绍各软件的技术和特点，整合总结出相应的游戏体验优势。

表 2 Adobe Substance 3D 系列软件

软件名称	主要技术	分支特点
Stager	视觉效果渲染	模拟照明、物体间物理关系、文件格式转换等
Painter	3D 模型表面绘图	多种视效的智能笔刷、高分辨率、兼容多种软件和引擎等
Sampler	2D 照片转换 3D 材质	人工智能演算、精细化处理材质细节、资源分享社区等

---

① 《Nanite 虚拟几何体》，Epic Games 网，https：//docs.unrealengine.com/5.0/zh－CN/RenderingFeatures/Nanite/，最后访问日期：2022 年 3 月 28 日。
② 《Lumen 全局光照和反射》，Epic Games 网，https：//docs.unrealengine.com/5.0/zh－CN/RenderingFeatures/Lumen/，最后访问日期：2022 年 3 月 28 日。

续表

软件名称	主要技术	分支特点
Designer	视觉效果参数化	将难以描述的视效参数化为节点和图表、参数建模、模拟预设图表等
Modeler	精细制作3D模型	可利用VR进行更直观的雕刻工作、深入和完善模型细节等

资料来源：《3D设计软件、AR设计软件和应用程序》，Adobe网，https://www.adobe.com/cn/products/substance3d/3d-augmented-reality.html，最后访问日期：2022年3月29日。

结合表2，我们可以得出该系列软件的核心技术在于"图像可参数化"，允许美术人员将脑内的艺术构想"转译"成这些工具能够读懂的数字语言，然后通过这些软件修改数据，创作出想要的视觉效果。该系列软件对于玩家体验的作用在于，游戏开发者可借此创造出源于现实但又超脱于现实，或者无限还原现实的视觉奇观，为玩家带来了丰富的视觉享受。

例如2021年11月9日发售的模拟赛车游戏《极限竞速：地平线5》便使用了该系列软件进行视觉效果开发（见表3）。其中使用了Designer软件将扫描自现实世界的树叶、卡车轮胎、道路泥泞等图像参数化，然后为这些图像创造更多的"节点"、添加了更多的材质效果表现更复杂的视觉效果。开发人员根据游戏环境的实际情况，选择合适的节点路线，混合相应的材质效果，由该软件计算出特定路线的数据，呈现预期效果。①

表3 《极限竞速：地平线5》应用Adobe Substance 3D系列软件（以轮胎模型为例）

模型特点	节点创建情况	呈现效果
形成最基本的轮胎模型，复制出现实世界巨型卡车具有的沟槽和凿子		

① 《极限竞速：地平线5 | SUBSTANCE 3D创新材质工作流》，bilibili官网，2022年2月15日，https://www.bilibili.com/read/cv15264210/。

续表

模型特点	节点创建情况	呈现效果
添加更多小细节，例如因行驶在不同道路而可能会出现的切口、划痕等，将更多材质文件与基础模型文件混合在一起		
深化轮胎模型的视觉特征，添加油漆斑点、灰尘污垢等更多材质，将赛事经历、跑路情况视觉化		

资料来源：《极限竞速：地平线 5 | SUBSTANCE 3D 创新材质工作流》，bilibili 官网，2022 年 2 月 15 日，https：//www.bilibili.com/read/cv15264210/。

（三）维持游戏沉浸式体验

育碧（UBISOFT）公司成立于 1986 年，采取全球协同合作的项目运作模式。除了法国本部外，育碧在加拿大蒙特利尔、美国旧金山、中国上海和成都等地均设有工作室。每个工作室各司其职，每年为全球玩家带来《刺客信条》《看门狗》《孤岛惊魂》《彩虹六号》等人气游戏系列的续作。

育碧发展至今仍是玩家津津乐道的游戏公司，原因之一在于该公司不断进行自研技术创新。2022 年 3 月，育碧公司在本届游戏开发者大会（GDC）召开之际，对外公布了一项全新自研"云"技术——Ubisoft Scalar。该技术最大的优点在于云端运算，突破了本地设备运算能力的局限性。对于游戏开发者而言，这项技术允许将已有的人工智能演算、音效制作、物理引擎等游戏开发相关数据文件上传至云端，并利用能力更强大的云端平台进行各种模

291

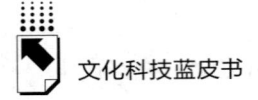

型细节的演算和组建，提高开发者搭建游戏世界的效率。① 对于游戏玩家而言，最大的特点就是消除自有游戏设备的能力局限而保持高质量的游戏沉浸式体验，可分为两方面。

其一，玩家无须为了更新官方版本而退出游戏。游戏玩家需要将游戏文件下载至本地设备后才能开启游戏。游戏开发者在游戏发售后仍需对游戏文件进行实时监测，及时修复漏洞和发布新内容，这就与游戏玩家当初下载的文件产生数据偏差，玩家自有的游戏文件仍然保留一些待修复的问题或者缺失最新内容，因此需要玩家检查游戏文件的完整性，下载最新数据以查漏补缺。那么这一过程需要玩家主动退出游戏，过段时间才能打开最新版本的文件。根据育碧官方介绍，利用该技术运行的游戏无须玩家退出游戏，避免了因设备持有的游戏文件与官方版本不相同而让玩家被动迎合，被迫退出游戏而强行打断游戏沉浸，减损自身的游戏体验。②

其二，玩家能够实时体验最新内容。云技术的优势在于"提前"处理好数据，例如提前对游戏世界进行视觉效果渲染等，玩家只需将处理完成的相关数据下载即可。该技术不同于云游戏技术——需要从远程的系统上传输完整的游戏数据至玩家设备上，Scalar技术能够让玩家在游戏体验的过程中（需保持联网状态）下载好游戏开发者更新的部分数据文件，然后直接安装在游戏世界里运行，玩家能够及时体验到新的游戏内容而维持游戏沉浸式体验。

二 玩家体验视角下的技术发展趋势

游戏产品的生产目的无外乎得到玩家的游玩，游戏玩家的体验需求促使

---

① 《育碧公布云原生技术 Ubisoft Scalar 创新突破改变游戏开发和体验方式》，育碧游戏网，2022年3月21日，https://zh-cn.ubisoft.com/news2/show/2543?from=from_parent_mindnote。

② "Ubisoft Scalar Promises to Change the Way Developers Make Games," Accessed March 18, 2022, https://news.ubisoft.com/en-us/article/6mEL7uExWMczw4HpZSCg6v/ubisoft-scalar-promises-to-change-the-way-developers-make-games?from=from_parent_mindnote。

相关技术的更新。站在玩家的视角，如今游戏开发相关技术的发展趋势可拆分为三个部分。

（一）视觉效果主导游戏体验

游戏开发技术水平直接反映在玩家的视觉、听觉乃至触觉和嗅觉的感官体验上，例如部分VR设备配有特制的手套甚至是气味传感器，能够让玩家身处360°虚拟场景的同时触碰到虚拟物体乃至闻到虚拟气味。但经过上述分析我们能够得出，2021年至2022上半年的游戏开发及相关技术的发展趋势集中在提升视觉效果上——这与元宇宙影响下的游戏市场前景，与身为消费者的玩家主流的游戏需求相关。2022年1月，Newzoo与谷歌联合发布的报告指出，存在一种游戏市场趋势：游戏玩家越发想要在游戏世界里创造属于自己的独特天地，并展现独一无二的虚拟身份。[1] 这意味着玩家想要让游戏世界里的其他用户"看得出"自己表现出来的种种个性和思想情感，这也暗示了未来的电子游戏及相关项目将会以玩家的眼睛作为最主要的虚拟体验器官。虚拟角色与游戏世界是玩家的两大视觉体验对象，需要依靠更加强大的游戏开发实力得以创造。

上述的大部分开发及相关技术均能利用更强大的数据运算能力，为玩家计算并呈现更加动人的虚拟角色与游戏世界。Epic Games推出的MetaHuman Creator能够在更短的时间内，借助虚幻引擎技术创造出毛孔清晰、脸部肌肉灵活、眼神能够传达出一定感情的虚拟人物，与玩家产生更近的情感距离。Adobe Substance 3D系列软件为设计者准备了高清且逼真的素材库，并且设计者可使用Sampler软件将中意的素材图片3D化，还可用Designer等软件对已参数化的素材进行颜色、质感、光泽等方面的加工。将素材文件导入游戏引擎后还可以进行再加工，进一步提升玩家得到的视觉效果。

游戏开发及相关技术的如此发展，在未来的游戏过程中将强化视觉体验在游戏体验中的主导地位。利用这些技术制造的一花一木、一颦一笑越能调

---

[1] Newzoo，Google for Games，"Beyond 2021：Where Does Gaming Go Next，" 2022.

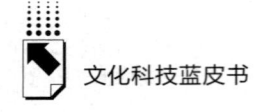

动游戏玩家的兴趣，就越能吸引玩家深入探索游戏世界，得到质量更高的精神体验。

（二）演算能力影响游戏沉浸

处理器的运算能力将直接影响游戏文件的运行效率，在单一的模型或虚拟角色上运行某个系统兴许只需要数十毫秒的时间，但是如今更庞大的游戏世界和更丰富的系统要求更长的总处理时间或是大幅提高同时处理大量数据的效率。① 因此无论是利用自研技术强化游戏开发的相关能力，还是利用云端突破物理设备局限，目前的游戏开发将为游戏世界更高的运转效率服务，让玩家更长久地留在游戏世界里。

腾讯研究院发布的专题文章认为，游戏世界能为玩家提升游戏沉浸感的要素包括实时提供更逼真的材质细节、光照、粒子特效，游戏世界里的事物能够准确模拟出现实的物理规则，游戏世界里的各种音效与虚拟场景深度融合等。② 结合上文，演算能力对玩家沉浸式体验的影响包含以下两个方面。

第一，演算能力提高与玩家下载获得的游戏世界相关素材的质量成正比。忽略不计游戏玩家拥有的游戏设备水平差异，即通过游戏设备呈现游戏世界效果的好坏，玩家下载获得越高质量的素材文件，就越不会在运行游戏文件的过程中产生可能让玩家打断游戏沉浸的因素，比如原本可模拟出细微毛孔的角色脸部变得粗糙，甚至因演算漏洞而"不成人样"。《黑客帝国觉醒：虚幻引擎 5 体验》使用的两大渲染技术与虚拟人创建平台便是在更短的时间，以及更有效的演算能力下，为玩家提供更精细的游戏画面，增强玩家的沉浸感。加之上述的 Adobe Substance 3D 系列软件，呈现逼真的视觉效果就需要相关技术进行算法更复杂的演算。

第二，演算能力提高可以为玩家随时更新更多游戏内容。早在两年前，

---

① 〔美〕伊恩·米林顿：《游戏中的人工智能（第 3 版）》，张俊译，清华大学出版社，2021，第 29 页。
② 胡璇、吴羽：《一文读懂游戏引擎：核心问题、适用场景与下一个十年》，腾讯研究院网，2021 年 6 月 8 日，https://www.tisi.org/18719。

育碧程序人员 Chris Jenner 就介绍说，除了填充固定的游戏体验内容外，还需要让游戏世界里的事物自行运转，与其他虚拟事物进行互动并做出反应，扩充游戏世界会产生的种种可能事件，让玩家不会因为熟悉了游戏流程而感到烦闷。[①] 育碧 Scalar 有别于其他云计算技术的创新点就在于，可以让游戏玩家在不退出游戏，即不强行结束游戏沉浸的情况下不断更新整个游戏世界，例如及时下载最新体验内容，并且利用云技术的强演算能力，演算出游戏世界更多的可能事件和对整个世界的影响。玩家无须预留出下载补丁文件的时间，即可开始体验新内容，以更加智能化的方式维持了游戏沉浸式体验。另外，《黑客帝国觉醒：虚幻引擎 5 体验》使用的两大渲染技术则能实时演算更新视觉模型的效果，组合成更加生动的游戏世界。

（三）技术品牌引导游戏消费

如今的游戏玩家会将某游戏的开发者使用的游戏开发技术品牌作为该游戏产品的消费参考对象。在这一层面，游戏开发便起到了"品质宣传"的作用。上述的自研品牌在游戏产业占领头位置，许多知名游戏使用了这些技术，使玩过这些游戏的玩家了解到该游戏技术的品牌，在提升游戏品质的同时为技术品牌带来了优良口碑。

以游戏角色为例，玩家所看到的虚拟人物的各种肢体动作，可细分为每个小关节、小肌肉。不同程度和不同角度的动作所产生的数据需要指数级的运算能力才能分解和呈现。上文已介绍，英伟达 2022 年的 GTC 大会所公布的虚拟角色动作系统是以人工智能技术为驱动力，对人类肢体动作进行深度学习。系统用户无须输入复杂的代码指令，只需输入一句口语化的表述，简要说明虚拟人物接下来的动作，该系统就能给予正确的反馈，产出视觉效果更流畅且细节更丰富的虚拟人物动作。

目前的游戏引擎及相关的游戏开发技术性能评价标准不统一，一般的游

---

① 《育碧资深开发者：开放世界游戏如何实现深度玩家互动？》，游戏大观网，2020 年 11 月 27 日，http://www.gamelook.com.cn/2020/11/405141/。

戏玩家难以从专业角度评判相关技术。加之欧美国家的游戏开发及相关技术的研发的确起步更早，运用到了国内玩家耳熟能详的游戏经典上。[1] 因此对于玩家而言，"所见即所得"，借助某些技术开发出来的游戏视觉效果越好，玩家对更高体验价值的追求就转换成了对游戏技术品牌的选择。英伟达每年举办的GTC大会会向业界公布最新的研究成果和技术项目，每一次大会都能凭借最新自研技术为观众带来极大的视觉震撼，因此是整个游戏圈和技术人员关注的产业热点之一。2022年3月，全球游戏平台Steam调查受统计玩家使用的显卡产品前20名中，英伟达自研出品GeForce GTX和RTX共占18席，并垄断了前10的位置，而且这些显卡的使用率大多有所提升。[2]

三 技术展望：云技术提升游戏演算效率

诚如上文所言，目前的游戏开发及相关技术是朝着更精细、更生动的游戏感官效果发展，这也影响了玩家对一款游戏质量的评价和相关产品的消费，这种发展趋势指向了游戏产业对游戏数据演算能力的迫切需求，可概括为对游戏文件的演算能力越强，计算预期结果的速度越快，可得出的游戏表现效果越复杂，玩家能够获得的体验越丰富。结合我们在前文得出的结论，目前相关技术主要围绕着视觉效果增强发展。就目前的游戏而言，如果玩家想要看到更精细且更流畅运行的游戏世界，就会对自有的游戏设备（如游戏机、电脑等）的显卡产生更高的演算要求。对"光追""高清画质"的视效追求无可厚非，但也让玩家的体验需求与"高性能"概念捆绑在了一起。

然而，最新的游戏开发相关技术意味着更高的处理和运算要求。无论是开发工作还是游玩体验，对游戏演算的最大限制因素仍然是现有机器设备的

---

[1] 许仁杰等：《游戏产业发展之游戏技术发展》，载孙立军、刘跃军主编《中国游戏产业发展报告（2017）》，社会科学文献出版社，2017，第126~127页。

[2] 参见Steam网，https://store.steampowered.com/hwsurvey/，最后访问日期：2022年4月2日。

物理限制。① 游戏开发者以最高标准开发出游戏产品，但玩家具体的游戏体验效果因游戏设备不同而存在差异。因此，游戏玩家的体验需求只能以自身所拥有的游戏设备为准。官方推荐的体验效果与玩家的体验需求出现了不一致的情况——游戏玩家要么以现有的游戏设备为准，降低模型精细度等参数，换来更流畅的游戏体验；要么就需要额外换购更高端的游戏设备以得到更高质量的感官体验。电子游戏的审美品质并不是以文件大小决定的。2019年TGA（The Game Award，被誉为游戏界奥斯卡）最佳游戏，即因为高难度而被玩家津津乐道的《只狼》文件大小约16G，游戏世界是一个日式城邑；2021年的人气作品之一，开放世界生存游戏《英灵神殿》的文件大小不到1G，游戏世界比《只狼》的苇名城更广阔，但建筑、植被等视觉细节逊于前者。不过如果需要接轨元宇宙，在制造出更广阔世界的同时保证精细的视觉细节，外加各种音效等感官体验因素，想必游戏文件大小只会只增不减，例如模拟了一整个地球的《微软飞行模拟》，文件大小约120G，外加700万G的地球素材。哪怕借助如今的5G网络提升下载速度，也几乎没有游戏玩家的设备能够将所有的素材文件同时加载运行。

要在满足玩家的感官体验需求与设备运算能力方面取得一定的平衡，除了降低前者标准以外，还可将后者无限上升乃至打破界限，电子游戏"云化"不可避免。云技术确保了所得体验效果的一致性，赋予玩家同样高效运行游戏文件的能力，玩家可得到同等品质的感官体验，降低了对终端游戏设备的演算能力要求，进而降低了玩家的游戏成本。② 因此玩家可以跳出现有设备能力的限制，只需在游戏设置中提交更高分辨率的画质、超高精度的渲染，甚至是光线追踪等高阶画面要求，让云端服务器按要求进行渲染工作，再通过网络把已完成的游戏世界带给玩家。例如上海米哈游公司借助云技术，推出了我国第一款手机云游戏《云·原神》，玩家无须下载近3G的

---

① 〔美〕伊恩·米林顿：《游戏中的人工智能（第3版）》，张俊译，清华大学出版社，2021，第28页。
② 胡鹏林：《云游戏的源流、运营机制与商业伦理》，《同济大学学报》（社会科学版）2021年第3期，第65~72页。

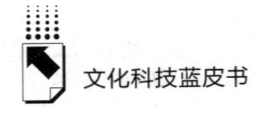

手机端文件或是近60G的电脑端文件，只需联网下载并运行已渲染好的视频流文件，就能体验到高画质的游戏。不光是欧美国家，我国对云技术的演算能力将在未来进行更深层次的挖掘，相信游戏玩家除了能够真正打破设备限制以外，还能够感受到因实时演算而"生生不息"的游戏世界，为游戏沉浸体验赋予新的生机活力。

综上所述，本报告以元宇宙爆发的产业剧变现状为起点，带各位一窥西方近一年以来的游戏开发技术发展及未来趋势，以及西方游戏开发技术对我国游戏玩家体验的可取之处。在了解和借鉴西方技术的同时，我们也需要认识到我国的游戏开发及相关技术同样优秀，在追上西方技术水平的同时将发展出自己的特色。例如我国的Cocos开发的Cocos Creator引擎，提供了从3A大型游戏至H5小游戏的一整套完整开发工具。另外我国的游戏开发也开始与云技术接轨：阿里巴巴的元境为游戏开发者提供云游戏开发与运行平台。还有由前腾讯高管创立的元象XVERSE，其自研的端云协同3D互动技术集合了实时云端渲染、流式传输等技术，能够建造多人实时交互、压缩体量更小、多平台协同的游戏世界。

游戏开发相关技术不断迭代创新，其核心目的就是让游戏开发者能"用得更顺手"，让自己的创意不受技术工具条件的束缚。而游戏创意的解放能够为游戏玩家带来犹如复制了现实世界，但比现实世界更加光怪陆离的虚拟景象。我们也期待中国未来的游戏能够借助这些优秀的游戏开发技术，为广大玩家带来品质上佳的"第九艺术"。

B.19
大事记

陈慧娴*

2021年8月

8月25日 第17届威尼斯国际建筑双年展中国国家馆展览开幕式在北京天桥艺术中心举办。此届中国国家馆展览以"院儿——从最大到最小"为主题，在深入挖掘"院落"在中国文化中从居住空间到社群到城市基本单元的不同内涵基础上，展现中国的集居智慧和"院落"在当代建筑设计中的无限可能。会上，中国国家馆策展人、清华大学建筑学院院长张利与参展建筑师代表崔愷和中国馆艺术指导吴洪亮、岳洁琼、赵鹏等围绕中国馆的策展理念、呈现方式、特色亮点等展开对谈交流，并在威尼斯中国馆现场与都灵理工大学教授米凯利·博尼诺以视频连线形式进行了互动。

中国—上海合作组织数字经济产业论坛智慧旅游分论坛在重庆举办，围绕"数智赋能：中国—上合组织国家文旅融合新时代"主题，集中展示智慧旅游产业的新成果，积极交流智慧旅游应用的新模式，共同展望智慧旅游发展的新前景。论坛期间举办了"中国（重庆）—上海合作组织智慧旅游中心"和"重庆国际文旅之窗"授牌仪式，并宣布上线"重庆——发现上合之旅多语种云展厅"。

8月27日 中央网信办发布《关于进一步加强"饭圈"乱象治理的通知》，提出了取消明星艺人榜单、优化调整排行规则、严管明星经纪公司、规范粉丝群体账号、严禁呈现互撕信息、清理违规群组版块、不得诱导粉丝

---

* 陈慧娴，深圳大学文化产业硕士研究生，研究方向为艺术学理论（艺术史与文化传承）。

消费、强化节目设置管理、严控未成年人参与、规范应援集资行为10项具体工作措施，同时明确各地要进一步提高政治站位，切实增强责任感、使命感、紧迫感，从维护网上政治安全和意识形态安全、营造清朗网络空间的高度认识和推进"饭圈"乱象治理工作。

2021年9月

9月2日 文化和旅游部发布《网络表演经纪机构管理办法》，旨在强化对经纪机构的管理，约束表演者行为，坚持正确的价值导向。无论是网络主播，还是开设直播账号的演艺明星，其背后的经纪公司都将纳入该办法的管理范围。《网络表演经纪机构管理办法》的出台，是文化和旅游部治理网络表演行业"娱乐至上""流量至上"等不良风气的重要举措之一。对从事网络表演经纪活动的机构明确准入资格、划定行为红线、规定执行细则，有利于促进网络表演行业健康持续发展。

9月3日 2021世界旅游城市联合会北京香山旅游峰会暨世界旅游合作与发展大会在北京国家会议中心举办。此次大会由世界旅游城市联合会、北京市人民政府主办，主题为"振兴世界旅游 赋能城市发展"，设有开幕式、全球视角、特别论坛、主旨演讲、研究成果发布、旅游城市可持续发展对话、专题论坛7个部分，会上发布了《世界旅游城市发展报告2020》《世界旅游城市未来发展议程（2021—2030）》。

9月15日晚 由文化和旅游部、河北省人民政府共同举办的2021"一带一路"·长城国际民间文化艺术节在廊坊丝绸之路国际艺术交流中心开幕。此届"一带一路"·长城国际民间文化艺术节以弘扬丝路精神和长城文化为主题，以促进民间文化艺术交流为重点，演出分为"美美与共""丝路之光""长城内外""时代华章""共建共享"五个章节，综合运用器乐、舞蹈、声乐、戏曲、杂技等多种艺术形式，充分运用声光电等现代舞美技术手段，生动展示了丝路和长城在促进各国文化交流与民心相通中的重要作用。

9月23~27日 第十七届中国（深圳）国际文化产业博览交易会在深圳开幕。本次展会突出中国共产党成立100周年重大主题，围绕"五位一体"总体布局、"四个全面"战略布局和"一带一路"倡议等重大主线，以及深圳建设中国特色社会主义先行示范区等内容，集中展示我国文化体制机制改革成果和文化产业发展成就。本届文博会首次尝试线上线下结合办展，云上文博会平台通过模拟线下场景，将六个展馆的展览内容在线上进行同步展示，并增设互联网馆和"一带一路"·国际馆。主会场共有2468家文化机构和企业等单位参展，比第十五届增加了156家。另有868家机构和企业线上参展。

9月25~27日 第16届中国义乌文化和旅游产品交易博览会在义乌国际博览中心开幕。展会以"共话百年 共同富裕 美好生活 美丽中国"为主题，设主题馆、美丽中国馆、诗画浙江馆等8个展馆，共3100多个标准展位。博览会的范围涵盖文化和旅游创意产品与设计服务、智慧旅游服务、创意旅游商品、茶道文化产品等内容。其中，文旅融合创新、突出数字赋能，是展会最大亮点。本届博览会采用线上线下联动模式，以提升参展商、采购商和观众的互动体验。博览会期间还举办了第13届中国旅游商品大赛、奇妙城市大会、"我爱浙疆·共富未来"浙江援疆旅游推介、"诗画浙江"金秋文旅消费季、2021创意产品义乌发布、首届"义乌好礼"城市文化旅游商品创意设计大赛成果展示、"百县千碗·知味义乌"美食盛宴等活动。

9月26~28日 2021年世界互联网大会·乌镇峰会在浙江省桐乡市乌镇开幕，本次大会有20个分论坛，围绕5G、人工智能、开源生态、下一代互联网、数据与算法等网络技术新趋势、新热点设置议题，回应各方对数据治理、网络法治、互联网企业社会责任、全球抗疫与国际传播等方面的普遍关切。

2021年10月

10月21~23日 2021中国（南京）文化和科技融合成果展览交易会在

南京国际展览中心（新庄）开幕。以"文'E'鼓楼 数创未来"为主题，鼓楼区借助融交会平台，集中展示5G、人工智能、大数据、区块链等新技术在文化领域的新应用、新场景，体现鼓楼"文创+科创"融合发展特色。本届融交会围绕广播影视、动漫游戏、演艺娱乐、文化旅游等行业数字化转型需求，集聚动作捕捉、云渲染、虚拟现实、大数据分析、区块链确权等产业前沿应用，现场展示和交易新技术、新产品、新一代解决方案。

2021年11月

11月11日 文化和旅游部公布《文化和旅游市场信用管理规定》，自2022年1月1日起施行。该规定明确了文化和旅游市场失信主体的认定与管理制度、信用信息的采集归集公开与共享制度、信用修复制度、信用评价制度、信用承诺制度和权利保障制度，坚持依法行政、合理关联、保护权益、审慎适度的原则，确保奖惩措施与守信失信行为相当，成为文化和旅游市场信用管理的基础和依据，标志着文化和旅游市场信用管理迈入法治化、规范化新阶段。该规定将有利于发挥信用在支撑"放管服"改革、推进政府职能转变等方面的积极作用，进一步提升现代治理能力，激发市场主体活力，为推动行业全面恢复和高质量发展提供支撑和保障。

11月19日 经文化和旅游部综合研究，确定了第一批国家级夜间文化和旅游消费集聚区名单，并予以公布。北京市东城区前门大街、天津市和平区五大道、上海市黄浦区外滩风景区、江苏省南京市夫子庙-秦淮风光带、湖北省武汉市江汉路步行街等120个项目入选第一批国家级夜间文化和旅游消费集聚区名单。这些集聚区符合文化和旅游发展方向、文化内涵丰富、地域特色突出、文化和旅游消费规模较大、消费质量和水平较高、具有典型示范和引领带动作用。

长三角广电网络数字经济联盟（以下简称"联盟"）在江苏南京成立，联盟由江苏省广电有线信息网络股份有限公司、华数数字电视传媒集团有限公司、东方有线网络有限公司、中国广电安徽网络股份有限公司共同组建成立，共同签署了首批 8 个项目的合作协议，分别是国家文化大数据华东区域中心建设项目、长三角智慧广电云平台建设项目、长三角区域宽带业务互联互通建设项目、长三角 5G 室内覆盖应用创新产业化基地建设项目、通用类产品联合集采项目、内容版权合作项目、长三角数字电视广告联投项目、数字化党建博物馆项目。联盟的组建旨在建设智慧广电全国高质量发展样板区、率先基本实现文化服务现代化引领区、努力构建广电数字经济区域一体化发展示范区、奋力打造新时代广电行业改革开放新高地。

11 月 22 日 中国旅游研究院国际研究所（港澳台研究所）发布了《中国出境旅游发展年度报告 2021》。该报告显示，2020 年全年出境旅游人数为 2033.4 万人次，同比减少 86.9%。2021 年，预测出境旅游人数为 2562 万人次，与 2019 年相比恢复 17%，与 2020 年相比增长 27%。相比疫情前过亿人次的出游规模，出境旅游依然基本处于停滞状态。

中国主题公园研究院在上海发布了《2021 中国主题公园竞争力评价报告》。该报告显示，截至 2019 年底，中国有 339 座主题公园，其中，25% 亏损、22% 持平、53% 盈利（经营性）。其中，上海迪士尼乐园保持中国主题公园竞争力综合评价第一位，珠海长隆海洋王国位居第二，深圳世界之窗紧随其后。深圳锦绣中华民俗村一跃而上位列第四，而深圳欢乐谷则倒退到第五位。本次报告确立了由区位竞争力、规模竞争力、项目吸引力和发展能力 4 个一级指标、10 个二级指标和 12 个三级指标组成的主题公园综合竞争力评价指标体系。

11 月 24 日 中央全面深化改革委员会第二十二次会议审议通过了《关于让文物活起来、扩大中华文化国际影响力的实施意见》。会议指出，要准确提炼并展示中华优秀传统文化的精神标识，更好体现文物的历史价值、文化价值、审美价值、科技价值、时代价值。要创新转化手段、强化平台建设、夯实人才基础、完善体制机制，以实施重大项目为牵引，提升文物科技创新能力和各项工作保障水平。要开展创新服务，使文物更好融入生活、服务人民，积极拓展文物对外交流平台，多渠道提升中华文化国际传播能力。

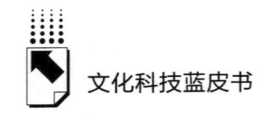

11月30日 工业和信息化部正式发布《"十四五"大数据产业发展规划》。该规划要求，到2025年，大数据产业测算规模突破3万亿元，年均复合增长率保持在25%左右，创新力强、附加值高、自主可控的现代化大数据产业体系基本形成。数据要素价值评估体系初步建立，数据流动自主有序，培育一批较成熟的交易平台，市场机制基本形成。关键核心技术取得突破，形成一批优质大数据开源项目，存储、计算、传输等基础设施达到国际先进水平。与创新链、价值链深度融合，新模式新业态不断涌现，形成一批技术领先、应用广泛的大数据产品和服务。

2021年12月

12月12日 由知名导演张艺谋担纲艺术顾问的印象系列又一力作、由三湘印象旗下观印象出品的大型室内沉浸式演艺项目《印象·太极》，在河南温县陈家沟成功试演。该项目历时三年，正式向观众开放。剧场由上半场《万象·太极》及下半场《印象·太极》构成，将具有现代感的沉浸式戏剧与传统的太极理念进行结合。整个演出共分为四个乐章，观众在观演中可以参与互动，感受阴阳、方圆、融合、平衡的身体和心灵净化。太极全域剧场作为一个空间，以多媒体数字科技赋能，围绕360°旋转舞台，彰显极致化的感官体验。

12月20日 小冰公司公布全新的数字孪生虚拟人技术，并联合每日经济新闻，将首批应用该技术的虚拟主持人与"每经AI电视"一同正式上线。据介绍，小冰框架首次实现视频采编播全流程的无人化操作。

12月27日 中央网络安全和信息化委员会印发《"十四五"国家信息化规划》，对我国"十四五"时期信息化发展做出部署安排。该规划提出，到2025年，数字中国建设取得决定性进展，信息化发展水平大幅跃升。数字基础设施体系更加完备，数字技术创新体系基本形成，数字经济发展质量效益达到世界领先水平，数字社会建设稳步推进，数字政府建设水平全面提升，数字民生保障能力显著增强，数字化发展环境日臻完善。

2022年1月

1月9日 首批国家级旅游休闲街区名单正式公示。该名单根据中华人民共和国旅游行业标准《旅游休闲街区等级划分》（LB/T 082-2021），经评审，北京市东城区前门大街、北京市朝阳区三里屯太古里、天津市西青区杨柳青古镇街区、河北省承德市双桥区金龙旅游休闲街区等55个街区上榜。其中历史人文类旅游景点为名单主要构成部分，如上海市黄浦区思南公馆街区、福建省福州市台江区上下杭历史文化街区、四川省成都市武侯区武侯祠·锦里等。同时也有现代化的商业街区，比如河南省郑州市二七区德化步行街、四川省成都市锦江区春熙路等。

1月12日 国务院印发《"十四五"数字经济发展规划》，提出以数字化推动文化和旅游融合发展，加快优秀文化和旅游资源的数字化转化和开发，推动景区和博物馆等发展线上数字化体验产品，发展线上演播、云展览、沉浸式体验等新型文旅服务，培育一批具有广泛影响力的数字化品牌。该规划还提出，打造智慧共享的新型数字生活。引导智能家居产品互联互通，促进家居产品与家居环境智能互动，丰富"一键控制""一声响应"的数字家庭生活应用。加强超高清电视普及应用，发展互动视频、沉浸式视频、云游戏等新业态。创新发展"云生活"服务，深化人工智能、虚拟现实、8K高清视频等技术的融合，拓展社交、购物、娱乐、展览等领域的应用，促进生活消费品质升级……支持实体消费场所建设数字化消费新场景，推广智慧导览、智能导流、虚实交互体验、非接触式服务等应用，提升场景消费体验。培育一批新型消费示范城市和领先企业，打造数字产品服务展示交流和技能培训中心，培养全民数字消费意识和习惯。

2022年2月

2月18日 长三角首届元宇宙数字生态大会在南京江北新区举办。会

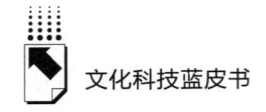

上,"数字安全创新中心"揭牌、江北新区元宇宙生态创新联盟成立,将打造江北新区数字安全产业高地,设立数字安全创新中心。大会表示,"元宇宙"背后是以信息技术为代表的新一轮科技革命和产业变革带来的数字经济。江北新区作为全省唯一的国家级新区,将始终坚守创新基因,紧抓"双区叠加"独特优势,积极推动"两城一中心"主导产业建设,以数字蓝海布局打造元宇宙"长三角样本"。

2月20日 中共中央宣传部、文化和旅游部、国家文物局印发《关于学习贯彻习近平总书记重要讲话精神 全面加强历史文化遗产保护的通知》,为新时代增强文化自信、加强历史文化遗产保护。该通知要求增强全面保护历史文化遗产的责任感、使命感;正确处理历史与当代、保护与利用、传统与创新、资源与环境的关系;坚持以文塑旅、以旅彰文,用好历史文化遗产,用好革命文物、爱国主义教育基地等红色资源,扶持旅游特色经营、培育传统文化产业,推进历史文化遗产与旅游深度融合;加强历史文化遗产价值研究;积极拓展文化文物对外交流平台。

第二十四届北京冬奥会闭幕式在国家体育场鸟巢举行。此次闭幕式视效与虚拟制作均由锋尚文化视效团队与AR虚拟团队完成,其中利用UE4虚拟摄像流程实时渲染技术,将高达40米的巨型中国结与空中的实体火炬紧紧环绕。此次设计中国结模型的精度、材质纹理的细节以及实时渲染的体量都史无前例。

2月28日 国内首个艺术元宇宙社区"META彼岸"正式公测。在"META彼岸"中,艺术家们不仅可以线上创作和发布艺术作品,还能搭建充满个性的艺术展览馆,未来还可通过虚拟形象与观众、粉丝进行实时交流互动。著名黄河艺术家徐惠君、知名艺术家段革新已成为入驻"META彼岸"的先锋。

2022年3月

3月4日 由张艺谋担任总导演、沈晨导演的冬残奥会开幕式在鸟巢隆重举行，它是一场集合艺术与技术、虚拟与现实、真人表演与数字演绎的视觉盛宴。本次冬残奥会开幕式的倒计时环节，采用从宏观到微观的时空叙事逻辑、抽象与具象符号相互转化的设计语言；由数字化流体组成的各项赛事图形与动态转场，增添地面边界的视觉溢出，形成上方的视错觉空间；裸眼3D技术带来两层空间的"破"与"立"，拓展观众视野等。通过展现人与人的情感联结，表达残健融合、美美与共的愿景。

3月16日 中国社会科学院财经战略研究院、中国社会科学院旅游研究中心和社科文献出版社共同在京发布了《旅游绿皮书：2021~2022年中国旅游发展分析与预测》。该旅游绿皮书分析，以信息技术、人工智能、虚拟技术、5G技术、大数据等技术为引领，对旅游业进行创新性、前沿性和实践性的大胆改革将是旅游业摆脱停滞、实现增长的关键。加快推出云旅游、云演艺、云直播、云展览等线上旅游产品。未来，围绕服务意识、服务标准、服务质量、服务流程，渗透于旅游消费的每个环节，可加速旅游企业数字化、网络化、智能化转型升级。

3月24日 山东省工业和信息化厅等七部门联合发布《山东省推动虚拟现实产业高质量发展三年行动计划（2022—2024年）》。该行动计划提到，山东省涉及VR全产业链企业及相关机构243家，2021年业务收入600.69亿元，VR产品出货量突破1000万台，增长130%。同时，山东省将形成以青岛为中心，济南、潍坊、烟台、威海四市联动，其他市协同的"1+4+N"VR产业区域布局。济南和烟台将作为VR应用基地，潍坊将聚焦全国VR整机与核心部件研发、生产领域，威海则将成为高端消费智能硬件产业园。而作为山东省VR产业的核心城市，青岛将向全球领先的VR研发高地发起冲击，建立VR关键技术领域的龙头地位。

3月26日 北京市文物局发布《关于进一步推动局属博物馆文博文创工作的实施意见》，明确提出有序开展博物馆IP开发授权，推进博物馆文创空间建设，健全规范博物馆文创收入管理。该意见提出，各博物馆要盘活用好馆藏文物资源，探索挖掘各馆特色文化IP，以博物馆为主导、以企业为主体、以授权为途径，开展文创产品研发工作。各博物馆开展IP授权应坚持把社会效益放在首位、社会效益和经济效益相统一的原则，用好文博衍生品孵化中心平台，联合社会力量有效推动博物馆文创事业发展。同时，要认真比选优质文创开发企业开展授权合作，拓宽文博文创合作渠道；可成立文创开发专职部门，负责文创开发及IP授权合作各项工作，对文创开发及授权工作中各个环节进行监控。

2022年4月

4月6日 黄埔区正式发布《广州市黄埔区、广州开发区促进元宇宙创新发展办法》。该办法是粤港澳大湾区首个元宇宙专项扶持政策，聚焦数字孪生、人机交互、AR/VR/MR等多个领域，推动元宇宙相关技术、管理、商业模式的产业化与规模化应用，培育产业新业态、新模式。同时也将为全省元宇宙领域产业发展提供试点经验和引领示范。"元宇宙10条"扶持范围涵盖技术创新、应用示范、知识产权保护、人才引流、交流合作、基金支持等十个方面。重点培育工业元宇宙、数字虚拟人、数字艺术品交易等体现元宇宙发展趋势的领域。并且对成功攻克的项目给予最高1000万元奖励。

4月16日 "清华大学新闻与传播学院元宇宙文化实验室"正式成立。该实验室由中文在线支持建设，以及清华大学新闻与传播学院整合清华大学校内各学院研究力量开展研究。未来，实验室将以产学研相结合的方式，在媒体技术发展、元宇宙文创、元宇宙指数、虚拟数字人指数等元宇宙领域展开研究，力图将实验室打造成国内行业前瞻性、理论开拓性、研发创新性兼具的元宇宙科研机构。

4月22日 由深圳市信息服务业区块链协会组织起草的《基于区块链技术的元宇宙身份认证体系》《基于区块链技术的元宇宙支付清算体系》两个团体标准二连发，这是国内首批发布的元宇宙技术标准。本次发布的两个元宇宙技术标准聚焦数字身份和支付清算领域，旨在推动以元宇宙为代表的虚实融合创新产业在我国的稳健演进与落地，结合国内外元宇宙相关产业发展的新特点，明确元宇宙产业的边界、红线和禁区，进而促进国家相关科技创新能力进一步提升和经济社会良性发展。

2022年5月

5月20日 南京与深圳证券交易所正式签署《知识产权金融创新工作专项合作协议》，成为国内知识产权金融领域第一个与证券交易所签约的城市。双方携手合作，旨在利用南京科技创新和深交所资本聚集的各自优势，共同推动南京特色产业与国内金融资本精准对接，赋能支持南京市更多科技型企业成果转化和创新发展。

5月22日 中共中央办公厅、国务院办公厅印发《关于推进实施国家文化数字化战略的意见》，共部署了8项重点任务，包括关联形成中文文化数据库、夯实文化数字化基础设施、搭建文化数据服务平台、促进文化机构数字化转型升级、发展数字化文化消费新场景、提升公共文化服务数字化水平、加快文化产业数字化布局、构建文化数字化治理体系。其中提到，实施国家文化数字化战略的中长期目标——到2035年建成国家文化大数据体系。首要任务是贯通各类文化机构的数据中心，文化机构通过接入国家文化专网，依托文化数据服务平台，实现数字化转型升级。其次是搭建"数据超市"，提供算力服务。"数据超市"是全国文化大数据交易体系的形象表达。要集成全息呈现、数字孪生、多语言交互、高逼真、跨时空等新型体验技术，大力发展线上线下一体化、在线在场相结合的数字化文化新体验。

5月26日 文化和旅游部、国家发展改革委、重庆市人民政府、四川省人民政府联合印发了《巴蜀文化旅游走廊建设规划》。该规划包括规划背景、总体要求、空间布局、构建巴蜀文化保护传承利用体系、推进世界级休闲旅游胜地建设、打造富有巴蜀特色的文化旅游消费目的地、深化区域协同发展、规划实施保障八部分内容，全面对接成渝地区双城经济圈建设等重大国家战略，聚焦国际消费目的地建设，提出全国文化旅游发展创新改革高地、全国文化和旅游协同发展样板、世界级休闲旅游胜地3个建设定位。

2022年6月

6月6日 中国旅游景区协会和华侨城创新研究院联合发布了《2021中国旅游景区欢乐指数年度报告》，公布"2021年度中国旅游景区欢乐指数（THI）百强榜""中国最受游客欢迎的旅企品牌20强"，以及2021年度中国自然景观类、人文景观类、博物馆类、乡村田园类、现代娱乐类、冰雪旅游类旅游景区欢乐指数20强等8个榜单。

6月11日 由国家文物局指导，中国文物保护基金会、腾讯公益慈善基金会主办的"云游长城"线上发布会在北京、深圳两地举办。这是全球首次通过云游戏技术，实现最大规模文化遗产毫米级高精度、沉浸交互式的数字还原。在"云游长城"微信小程序内，用户通过手机就能"穿越"到喜峰口西潘家口段长城，在线"爬长城"和"修长城"。

6月15日 在线教育公司猿辅导控股子公司飞象星球在北京发布5款智能教育科技产品，包括飞象双师素质课堂、飞象VR虚拟课堂、飞象智能作业系统、飞象在线教室、飞象智慧校园，以及国内首个3D动态知识图谱"飞象星图"。除了基础教学场景之外，飞象XR技术团队还为智慧校园产品加载了一系列超现实场景应用，包含虚拟图书馆、虚拟实验室等全新教育场景。在VR实验室中，学生可以零距离接触真实世界无法触摸到的事物，如化学分子、原子结构；可以对教学成本极高的化学实验、太空体验进行仿真模拟。

6月25日 文化和旅游部等部门联合出台了《关于加强剧本娱乐经营场所管理的通知》，具体包括四个方面内容：一是明确剧本娱乐经营场所经营范围为"剧本娱乐活动"，并实行告知性备案；二是强化剧本娱乐经营场所主体责任，明确内容管理、未成年人保护、安全生产、诚信守法经营、行业自律等五方面要求；三是明确相关部门监管职责，建立协同监管机制，形成监管合力；四是设置政策过渡期，让剧本娱乐经营场所利用一年的政策过渡期，开展自查自纠实现合规化经营。

6月30日 中国数字文创高质量发展论坛在北京通过线上线下联合的形式举办。论坛期间，由中国文化产业协会联合近30家机构在京发起《数字藏品行业自律发展倡议》，反对二次交易和炒作、提高准入标准是行业高质量发展的核心共识。该倡议共14条，包含平台应依法具备相应资质、确保区块链技术安全可控、坚持实名制、加强知识产权保护能力建设、坚决抵制防范金融化和恶意投机炒作、倡导理性消费等。参与各方涵盖文旅产业专业机构和协会、文化央企、IP机构以及蚂蚁、腾讯、百度、京东等互联网科技公司，是目前行业覆盖方最广的自律公约。

2022年7月

7月5日 中国数字文化集团携手中国联通，基于"联通链"打造中国数字文化链。中国数字文化链是由中国数字文化集团与中国联通、中国文物交流中心、大有国联控股有限公司、北京文投集团等专门为数字藏品打造的联盟链，拥有分布式记账、智能合约、不可篡改及可溯源性的技术特性。使用中国数字文化链铸造的数字藏品，用户可以在链上实时了解其动态和分布情况，实现数字藏品数据可查询、可验证、可跟踪，最大化保障用户知情权、公平交易权、自主选择权。中国数字文化链的诞生，将引领数字藏品的文化数据安全标准，进一步完善数字藏品文化数据安全监管体系，为数字藏品保驾护航，推进数字藏品产业健康有序发展。

7月8日 文化和旅游部根据《文化和旅游部办公厅关于开展第二批国家级夜间文化和旅游消费集聚区申报工作的通知》，公示了第二批国家级夜间文化和旅游消费集聚区名单，确定北京市东城区王府井、上海市黄浦区豫园片区、江苏省南京市熙南里历史文化休闲街区、江苏省苏州市同里古镇、广东省佛山市华侨城欢乐海岸PLUS、重庆市沙坪坝区三峡广场片区等123个项目为第二批国家级夜间文化和旅游消费集聚区。其中广东有6个，分别为广州市长隆旅游度假区、广州市广州塔旅游区、深圳市蛇口滨海文化创意街区、佛山市华侨城欢乐海岸PLUS、佛山市千灯湖片区、惠州市水东街。

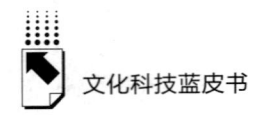

7月18日 商务部等27部门联合印发《关于推进对外文化贸易高质量发展的意见》，提出到2025年，建成若干覆盖全国的文化贸易专业服务平台，形成一批具有国际影响力的数字文化平台和行业领军企业。该意见还重点强调了要提升文化贸易数字化水平，推动文化和科技深度融合，促进大数据、云计算、人工智能、区块链等新技术应用，赋能文化产业和贸易全链条，带动传统行业数字化转型，提升企业数字化运营能力。

7月22日 中国旅游研究院、上海创图公共文化和休闲联合实验室发布了《2022年上半年全国文化消费数据报告》。该报告显示，在居民和游客的文化消费内容的数据统计中，科技动漫（网络视听、数字阅读、机器人、虚拟现实等）占比15.3%。科技与文化的融合不断深化，元宇宙、人工智能、虚拟现实等与文化领域的结合日益紧密，开辟了文化消费新领域。潮流文化与传统文化融合，激发都市商圈及休闲街区消费活力，围绕当代消费者追求的无界感、代入感、沉浸感，国内多地商业街区、文化街区、商业综合体等加快了在潮流时尚、文化创意、科技赋能、场景营造等方面的创新探索。同时，线上空间成为国内文化休闲和消费的重要场景，主要集中在网络影视及视频直播、线上展演、文化场馆云体验、知识充电、在线网课等领域。

7月28~30日 2022全球数字经济大会在北京举办。本届大会以"启航数字文明——新要素、新规则、新格局"为主题，聚焦高端化、国际化、专业化和平台化。设置了开幕式及主论坛、6个主题峰会、近50场专题论坛，精心组织"周、展、赛、秀"四大特色活动，全面提升大会规格和影响力，推动全球数字经济领域交流合作。大会开幕式和主论坛聚焦绿色创新发展、数字贸易、数据价值化、全球规则治理等热点议题，主题峰会和专题论坛深度探讨互联网3.0、数据要素、开源、5G创新、数字安全、东数西算等前沿领域，并策划全球万人数字安全元宇宙峰会。

（截至2022年7月30日）

Abstract

Annual Report of Culture and Technology Innovative Development (2022) is a report of industry development situation, application, theoretical exploration, and the innovation practice in the context of cultural and technological integration. It not only absorbs the domestic and overseas experts' theories and their frontier research findings, but also includes the latest achievements of the Institute for Cultural Industry of Shenzhen University (SICI) in the innovative fields of cultural and technological integration.

The deep integration of culture and technology, and the integration of digitalization and humanities have become significant engines of economic development all over the world, of which the trends and emergent new economy put forward new demands and challenges to the current economic and cultural structure. The economy, technological and cultural construction, and development of digital humanities of Guangdong-Hong Kong-Macao Greater Bay Area are playing an increasingly essential role in the strategy of national cultural and economic development. They have become a crucial power to promote economic growth, optimize industrial allocation and adjust industrial structure in regional development. *Annual Report of Culture and Technology Innovative Development* (2022) is none other than the research on the cultural and technological integration, cultural industry observation, digital humanities, and digital creative industries under this background.

Based on the analysis of the current situation and future routes of cultural and technological integration, the report focuses on the theoretical basis, industrial trend, technological innovation, regional incorporation of culture and technology. By analyzing the advanced theory, industrial observation, industry practice, technological innovation, heritage protection, the report presents the status quo, innovation routes, and prospects of cultural and technological integration from multiple disciplines and perspectives via the investigation reports.

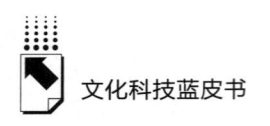

The report consists of seven parts. The first part is the general report which summarizes the annual trends and developments of cultural and technological integration and outlines the latest situation and trends in such integration. The second part is industrial observation. This part provides a comprehensive analysis of the development of digital media, digital labor and virtual cultural space, outlining its development and future direction. The third part is about technological innovation. This chapter comprehensively analyzes and compares the current situation and future direction of technological innovation practices such as blockchain, NFT, metaverse and game development and design. The fourth part is the industrial practice. By fixating on the application of technology innovation and humanities integration in the industry, this chapter sums up the industrial changes and latest trends brought about by the integration of technology and humanities. The fifth part is about heritage conservation. The topic, how tangible and intangible cultural heritage can be brought to contemporary society through technological means and platforms, is never an out-of-date one. These papers concentrate on the theme of traditional culture and heritage and are concerned with the mode of integration of tradition and contemporary technology and the output of the results. The sixth part is the international chapter. Adhering to the perspective of being based in China and looking at the international scene, it focuses on the cutting-edge trends represented by foreign intelligent cultural tourism and video game development, providing the necessary reference and comparative data for the development of related industries at home and abroad. The seventh part is memorabilia, a systematic review of the annual events in 2022.

Keywords: Cultural and Technological Integration; Cultural and Creative Industries; Digital Economy; Digital Humanities

Contents

I General Report

B.1 A Super Digital Scenario Based on the Deepen
Integration of Culture and Technology
Li Fengliang, Zhou Mengchen and Hu Penglin / 001

Abstract: In 2021, *The 14th Five-Year Plan for the national economic and social development of the people's Republic of China and the 2035 outline of long-range vision* was published which mentioned both a speedy digital development and a modern cultural industry system-for good cultural production, a fusion of culture and technology and a deepen reform of cultural system-were necessary. Based on such developed high-technologies as 5G network, AI, Big Data, XR, etc., the cultural and technological industry in 2021 tends to be diversified, IP-oriented, intellectualized, virtualized and full of scenes. Firstly, dominant cultural commercial formats like online audiovisual, digital publishing, game and e-sports as well as high-end cultural equipment explored deeply in the digital field, making product vertical and differentiated. Secondly, the new commercial formats, such as cloud-based cultural form, immersive cultural form, NFT Art, virtual human and smart wearable devices, took full advantage of innovative technology to develop more digital cultural formats with increasingly diverse and intelligent scene, encouraging cultural industry to become "cloud, digital and intelligent". The development and change of cultural industry in 2021 took a crucial step for the integrated development of the virtual and real world in the near future.

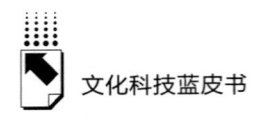

Keywords: Intergration of Culture and Technology; Virtual Reality; NFT Art

Ⅱ Trend Outlook Reports

B.2 Prospect on the New Picture of Cultural Consumption in
the Digital Media Era　　　　　　　　*Chen Yonghua* / 029

Abstract: In the digital era, with the development of convergence of technology and media, it accelerates the interaction and dissemination of cultural symbols and the production and consumption of cultural products. there is a trend that moving from a production-based society to a consumption-based society, showing a shift from the consumption of things to the consumption of symbols. The emergence of new businesses represented by diversified cultural consumption spaces and the prosperity of new modes of cultural consumption such as knowledge payment and live streaming have together built a new picture of digital cultural consumption. However, There is the dilemma of consumption circle, consumption vitality, consumption crowd and digital regulation in digital cultural consumption. Based on this, this paper puts forward several countermeasures and suggestions.

Keywords: Cultural Consumption; Digital Media; Knowledge Payment

B.3 Current Situation and Future of Virtual Culture
Space in Digital Economy Era　　　　　*Chen Si, Qi Ji* / 042

Abstract: With the progress of science and technology and the rapid development of digital economy, the virtual characteristics of cultural space are gradually manifested, and in this process, virtual cultural space is brewed, stimulated and developed. The interaction and combination among the spatial attributes, cultural nature and virtual characteristics of virtual cultural space become its remarkable characteristics. In the future, the response to people's spiritual and cultural demands, the service to people's all-round development and the optimization of social operation order will become the development trend of virtual cultural space, and it is also the direction that virtual cultural space needs to focus on breakthrough and centralized optimization in a certain stage. As far as the current development is concerned, high-quality content, diversified forms and systematic supervision have become the important points to achieve high-quality development of virtual cultural space in the era of digital economy.

Keywords: Virtual Cultural Space; Digital Economy; Digital Era; Technical Rationality

B.4 The Progress, Hotspots and Trends of Digital Labour Research
—*Literature Analysis Based on Web of Science and CNKI*

Wang Zhong, Chen Yanwei / 053

Abstract: With the rapid development of information technology such as big data, cloud computing and artificial intelligence, human beings have entered the era of digital economy. Meanwhile, a new type of labor model, digital labor, has emerged. Based on 692 core journal papers on digital labor from the core collection of Web of Science and CNKI, this paper uses CiteSpace to investigate the domestic and international research progress, research topics, research hotspots and development trends of digital labor, and construct a knowledge map of digital labor.

Keywords: Digital Labour; Digital Labourer; CiteSpace; Knowledge Map

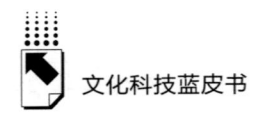

Ⅲ Technical Innovation Reports

B.5 Trend and Prospect of Blockchain, Metauniverse, Culture and Technology Integration　　*Luo Dan / 081*

Abstract: As the underlying technological support, blockchain derives a variety of derivative products such as digital cryptocurrency and NFT. It is not only the innovation of science and technology, but also a new trend of financial science and technology in the future. In perspective of social and cultural studies, blockchain's framework about distributed network architecture can be regarded as a technical expression of the "decentralization" trend in the internet era. The meta universe based on blockchain is the mainstream expression of the future world in virtual time and space which reflects the new trend of the integration of science, technology and culture in the era of post human society.

Keywords: Blockchain; Meta Universe; Cryptocurrency; NFT; Culture and Technology Integration

B.6 An Analytical Report on Metaverse Industry　　*Gao Yu / 092*

Abstract: This report examines the hottest topic currently: metaverse. The metaverse also represents the most advanced development in today's technology market. The metaverse-related technology industry and Internet industry are the industries that attract the most investments in recent years. During the coronavirus pandemic period, due to the widespread promotion of home quarantine strategy, the demand for further immersion in various online activities has invariably propelled the breakthrough of large steps in the metaverse industry. Unlike the previous online Internet using flat-windowed connections, the metaverse is more about using cutting-edge technologies of augmented reality (AR) and virtual reality (VR) in an attempt to bring a more fully immersive experience to users. This paper adopts the approaches of literature research and participatory research in order to introduce the background of the rise of the metaverse, the concept and characteristics of the metaverse, and the prospect of the metaverse market in China. At present, the metaverse is still in its rudimental stage of full-scale infrastructure, and the six core technologies on which it relies are all in the early stages of technical bottlenecks. The six technologies are blockchain, interactivity, game, artificial intelligence, network, and token economy. The fundamental reason for the current problem is that the modeling interaction of the enormously virtual content of the metaverse requires a higher level of technical support to bring users an immersive and realistic experience. The author attempts to understand the current cutting-edge trends in technology by analyzing the reasons for the rapid development of the metaverse industry. And also based on the current situation of the metaverse industry in China, the author suggests the state should make great efforts to develop the digital economy in order to drive other industries as well as strengthen government regulation.

Keywords: Metaverse; Augmented Reality; Virtual Reality; Digital Economy

B.7 Analysis Report on the Concept Causes, Platform Business Model and Impact of NTF CryptoArt   *Zhu Gecheng / 109*

Abstract: NFT CryptoArt has caused a gold rush at an unprecedented speed, and its growing market transactions have attracted worldwide attention. Under the temptation of high returns, although people's conceptual definition of NFT CryptoArt and the relationship between them are still relatively vague, this can't hinder the enthusiastic admission of latecomers. Through literature review, comparative case analysis and SWOT analysis, this paper studies the business model of this kind of transaction, and concludes that NFT artworks have the potential to change the market dynamics of artworks in terms of low creation threshold and traceable royalty sharing.

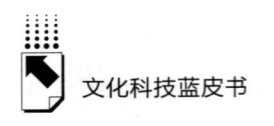

Although the current encryption technology is still relatively weak, NFT has a high risk of being stolen. However, with the continuous improvement of technology, it can be predicted that the potential of NFT to change the market will be stimulated again, and the number of artists and consumers will continue to grow.

Keywords: NFT; CryptoArt; Platform Business Model; Digital Art

B.8 From "Ports Game" to "Cross-play Game": A New Trend in Game Development *Pei Yining / 121*

Abstract: Today, In the global gaming market, with the expansion of the mobile game market and the improvement of mobile phone performance, the popularity of "cross-play game" is rising, and a lot of Gaming companies are trying to ports PC games to mobile platform. The domestic players also welcomes "cross platform" games. TapTap's Game of the Year award for 2021 goes to "Terraria", which was ported from computer platform, and that award means players are increasingly demanding higher quality of games. But in social games category, players has a disposition to cross-play games. This paper will sort out the development trend of "ported game" since the 1970s, and introduce two porting patterns. On this basis, have a distinction between the concept of cross-play game and ports game. In the end, based on the gaming policies which published by government, discuss about game development in China.

Keywords: Ports Game; Cross-play Game; Game Platform; Remake Game

Ⅳ　Industrial Practice Reports

B.9 An Analysis on the Mukbang Culture of Contemporary Chinese Young People based on the Internet Space

Li Danzhou, Chen Lifei / 136

Abstract: Mukbang culture is either a tidal wave of network broadcast or a sort of cultural practice of the aestheticization of everyday life. To put three meals a day into the live broadcasting demonstrates how the regular meals can be shaped profoundly by modern urban culture and consumerism in contemporary society. Drawing from a thorough research on empirical studies and textual analysis, this paper probes into the way that contemporary Chinese youth establishes the Mukbang culture based on the internet. Mukbang is a type of visual culture under the context of new media technology, an anti-performativity discourse practice that challenges the set paradigm of body aesthetics, a symbolic system with youth sub-cultural style, as well as a burgeoning phenomenon of mass culture in the era of digital creative industry. Moreover, the Mukbang culture reveals the psychological defense mechanisms of Chinese youth, which can be regarded as a rebellion towards the rationalization and globalization of food, an escaping from frustration and alienation of the city life, and a consistent pursuit of the spiritual comfort and self-identification.

Keywords: Mukbang; Internet Space; Sub-culture; Healing

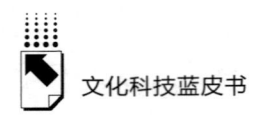

B.10 Digital Consumption Scene, Consumption Values and Intergenerational Communication: Analysis Report of Households Using Livestream Shopping

Pan Daoyuan, Su Keqing / 158

Abstract: This report based on the survey of college students' families in Guangdong province, found that compared with the families that have never used livestream shopping, families with the livestream shopping habit have higher communication effectiveness, among which consumption values play partial mediating effect. Research shows that the entertainment function of livestream shopping increases the topics in intergenerational communication, digital consumption scenes improve the demand of enjoying consumption, and livestream shopping enhances the effect of family intergenerational communication through the fuse of consumption value. The enlightenment is to expand the of digital consumption scene to narrow the digital divide, and to emphasize the shaping of values by digital consumption media to regulate the digital consumption development.

Keywords: Digital Consumption Sence; Livestream Shopping; Intergenerational Communication; Consumption Values

B.11 Analysis Report on the Development of New Rural Cultural Format of "Short Video on Agriculture, Rural Areas and Farmers"

Tu Hao / 171

Abstract: "Short video on Agriculture, Rural Areas and Farmers" is not only a new form of network video, but also a new form of rural culture, which enriches the forms of rural culture innovation and development. However, in the development of "short videos on Agriculture, Rural Areas and Farmers", problems such as lack of content creation ability, lack of realization ability and limited communication and distribution have emerged. It is influenced by cultural production reasons such as lack of innovative ideas, shortage of professionals and restrictions of algorithm mechanism, cultural market reasons such as incorrect idea of "flow first", platform positioning and consumers' curiosity seeking psychology, and policy governance reasons such as imperfect laws and regulations, low self-regulation effect of industry organizations and weak self-regulation consciousness of creative subjects. In order to accomplish the high-quality development of "short videos for Agriculture, Rural Areas And Farmers", it is needed to make continuous efforts in interest distribution, talent training, content innovation and collaborative governance, innovate operation thinking and realization methods, increase support for content, strengthen the system guarantee, reach the benefit synergy of multiple subjects.

Keywords: "Short Video on Agriculture, Rural Areas and Farmers"; New Format of Rural Culture; Rural Cultural Development

B.12 Analytic Overview of the Development of VR Movies

Zhou Xiaoling / 190

Abstract: The year of 2016 witnessed the outbreak of virtual reality. The launch of three kinds of virtual reality headsets and VR short movies of Chris Milk signify the application of VR in movies and its popularity among consumers. After 6 years development, VR movies are varied in forms and features which show different facets and levels in terms of immersion、simulation and interaction. Based on existed classification of the areas of film festivals and film studies, this report divides VR movies into two types: non-interactive movies and interactive movies which subdivided into weak-interactive one and strong-interactive one. The differences between weak-interactive one and strong-interactive one are that weather the VR movie triggering physical perception (for example, the feeling of touch)、giving viewers the chance of narrating and allowing more activity beyond watching. At present, the Cinerama becomes the mainstream of VR movie while the interactive VR movie is confronted with the challenge of achieving the balance between interaction and immersion、the innovation of camera language、advance of VR technology and so on.

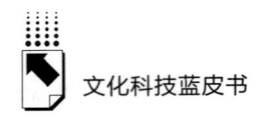

Keywords: VR Movies; Panoramic Movies; Interactive Narrative

B.13 Analysis Report on Character Setting of Chinese Science Fiction Movies *Huang Mingfen / 204*

Abstract: Character setting is an important link in the creation of sci-fi movies, and it is also the concentrated expression of the creativity of sci-fi movies. Science fiction films respond to the challenges of the post-human era through character setting, showing the director's foresight of social changes brought about by technological development. The setting of characters such as mutants, cyborgs, and Homo sapiens in Chinese science fiction films embodies the relationship between post-human narrative and bioethics, and expresses the concepts of impartiality, no party, strong roots, and ecological harmony, which are worthy of study.

Keywords: Science Fiction Movies; Movies of China; Mutants; Cyborgs; Homo Sapiens

V Heritage Conservation Reports

B.14 An Analysis Report on the Fusion Innovation Mode of Traditional Culture and Modern Science and Technology *Xiao Quyao, Jin Shao / 222*

Abstract: In May 2021, General Secretary Xi pointed out at the symposium on the work of philosophy and social sciences that it is necessary to guide the creative transformation of traditional culture grafting technology. Empowered by new technologies such as artificial intelligence and quantum technology, many cases of high-quality integration of traditional culture and science and technology have emerged. From "Riverside Scene at Qingming Festival", to "Banquet at Tang Palace" by Henan SATELLITE TV, and to the cultural tourism development of "Panorama of Rivers and Mountains", traditional culture uses new technologies to constantly innovate expression and communication modes, giving rise to new vitality and the emergence of digital culture industry and other new formats. This paper selects typical cases of innovative communication of traditional culture, analyzes the characteristics and rules of integration of traditional culture and modern science and technology, and extracts its progressive evolution mode, which are as follows: The 1.0 era of "Riverside Scene at Qingming Festival" turning silence into motion, the 2.0 era of audio-visual interaction in "Banquet at Tang Palace", the 3.0 era of immersive experience in "Panorama of Rivers and Mountains", and provide reference model for the innovation of traditional culture dissemination, provide ideas for the innovation of the digital culture industry, also for the digital creative economy and to provide policy support to the combination of tour industry.

Keywords: The Traditional Culture; Science and Technology Innovation; Fusion Model

B.15 Report on Dissemination Mode of Intangible Cultural Heritage of Chinese Opera in the Context of New Media *Zheng Yuqi / 233*

Abstract: The intangible cultural heritage of Chinese opera has derived a new development model of integrating with the short video in the context of new media today. However, there are also some practical problems such as insufficient cultural bearing capacity, declining authenticity of content and insufficient audience diversion. The specific reason is the divergence of the two canonization modes, which emerged from the process of this traditional culture's adapting to society whose focus is on form rather than content. Therefore, for this kind of intangible cultural heritage, the dissemination mode today needs to separate cultural protection and cultural activation. This kind of cultural activation based on new media has brought positive influence on the sustainable development of intangible cultural heritage, the stress reduction of government support, the diversified choice space of the audience and the overall cultural shaping of the society.

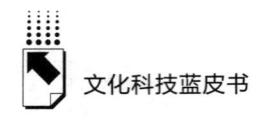

Keywords: Intangible Cultural Heritage; Chinese Opera; Short Video; Canonization

B.16 Analysis Report on the Culture Modernization and Industrial Ecologigal Construction of City with Ancient Culture Driven by Digital Technology   *Li Wei, Song Fei* / 246

Abstract: The culture regional differences of the city with ancient culture are the most prominent characteristics. The diversity differences, aggregation and hierarchy are also very obvious, and the differences are caused by the development of industrialization, the baptism of market economy and the influence of digital technology. Driven by digital technology, some cities with ancient culture have made full use of the advantages of digital technology to form an industrial ecological chain from cultural and tourism resources to cultural and tourism elements, and then to the integration of physical industries. However, there are still some problems in some cities with ancient culture, such as insufficient support for culture applications by science and technology, lagging development of emerging cultural industries and emerging formats, difficulty in establishing modern business concepts, and insufficient preparation for organizational change facing digital transformation. Therefore, the industrial ecological construction of digital driven ancient cities needs to adhere to deepening reform, optimizing the development environment. Based on the construction of new infrastructure capacity and the digital transformation and innovation of traditional culture, the core technology ecology and characteristic cultural industry will be built with keeping the initiative in our own hands. Adopt the echelon industrial development strategy, take the cities with ancient culture as the objects to carry out hierarchical layout, distinguish the scale and level, and then organize the construction. Take demand as the traction, and use digital technology to realize the industrialized transformation of cultural creativity and the immersive remodeling of cultural consumption. Adopt the way of building vision, overall design and small step entry, and realize the orderly development of the construction through market acceleration. Pay attention to the influence of the digital twin production mode of meta cosmic culture and the service mode of cultural supply.

Keywords: Digital; City with Ancient Culture; Culture Modernization; Industrial Ecological Construction

Ⅵ International Reports

B.17 Analysis Report of Foreign Smart Cultural Tourism Industry Ecology   *Luan Mingjin / 262*

Abstract: In recent years, with the establishment of the Ministry of Culture and Tourism, China's smart cultural tourism industry has developed more rapidly. Under such a background, understanding the development status of foreign smart cultural tourism industry can provide a reference for the long-term and healthy development of China's smart cultural tourism industry. European research on the ecology of the smart cultural tourism industry is linked to the research on "Smart Cities" and "Smart Tourism Destination". Through the case analysis of Milan and London, Venice and Salzburg, the interactive relationship can be clearly seen. In addition, Disney's MyMagic+ intelligent system, interactive immersive experience of light and shadow, and I Tour Seoul's smart city construction in Seoul have become typical cases of the development of the smart cultural tourism industry in the United States, Japan, and South Korea.

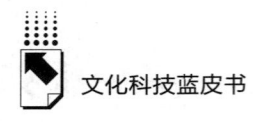

Keywords: Smart Cultural Tourism; Industrial Ecology; Smart Tourism Destinations; Co-creation of Tourism Experience; Europe

B.18 Report on Related Technologies of European and American Video Game Development (2021–2022) *Ye Wenhao* / 283

Abstract: From 2021 to the first half of 2022, when the metaverse concept exploded, Epic Games, Nvidia and other leading European and American technology companies have announced related technologies of video game development, which mainly focus on creating more realistic visual effects and have three influences on players' game experience: One, players pursue more realistic visual effects while playing video games. Two, video game immersion experience is influenced by data calculus ability. Three, the relevant technology brands guide the game consumption of players. These trends mean the game industry's pursuit of improving calculus abilities, leading to the emergence of game development cloud technology. This cloud technology greatly improves the efficiency of game development processes such as modeling and programming, providing players with a higher-quality game experience that break the limitations of game equipment.

Keywords: Game Development; Player Experience; Visual Effects; Cloud Technology

社会科学文献出版社

皮 书

智库成果出版与传播平台

❖ 皮书定义 ❖

皮书是对中国与世界发展状况和热点问题进行年度监测，以专业的角度、专家的视野和实证研究方法，针对某一领域或区域现状与发展态势展开分析和预测，具备前沿性、原创性、实证性、连续性、时效性等特点的公开出版物，由一系列权威研究报告组成。

❖ 皮书作者 ❖

皮书系列报告作者以国内外一流研究机构、知名高校等重点智库的研究人员为主，多为相关领域一流专家学者，他们的观点代表了当下学界对中国与世界的现实和未来最高水平的解读与分析。截至2021年底，皮书研创机构逾千家，报告作者累计超过10万人。

❖ 皮书荣誉 ❖

皮书作为中国社会科学院基础理论研究与应用对策研究融合发展的代表性成果，不仅是哲学社会科学工作者服务中国特色社会主义现代化建设的重要成果，更是助力中国特色新型智库建设、构建中国特色哲学社会科学"三大体系"的重要平台。皮书系列先后被列入"十二五""十三五""十四五"时期国家重点出版物出版专项规划项目；2013~2022年，重点皮书列入中国社会科学院国家哲学社会科学创新工程项目。

皮书网

（网址：www.pishu.cn）

发布皮书研创资讯，传播皮书精彩内容
引领皮书出版潮流，打造皮书服务平台

栏目设置

◆ **关于皮书**
何谓皮书、皮书分类、皮书大事记、
皮书荣誉、皮书出版第一人、皮书编辑部

◆ **最新资讯**
通知公告、新闻动态、媒体聚焦、
网站专题、视频直播、下载专区

◆ **皮书研创**
皮书规范、皮书选题、皮书出版、
皮书研究、研创团队

◆ **皮书评奖评价**
指标体系、皮书评价、皮书评奖

◆ **皮书研究院理事会**
理事会章程、理事单位、个人理事、高级
研究员、理事会秘书处、入会指南

所获荣誉

◆ 2008年、2011年、2014年，皮书网均在全国新闻出版业网站荣誉评选中获得"最具商业价值网站"称号；
◆ 2012年，获得"出版业网站百强"称号。

网库合一

2014年，皮书网与皮书数据库端口合一，实现资源共享，搭建智库成果融合创新平台。

皮书网　　"皮书说"微信公众号　　皮书微博

权威报告·连续出版·独家资源

皮书数据库
ANNUAL REPORT(YEARBOOK) DATABASE

分析解读当下中国发展变迁的高端智库平台

所获荣誉

- 2020年,入选全国新闻出版深度融合发展创新案例
- 2019年,入选国家新闻出版署数字出版精品遴选推荐计划
- 2016年,入选"十三五"国家重点电子出版物出版规划骨干工程
- 2013年,荣获"中国出版政府奖·网络出版物奖"提名奖
- 连续多年荣获中国数字出版博览会"数字出版·优秀品牌"奖

皮书数据库　　"社科数托邦"微信公众号

成为会员

登录网址www.pishu.com.cn访问皮书数据库网站或下载皮书数据库APP,通过手机号码验证或邮箱验证即可成为皮书数据库会员。

会员福利

- 已注册用户购书后可免费获赠100元皮书数据库充值卡。刮开充值卡涂层获取充值密码,登录并进入"会员中心"—"在线充值"—"充值卡充值",充值成功即可购买和查看数据库内容。
- 会员福利最终解释权归社会科学文献出版社所有。

数据库服务热线:400-008-6695
数据库服务QQ:2475522410
数据库服务邮箱:database@ssap.cn
图书销售热线:010-59367070/7028
图书服务QQ:1265056568
图书服务邮箱:duzhe@ssap.cn

社会科学文献出版社　皮书系列
卡号:841555554922
密码:

S 基本子库
SUB DATABASE

中国社会发展数据库（下设 12 个专题子库）

紧扣人口、政治、外交、法律、教育、医疗卫生、资源环境等 12 个社会发展领域的前沿和热点，全面整合专业著作、智库报告、学术资讯、调研数据等类型资源，帮助用户追踪中国社会发展动态、研究社会发展战略与政策、了解社会热点问题、分析社会发展趋势。

中国经济发展数据库（下设 12 专题子库）

内容涵盖宏观经济、产业经济、工业经济、农业经济、财政金融、房地产经济、城市经济、商业贸易等 12 个重点经济领域，为把握经济运行态势、洞察经济发展规律、研判经济发展趋势、进行经济调控决策提供参考和依据。

中国行业发展数据库（下设 17 个专题子库）

以中国国民经济行业分类为依据，覆盖金融业、旅游业、交通运输业、能源矿产业、制造业等 100 多个行业，跟踪分析国民经济相关行业市场运行状况和政策导向，汇集行业发展前沿资讯，为投资、从业及各种经济决策提供理论支撑和实践指导。

中国区域发展数据库（下设 4 个专题子库）

对中国特定区域内的经济、社会、文化等领域现状与发展情况进行深度分析和预测，涉及省级行政区、城市群、城市、农村等不同维度，研究层级至县及县以下行政区，为学者研究地方经济社会宏观态势、经验模式、发展案例提供支撑，为地方政府决策提供参考。

中国文化传媒数据库（下设 18 个专题子库）

内容覆盖文化产业、新闻传播、电影娱乐、文学艺术、群众文化、图书情报等 18 个重点研究领域，聚焦文化传媒领域发展前沿、热点话题、行业实践，服务用户的教学科研、文化投资、企业规划等需要。

世界经济与国际关系数据库（下设 6 个专题子库）

整合世界经济、国际政治、世界文化与科技、全球性问题、国际组织与国际法、区域研究 6 大领域研究成果，对世界经济形势、国际形势进行连续性深度分析，对年度热点问题进行专题解读，为研判全球发展趋势提供事实和数据支持。

法律声明

"皮书系列"（含蓝皮书、绿皮书、黄皮书）之品牌由社会科学文献出版社最早使用并持续至今，现已被中国图书行业所熟知。"皮书系列"的相关商标已在国家商标管理部门商标局注册，包括但不限于LOGO（ ）、皮书、Pishu、经济蓝皮书、社会蓝皮书等。"皮书系列"图书的注册商标专用权及封面设计、版式设计的著作权均为社会科学文献出版社所有。未经社会科学文献出版社书面授权许可，任何使用与"皮书系列"图书注册商标、封面设计、版式设计相同或者近似的文字、图形或其组合的行为均系侵权行为。

经作者授权，本书的专有出版权及信息网络传播权等为社会科学文献出版社享有。未经社会科学文献出版社书面授权许可，任何就本书内容的复制、发行或以数字形式进行网络传播的行为均系侵权行为。

社会科学文献出版社将通过法律途径追究上述侵权行为的法律责任，维护自身合法权益。

欢迎社会各界人士对侵犯社会科学文献出版社上述权利的侵权行为进行举报。电话：010-59367121，电子邮箱：fawubu@ssap.cn。

社会科学文献出版社